国学『两创』教材系列

《大学》《中庸》校释译论

傅永聚／著

山东人民出版社·济南
国家一级出版社 全国百佳图书出版单位

图书在版编目（CIP）数据

《大学》《中庸》校释译论/傅永聚著.--济南：
山东人民出版社，2018.1
ISBN 978-7-209-11324-3

Ⅰ. ①大… Ⅱ. ①傅… Ⅲ. ①儒家②《大学》-
研究③《中庸》-研究 Ⅳ. ①B222.15

中国版本图书馆CIP数据核字(2018)第031067号

《大学》《中庸》校释译论
傅永聚　著

主管部门　山东出版传媒股份有限公司
出版发行　山东人民出版社
社　　址　济南市英雄山路165号
邮　　编　250002
电　　话　总编室（0531）82098914
　　　　　市场部（0531）82098027
网　　址　http://www.sd-book.com.cn
印　　装　日照报业印刷有限公司
经　　销　新华书店

规　　格　16开（170mm×240mm）
印　　张　20.5
字　　数　320千字
版　　次　2018年1月第1版
印　　次　2018年1月第1次
印　　数　1-5000
ISBN 978-7-209-11324-3
定　　价　45.00元

目录

《大学》校释译论

导言 …… 3

第一章(朱熹称为“经一章”) …… 10
第二章(朱熹称为“传之首章”) …… 24
第三章(朱熹称为“传之二章”) …… 29
第四章(朱熹称为“传之三章”) …… 32
第五章(朱熹称为“传之四章”) …… 43
第六章(朱熹称为“传之五章”) …… 46
第七章(朱熹称为“传之六章”) …… 48
第八章(朱熹称为“传之七章”) …… 60
第九章(朱熹称为“传之八章”) …… 63
第十章(朱熹称为“传之九章”) …… 67
第十一章(朱熹称为“传之十章”) …… 81

参考文献 …… 110

《中庸》校释译论

导言 …… 115

第一章 …… 125
第二章 …… 143
第三章 …… 148
第四章 …… 152
第五章 …… 157
第六章 …… 159
第七章 …… 163
第八章 …… 166
第九章 …… 171
第十章 …… 174
第十一章 …… 180
第十二章 …… 183
第十三章 …… 188
第十四章 …… 197
第十五章 …… 201
第十六章 …… 204
第十七章 …… 209
第十八章 …… 214

第十九章 …… 219
第二十章 …… 226
第二十一章 …… 258
第二十二章 …… 260
第二十三章 …… 264
第二十四章 …… 267
第二十五章 …… 270
第二十六章 …… 274
第二十七章 …… 280
第二十八章 …… 286
第二十九章 …… 293
第三十章 …… 297
第三十一章 …… 301
第三十二章 …… 306
第三十三章 …… 309

参考文献 …… 317

《大学》校释译论

导 言

《大学》，古代大学的教义，是“修己安人”之学。原本是《礼记》（西汉戴圣所编）中的一篇，位次第四十二位。

大学原义有二：一是与小学相区分的大人之学，学做大人（博学成人）的学校，乃中国古代国家高等教育机构。在我国，西周时期已建立起一套从中央到地方的教育体系。《礼记·学记》曰：“古之教者，家有塾，党有庠，术（遂）有序，国有学。”又，《王制》曰：“天子命之教，然后为学。小学在公宫南之左，大学在郊。”唐孔颖达《礼记正义》引郑玄《三礼目录》：“名曰大学者，以其记博学可以为政也。”朱熹《四书章句集注·序》谓：“《大学》之书，古之大学所以教人之法也。”认为“大学”是教如何成人的。又，朱熹《四书章句集注》曰：“大学者，大人之学也。”接着在《经筵讲义》中解释说：“古之为教者有小子之学，有大人之学。小子之学，洒扫应对进退之节，《诗》、《书》、礼、乐、射、御、书、数之文是也。大人之学，穷礼、修身、齐家、治国、平天下之道是也。此篇所记皆大人之学，故以《大学》名之。”“大人”即成年人。“大人之学”是成年人学习如何穷礼、修身、齐家、治国、平天下的大学问。《礼记·学记》云：“比年入学，中年考校。一年视离经辨志，三年视敬业乐群，五年视博习亲师，七年视论学取友，谓之小成。九年知类通达，强立而不反，谓之大成。夫然后足以化民易俗，近者说服而远者怀之，此大学之道也。”据此，宋黎立武《大学本旨》云：“大学者，大成之学也。”认为“大学”是“大成之学”。二是教育内容和程度上高于小学的学校。《汉书·食货志》云：“八岁入小学，学六甲五方书计之事，始知室家长幼之节。十五入大学，学先圣礼乐，而知朝廷君臣之礼。”

关于《大学》的作者，目前学术界见仁见智，莫衷一是。

一、孔子的遗书。程颢曰：“《大学》乃孔氏遗书。”（《元丰己未吕与叔东见二先生语》，收入《二程集》（一），中华书局1981年版，第18页）程颐曰："孔子之遗言。"持此说者还有元代许谦（见《读四书丛说》），明代李材、罗汝芳。

二、班固《汉书·艺文志》认为《大学》为"七十子后学"所作。

三、曾子及其门人所作。朱熹起初认为《大学》为孔子所作，但后来又提出曾子作《大学》。朱熹《大学章句》曰："《大学》经一章，盖孔子之言，曾子述之；其传十章，则曾子之意而门人记之也。"持此说者还有宋代黎立武（见《大学发微》），元代何异孙（见《十一名经问对》），清代朱彝尊、翟灏、翁方纲；当代的李学勤（见《从简帛佚籍五行谈到大学》）、梁涛（见《大学早出新证》）、罗华文（见《大学成书时代新考》）、刘建国。

四、子思所作。宋代王柏曰："或问（朱熹：《大学或问》）中又言子思，以授孟子，无疑，然则曾子之门人，孰有出于子思之右，其为子思之书乎！"[王柏：《大学沿革论》，收入《鲁斋集》（丛书集成初编本），第15—18页] 明代丰坊曾言家藏魏三字石经《大学》拓本，内有三国魏人虞松的《校刻石经表》，其引东汉贾逵之言为："孔伋居于宋，惧先圣之学不明，而帝王之道坠，故作《大学》以经之，《中庸》以纬之。"（蒋伯潜：《诸子通考》，浙江古籍出版社1984年版，第360页）清代朱彝尊、翟灏及吴应宾皆不同意丰坊的"引言"。而郭沂则力挺丰坊（参看郭沂：《子思书再探讨——兼论〈大学〉作于子思》，《中国哲学史》2003年第4期）。持此说者还有贾逵、刘宗周、江永、郑晓、葛寅亮等。

五、孟学之作。郭沫若认为，《大学》"实是'孟学'。《大学》一篇无宁是'乐正氏之儒（指乐正克）'的典籍"（参看《郭沫若全集·儒家八派的批判》）。郭沫若提出"大学"为"孟学"的依据是：孟子最早提出性善说，而《大学》中的"正心""诚意"皆原于性善（参看郭沫若：《十批判书》，东方出版社1996年版，第131—143页）。

六、荀学之作。冯友兰将《大学》与《荀子》作了如下比较：

《大学》第一章曰："大学之道，在明明德，在亲民，在止于至善。"《荀子·解蔽》曰："故学也者，固学止之也。恶乎止之？曰：止诸至足。曷谓至足？曰：圣王。圣也者，尽伦者也；王也者，尽制者也；两尽者，足以为天下极矣。"

《大学》第八章曰："所谓修身在正其心者，身有所忿懥，则不得其正；有所恐惧，则不得其正；有所好乐，则不得其正；有所忧患，则不得其正。心不在焉，视而不见，听而不闻，食而不知其味。此谓修身在正其心。”意思是说，只有心不用在各种具体的杂事上，对视、听、食等杂事毫不留意，排除一切杂念，心才会专注于学习圣贤之道上，这样才能做到心志端正。这就是《大学》所说的“正心”。

《大学》第十章曰：“心诚求之，虽不中，不远矣。”《荀子·解蔽》曰：“人何以知道？曰：心。心何以知？曰：虚壹而静。心未尝不臧也，然而有所谓虚；心未尝不两也，然而有所谓壹；心未尝不动也，然而有所谓静。人生而有知，知而有志；志也者，臧也；然而有所谓虚；不以所已臧害所将受谓之虚……虚壹而静，谓之大清明。”

通过以上比较，冯友兰得出如下结论：“荀子为战国末年之儒家大师；后来儒者皆出其门；荀子又多言礼，故大小戴《礼记》中诸篇，大半皆从荀学之观点以言礼。”“《大学》中所说‘大学之道’，当亦用荀学之观点以解释之。”（冯友兰：《中学哲学史（上册）》，华东师范大学出版社2000年版，第268—269页）持相同观点者还有刘又铭，他说：“《大学》极有可能是荀子时或荀子以后不久的作品，它极有可能就是荀子思想一系的论著。”（刘又铭：《〈大学〉思想的历史变迁》，收入黄俊杰编：《东亚儒者的〈四书〉诠释》，华东师范大学出版社2008年版，第3—34页）

七、汉代时人所作。武内义雄认为《大学》成书的时间在汉武帝以后（武内义雄：《大学篇成立年代考》，收入江侠庵编译：《先秦经籍考（中）》，商务印书馆1931年版，第99—105页）。持此说者还有任继愈。

关于《大学》成书时代，有如下几种说法：

一、程颢认为《大学》成书于春秋末战国初。

二、冯友兰、徐复观认为《大学》成书于秦汉之际。

三、清陆奎勋、日本武内义雄认为《大学》成书于汉武帝之后。

四、今人陈槊则认为《大学》出于汉儒之手（说见陈槊《大学今注今译》）。

五、后代学者则对上述观点提出异议，如崔述、张心澂等。崔述在《洙泗考信余录》中提及《大学》的成书问题。张心澂《伪书通考》认为：“《大学》误认撰人。”

六、否定《大学》为圣门之书，宋代杨简主之（参看佐野公治：《四书学史的研究》)。

《大学》究竟成书于何人之手和成书何时，目前没有定论。

如果我们仔细研究原文，《大学》中引用孔子的话为“子曰”，引用曾子的话为“曾子曰”，这种用“子曰”的形式，说明大学的产生应在孔子思想广泛传播之后；同时《大学》篇又较多引用《诗经》中的篇章，这说明《大学》的作者是生活于孔子整理《诗》《书》以后的年代。以《礼记》之《学记》《乐记》相参，并据现代专家最新研究成果，其各篇应先后形成于从春秋末年的孔子到战国时期，属先秦著作无疑。这也印证了朱熹所言“经一章，盖孔子所言，曾子述之；其余十章，则曾子之意而门人记之”的说法，比较符合历史实际。

汉代，刘向的《别录》把 49 篇分为制度、通论、明堂阴阳记、丧服、世子法、祭祀、子法、乐记、吉事九类，《大学》与《中庸》皆属“通论（礼)”，这就是说《大学》《中庸》“是两种解说《仪礼》的通论性著作而已，并没有赋予其他形上的、超越文本的意义与价值。”（朱汉民、肖永明：《宋代〈四书学〉与理学》，中华书局 2009 年版，第 30 页）梁启超在《要籍解题及其读法》中，合《大戴礼记》与《小戴礼记》于一体，分“十类”，《大学》与《中庸》属于“通论礼意或学术”（梁启超：《要籍解题及其读法》，北京书局 1925 年版，第 181 页)。这都说明《大学》还未能从《礼记》中独立出来。郑玄为《周官》《仪礼》《礼记》作注，《礼记》开始独立。

魏晋南北朝时期，“三礼”成为显学，《礼记》的地位有所提高，出现了专门研究《礼记》的著作，但《大学》仍没独立出来，而《中庸》已有了单独的训释之作。

唐初，孔颖达撰《五经正义》，标志着《礼记》由“传”升“经”，《大学》成为经文。特别是中唐时期，韩愈、李翱等在排佛斗争中，为与佛教的“祖统”相对抗，以《大学》的“修身、齐家、治国、平天下”为基础，结合其他儒学理论，创造了儒家的“道统”学说。值得一提的是，韩愈《原道》引用《大学》中的“正心”“诚意”，李翱《复性书》引用了《大学》的纲领条目，从而使《大学》受到人们前所未有的重视。但据《四库总目》云：“惟《大学》自唐以前无别行之本。”（永瑢等：《四库全书总目》，中华书局影印本)

北宋时期，天圣八年（1030 年)，宋仁宗赐进士王拱辰《大学》一轴。王拱辰遂作《大学轴》。司马光著《中庸大学广义》（一卷）一书《致知在格物》一篇。《大学》单行本是什么时候开始的：一种观点是《大学广义》是《大学》单行之始，朱彝尊《经义考》主之；一种观点是《大学》应该从朱熹《四书》才算真正意义上的单行，台湾岑溢成《大学义理疏解》主之。

理学创始人之一——程颢更是接受了韩愈对《大学》的看法，他特别推崇《大学》在儒家经典中的地位，认为："《大学》，孔氏之遗书，而初学入德之门也。"程颐还重新编次了《大学》的章句，定一章为经，十章为传，并广泛传授于弟子。北宋仁宗天圣八年，始有《大学》单行本流传。另外，据《宋史·艺文志》记载，吕大临著《大学》（一卷）。

南宋时期，据《宋史·艺文志》记载，喻樗著《大学解》（一卷）、张九成著《大学说》（一卷）等。朱熹完全继承了程颐的主张，认为《大学》是"古者大学教人之法，圣经传贤之指"，"古人为学之次第，独赖此篇之存"，遂以《大学》与《论语》《孟子》《中庸》并列为四书。他作《大学章句》和《大学章句序》，高度评价《大学》的作用。认为任何人学习儒学都必须首先学习《大学》，才能明古圣贤之心志，格物穷理，洞明心性。

元、明、清时期，朱熹《四书章句集注》成为士人科考的标准教材和答案，因之，《大学》的地位被提到了从未有过的高度。《大学》所阐明的"三纲领八条目"得到了社会更广泛的认同。

近代社会前期，这种状况仍然得到延续。自"五四运动"开始，《大学》随着整个儒学地位的变化，也几度沉浮。从20世纪80年代开始，随着我国改革开放和社会主义建设的发展，儒学的价值重新得到人们的认同，《大学》也重新得到人们的重视，学术界和出版部门共同研发了一大批研究《大学》的著作。特别是《大学》所阐述的"三纲领八条目"更可谓深入人心。

"三纲领"即"大学之道，在明明德，在亲（新）民，在止于至善"。"八条目"即"格物""致知""诚意""正心""修身""齐家""治国""平天下"（有学者认为《大学》的"修身""齐家""治国""平天下"，当脱胎于《尚书·尧典》："克明峻德，以亲九族；九族既睦，平章百姓，百姓昭明，协和万邦；黎民于变时用。"），它成为读书人终身奉行的目标。它既涵盖了修身的目标，也涵盖了建功立业的目标，它从某一方面起到了统一民众思想意识的重要作用。

从哲学上看，“三纲领八条目”，很好地完成了教育哲学与政治哲学的衔接与统一。“修身”以前基本上属于教育哲学范畴，“修身”以后基本上属于政治哲学范畴。“修身”是衔接“教育”与“政治”的重要手段，通过“修身”把人引向为国家民族建功立业的实际奋斗中，这表现出这一纲领的强大生命力和推动历史发展的巨大功能。

今天的时代，已经与《大学》产生的时代具有很大的不同。但是，《大学》所阐明的人生奋斗方向与道路，仍然具有重要的借鉴作用。而且不难发现，“三纲领”即“大学之道，在明明德，在亲（新）民，在止于至善”本身具有动态性的特点，特别是“止于至善”，即达到“尽善尽美”的境界，是一个需要有志之士长期奋斗的目标，不存在过时的问题。因而，在我们为实现中国梦而奋斗的征程中，认真阅读《大学》的文字，仔细体会《大学》丰富而深邃的内涵，从“三纲领八条目”中，汲取借鉴与启迪，无论对于国家整个事业，还是个人的修养都将是有益的。

“国无德不兴，人无德不立。”向上、向善，做一个有道德的人是儒家的人生宗旨。从这一意义上来说，《大学》作为“为学之纲领，修德之根基”，应当成为每个中国人的必读之书。

经典是一个民族的根与魂。认真学习一点优秀传统文化，读点国学，不仅是为了提高文化素养，培育优雅的气质，更重要的是这对于提升文化自觉，增强文化自信，实现文化自强具有重要意义。

尤为重要的是，弘扬传统文化，找回民族自信，有效地解决了社会主义核心价值观与中华民族传统文化、马克思主义中国化接地气的关系，使走中国道路、建设有中国特色社会主义文化牢牢建立在自己民族的文化基础之上，成为凝聚人心、实现中国梦的精气神。

《大学》作为儒学经典名篇的入门首选，它所提出的“三纲领八条目”的确为青年学子加强思想道德修养，实现为民族复兴建功立业的人生梦想，提供了一套奋斗模式，因此，认真阅读、仔细领会其含义是完全有必要的。

历代为《大学》作注的人有很多，主要有：宋代朱熹《大学章句》《大学或问》，真德秀《大学衍义》，明代王守仁《大学问》，清代陈确《大学辨》，李塨《大学传注》等。其中，清代阮元《十三经注疏》校刻本为通行本。

孔颖达《礼记正义》云：“此《大学》之篇，论学成之事，能治其国，章明其德于天下，却本明德，所由先从诚意为始。”（孔颖达：《礼记正义》卷第六十六，《大学第四十二》，上海古籍出版社 2008 年版，第 2236 页）

朱熹说：“先读《大学》，以定其规模；次读《论语》，以定其根本；次读《孟子》，以观其发越；次读《中庸》，以求古人之微妙处。”（黎靖德编，王星贤点校：《朱子语类》第一册，中华书局 1986 年版，第 249 页）

第一章（朱熹称为“经一章”）

【原文】

大学之道[1]，在明明德[2]，在亲民[3]，在止于至善[4]。

知止而后有定[5]，定而后能静[6]，静而后能安[7]，安而后能虑[8]，虑而后能得[9]。

物有本末，事有终始[10]，知所先后，则近道矣[11]。

古之欲明明德于天下[12]者，先治其国[13]；欲治其国者，先齐其家[14]；欲齐其家者，先修其身；欲修其身者，先正其心；欲正其心者，先诚其意；欲诚其意者，先致其知。致知在格物[15]。

物格而后知至，知至而后意诚，意诚而后心正，心正而后身修，身修而后家齐，家齐而后国治，国治而后天下平[16]。自天子以至于庶人，壹是[17]皆以修身为本。其本乱而末治者，否矣[18]！其所厚者薄，而其所薄者厚，未之有也[19]！

【注释】

①大学之道：“大”，东汉郑玄《礼记注疏》（以下简称郑注）曰：“大，旧音泰，刘直带反。”宋朱熹《四书章句集注》（以下简称朱注）曰：“大，旧音泰，今读如字。”

按：“大”，通“太”。《骄雅训纂·释名称》云：“古人太字多不加点，如大极、大初、大素、大室、大庙、大学之类。后人加点，以别大小之大，遂分而为二矣。”

“大学”一词，在我国古今学术界都有不同的解释：

唐代孔颖达引郑玄《三礼目录》云：“名曰大学者，以其记博学可以为政也。”认为“大学”是博学。

宋代朱熹《四书章句集注·序》云：“《大学》之书，古之大学所以教人之法也。”认为“大学”是教如何成人的。又，朱注：“大学者，大人之学也。”接着在《经筵讲义》中解释说：“古之为教者有小子之学，有大人之学。小子之学，洒扫应对进退之节，《诗》、《书》、礼、乐、射、御、书、数之文是也。大人之学，穷礼、修身、齐家、治国、平天下之道是也。此篇所记皆大人之学，故以《大学》名之。”“小子”的含义有三：一、指商、周以来，天子、诸侯的谦称（见安作璋《论语辞典》，上海古籍出版社，2004 年版）。二、孔子统称弟子时常用此语。三、年幼者。这里指年龄小者。“小子”与“大人”相对而言，“大人”即成年人。“大人之学”是成年人学习如何穷礼、修身、齐家、治国、平天下的大学问。

《礼记·学记》云：“比年入学，中年考校。一年视离经辨志，三年视敬业乐群，五年视博习亲师，七年视论学取友，谓之小成。九年知类通达，强立而不反，谓之大成。夫然后足以化民易俗，近者说服而远者怀之，此大学之道也。”据此，宋代黎立武在《大学本旨》中谓：“大学者，大成之学也。”认为“大学”是“大成之学”。

明代高拱不同意将“大学”释为“大人之学”，其《问辨录》曰：“岂谓孰为小学，孰为大学乎？王浚川云：‘古人论小学如农圃医卜历像干支之类，非谓八岁入小学也，大学即《诗》、《书》、礼、乐、修齐治平之道，盖德行道艺之纯者也。若学其大，则自八岁至十五其学非有二本，后世乃将年之大小岐而二之，非古人之义矣。’兹言良是。”王浚川即王廷相。从《问辨录》中可以看出王廷相也反对“大学”为“大人之学”。

同一时代的还有王夫之亦反对“大学”为“大人之学”。王夫之曰：“《礼记释文》：‘大，旧音泰，刘音直带反。’杜佑《通典》自注云：‘大学为上序，大读如泰。’程子从刘昌宗读。按，大小太少古通用。如大宰一曰太宰，小宰一曰少宰之类，不以老稚巨细分也。大学之对小学而得名，虽程朱未之易也。小学为童子之学，大学为成人之学，是小学为少学，而大学为太学矣。又，天子之学曰太学，对乡国而言也。而《章句序》云：‘自天子之元子至凡民之俊秀皆入大学。’又为天子之学审也。既对小学而名大，又为天子教胄之学，奚为不可读如泰字：《章句》云：'大人之学也。'不知所谓大人者何指。如以为明新之业异于洒扫应对进退之所教者，名为大人则亦以天子之学及成人之所学，而名大小是亦太少之义。如与《周易》《孟子》所言者同义，是以德而言与小人为对者也，大学为充实光辉大人之所学，岂小学为险陂私谒之小人所学乎？如与《左传》'大人患失而惑'之'大人'同义，则以位而言亦与小人为对者也。大学为王公大人之所学，岂小学为寒贱小人之所学乎皆不可通。当从旧音为是。"（《四书稗疏》卷一）从以上所引可以看出，王夫之认为"大学"即"太学"。

持相同观点者还有清代吕留良、李光地。

"道"，有道路、道德、宗旨、原则（《易经·系辞上》曰："一阴一阳之谓道。"这里的"道"就是指"原则"）、方法、职能、途径、措施、道理、主张、思想、学说、规律……之义。此处可释为原则、职能或目标之意。

我们同意王夫之的观点："大学"即"太学"。

"大学"，古代的高等学府。在我国，西周时期已建立起一套从中央到地方的教育体系。《礼记·学记》曰："家有塾，党有庠，术（遂）有序，国有学。"又，《礼记·王制》曰："小学在公宫南之左。大学在郊。"可见，大学是属于国家的，比之其他学校更为高级的教育机构。而我们以上所言的"大学"是一般的理解。

此句意思是：大学的教育原则与目标。

②在明明德：孔颖达《礼记正义》疏（以下简称孔疏）："此经大学之道，在于明明德，在于亲民，在止于至善。积德而行，则近于道也。'在明明德'者，言'大学之道'，在于章明己之光明之德。谓身有明德，而更章显之，此其一也。"郑注曰："明明德，谓显明其至德也。"朱注："明，明之也。明德者，人之所得乎天，而虚灵不昧，以具众理而应万事者也。但为气禀所拘，人欲所蔽，则有时而昏。然其本体之明，则有未尝息者。故学者当因其所发而遂明之，以复其初也。"

按："明明德"，第一个"明"字作动词用，宣明、彰明、推广之意。

第二个"明"字为形容词，光明、优秀之意。"明德"，弘扬光明的德行。

"德"，甲骨文作"徝"（从彳从直）。金文作"悳"（从心从直）。

"德"字在《尚书》《诗经》中曾多次出现。如《尚书》之《金縢》篇："周公之德。"《康诰》篇："衣（殷）德。""天若德。"等等。《诗经》之《蓼萧》

（或《假乐》）篇：“令德。”《谷风》篇：“大德。”《蒸民》（或《时迈》）篇：“懿德。”《江汉》篇：“文德。”等等。

《尚书·皋陶谟》有九德：“宽而栗，柔而立，愿而恭，乱而敬，扰而毅，直而温，简而廉，刚而塞，彊而义。”《尚书·洪范》有三德：“一曰正直，二曰刚克，三曰柔克。”

《周礼·春官》有六德：“大司乐……以乐德教国子：中、和、祗、庸、孝、友。”同样的，《周礼·地官》亦有六德：“知、仁、圣、义、忠、和。”不同的划分标准下，德的种类不同。

湖北荆门出土的竹简《五行》篇中有“德之行五和谓之德，四行和谓之善。善，人道也；德，天道也”一句（见彭浩、刘祖信等整理注译:《郭店楚墓竹简》，文物出版社 1998 年版，第 149 页）。其中“五”指“仁、义、礼、知（智）、圣”，“四”指“仁、义、礼、知（智）”。“人道”与“天道”的区别在“德”与“善”，最重要的还是一个“圣”字。

“德”，德行，道德。张立文说：“道德是指协调、和谐人与自然、人与社会、人与人、人的心灵、不同文明间融突而和合的总和。”（傅永聚、韩钟文、曾震宇《中华伦理范畴》，中国社会科学出版社 2006 年版，第 6 页）

“明德”，朱熹认为《大学》“明德”就是《中庸》“天命之谓性”（参看朱注）。牟宗三认为：“《大学》言‘明明德’，未表示‘明德’即是吾人之心性（就本有之心性说明德），甚至根本不表示此意，乃只是‘光明的德行’之意。”（牟宗三:《心体与性体》第一部，上海古籍出版社 1999 年版，第 15 页）

郭沂认为：“‘明明德’一语乃判断《大学》思想的关键所在。”（郭沂:《第二章:〈大学〉的思想》，见张之主编:《中国思想学说史·先秦卷（上)》，广西师范大学出版社 2007 年版，第 267 页）

此句意思是：在于弘扬光明的德行。

③在亲民：朱注：“程子曰：‘亲’，当作‘新’。新者，革其旧之谓也。言既自明其明德，又当推以及人，使之亦有以去其旧染之污也。”

按：“在”，在于。“亲”，此处即“新”字，有革新，刷新，使之新之意。《诗·大雅·文王》曰：“周虽旧邦，其命惟新。”“亲”与此处之“新”意相同。“民”，指国内的民众。

"亲"，通"新"。但是，古今亦有学者反对把"亲"解释为"新"，而认为"亲"应取其本意，即"亲爱""关心"之意。孔疏曰："在亲民者，言大学之道，在于亲爱于民。"王守仁《传习录》云："亲民犹孟子亲亲仁民之谓，亲之即仁之也。百姓不亲，舜使契为司徒，敬敷五教，所以亲之也。"接着又曰："孔子言修己以安百姓，修己便是明明德，安百姓便是亲民。"

台湾学者南怀瑾亦反对把"亲民"改作"新民"。他说："朱子冒用其师程颐的意见，非常大胆地将古文《大学》首列的'在亲民'一句，硬要说，程子曰：'亲'当作'新'。这真叫作造反有理，这不是明明白白涂改文书，等于秦桧加在岳飞身上的判决'莫须有'吗？"又说："如果要人们天天换作'新民'，那就要随时变更政策，常常要来一次什么大革命才对吗？所以这个思想后遗的流毒太大了。"（南怀瑾：《原本大学微言》，世界知识出版社 1998 年版，第 55—56 页）

实际上，仔细体会程、朱的意见，以"亲"作"新"还是很有道理的。"新"是中华民族最原始最基本的审美因素之一，也是最早的哲学范畴之一，只有坚持技术求新、创新才能推动人类社会不断前进。"新"也是一个自然历史（包括人类社会在内）的发展过程，它有广泛而深刻的内核，人不能两次踏进同一条河流，昨日之我亦非今日之我，这些中西哲学家早已阐明的思想，彰显了"新"之内涵的产生。因之，并非只有社会革命才能做到"新民"，当然也不能否认社会革命是"新民"的重要手段。总之，以"亲"为"新"是有道理的。

类似的例子，有《孔子家语》（以下简称《家语》）之《王言解》。其文如下，孔子曰："上之亲下也，如手足之于腹心。"这里的"亲"就是取本义。大意是：在上位的人亲近百姓，如同手足对于腹心一样。

此句意思是：在于更新民风民俗。

"大学之道，在明明德，在亲民"一句的意思是：大学教育的宗旨之一，是革新教化民众，使之"去其旧染之污"。

④在止于至善：郑注："止，犹自处也。"朱注："止者，必至于是而不迁之意。至善，则事理当然之极也。言明明德、新民，皆当至于至善之地而不迁。盖必其有以尽夫天理之极，而无一毫人欲之私也。此三者，《大学》之纲领也。"

按："止"，达到并停留于彼，保持其水平。到达，止步。"至善"，即尽善，最善，最好的水平，最理想的境界。《荀子·解蔽》曰：“故学也者，固学止之也。恶乎止之？曰：止诸至足。曷谓至足？曰：圣王。圣也者，尽伦者也；王也者，尽制者也；两尽者，足以为天下极矣。”这也是说的“在止于至善”。

此句意思是：在于达到尽善尽美的人生境界。

以上三句，即“明明德，亲民，止于至善”，是大学教育的原则、宗旨和目标，朱熹称之为士人修身的“三纲领”。

⑤知止而后有定：朱注：“止者，所当止之地，即至善之所在也。知之，则志有定向。”

按：“知”，了解、把握。“止”，当止之处，即目的、目标。

“知止”，知道当止之处。颜之推《颜氏家训·止足》主要是根据《礼记·曲礼上》关于“欲不可纵，志不可满”的箴言，记述为人处事，应适可而止，知道所当止之处。其中特别引用颜含告诫子孙的话：“汝家书生门户，世无富贵；自今仕宦不可过二千石，婚姻勿贪势家。”其中的“足”，也就是儒家提倡的“中庸”，无过无不及。凡事皆以中庸为度，才能处理好。

《止足》篇有“唯在少欲知足，为立涯限尔”一句，即是说重要的在于控制和减少自己的欲望，对欲望应有一个界限，也就是控制在一定的范围内以内，这就是要适度的意思。作者进一步申述自己的意思：“天地鬼神之道，皆恶满盈。谦虚冲损，可以免害。人生衣趣以覆寒露，食趣以塞饥乏耳。形骸之内，尚不得奢靡，己身之外，而欲穷骄泰邪？”能得到温饱就应满足，而像历史上的周穆王、秦始皇、汉武帝虽富有四海，仍贪得无厌，结果皆以“败累”，所以人应知道止足，也就是知道当止之处。

“定”，志向确定，不犹豫不安。

此句意思是：知道应达到的境界后志向就能确定。

⑥定而后能静：朱注：“静，谓心不妄动。”

按：“定”，确定。“静”，虚静，心无杂念，平静。

“静”字亦见于《家语·儒行解》中。其文如下，孔子曰：“儒有澡身浴德，陈言而伏，静言而正之，而上下不知也。”这里的“静”为“不动声色”之义。大意是：儒者沐浴身心于道德之中，不动声色地纠正不良风气。

又，“儒有上不臣天子，下不事诸侯，慎静尚宽，底厉廉隅，强毅以与人，博学以知服”。这里的“静”为“安静”之义。大意是：儒者上不做天子的臣下，下不做诸侯的官吏。谨慎安静而崇尚宽厚，底厉廉隅（磨炼自己端方而有气节的品行）。

此句意思是：因志向确定，而心态平静无杂念。

⑦静而后能安：朱注：“安，谓所处而安。”

按：“静”，平静。

朱熹曾论及“静”。他在《朱子语类》中说：“存养是静工夫，静时是中，以其无过不及，无所偏倚也。省察是动工夫，动时是和，才有思为，便是动。发而中节，无所乖戾，乃和也。”（黎靖德：《朱子语类》，中华书局1994年版，卷六十二，第1517页）其中，“存养”二字见《孟子·尽心上》。其文曰：“存其心，养其性。”保存本心，培养善性。“存养”需要安静的环境和内心的安宁。

“安”，《尔雅·释诂》曰：“安：定，止也。”安稳、安闲。“安”既包括心态的安闲，也包括环境的安稳。

此句意思是：因心态虚静无杂念，故能处世安稳，自感安闲。

⑧安而后能虑：朱注：“虑，谓处事精祥。”

按：“安”，（环境）安稳，（心态）安闲。“虑”，思虑，周密仔细的思考。

此句意思是：因环境安稳，心态安闲，故能对问题作仔细、周密的思考。

⑨虑而后能得：郑注：“得，谓得事之宜也。”孔疏：“虑而后能得者，既能思虑，然后于事得其宜也。”朱注：“得，谓得其所止。”

按：“虑”，思虑，认真思考。“得”即心得、收获。

此句意思是：仔细思考以后，就会有所收获。

⑩物有本末，事有终始：朱注：“明德为本，新民为末。知止为始，能得为终。本始所先，末终所后。”

按：“本”，根本，指以修身为本。“末”，末节，指治国平天下。“终始”，有终结有开始。

此句意思是：事物的发展有根本，有末节，人事的发展有终结有开始。

⑪知所先后，则近道矣：朱注：“本始所先，末终所后。”

按：“道”，指事物发展的规律性，此处指“大学之道”。

此句意思是：知道事物发展的先后顺序，也就接近于把握事物发展的规律了。

也就是说，知道前面说的"知""止""定""静""安""虑""得"七个层次，也就接近于"大学之道"了。

"大学之道，在明明德，在亲民，在止于至善。……物有本末，事有终始，知所先后，则近道矣"，王阳明解释说："人惟不知至善之在吾心，而求之于其外，以为事事物物皆有定理也，而求至善于事事物物之中，是以支离决裂，错杂纷纭，而莫知有一定之向。今既知至善之在吾心，而不假于外求，则志有定向，而无支离决裂、错杂纷纭之患矣。无支离决裂、错杂纷纭之患，则心不妄动而能静矣。心不妄动而能静，则其日用之间，从容闲暇而能安矣。能安，则凡一念之发，一事之感，其为至善乎？其为非至善乎？吾心之良知自有以详审精察之，而能虑矣。能虑则择之无不精，处之无不当，而至善于是乎可得矣。"（王守仁：《王阳明全集》卷二十六，《续编一》，上海古籍出版社1992年版，第970页）又，王阳明说："天命之谓性，粹然至善，其灵昭不昧者，此其至善之发见，是乃明德之本体，而即所谓良知者也。至善之发见，是而是焉，非而非焉，轻重厚薄，随感随应，变动不居，而亦莫不自有天然之中，是乃民彝物则之极，而不容少有议拟增损于其间矣。"（王守仁：《王阳明全集》卷三十五，上海古籍出版社1992年版，第969页）

⑫欲明明德于天下：朱注："明明德于天下者，使天下之人皆有以明其明德也。"

按："欲"，想要。"明"，宣明、弘扬、彰明、推广。"明德"，光明的道德。

此句意思是：要宣明和推广光明的道德于天下，亦即"平天下"之意。

⑬先治其国：朱注："治，平声。"

按："先"，首先。"治"，治理。

此处"国"字，指周代诸侯受封之国，与近代的"国家"意义不同。

此句意思是：诸侯要想统一天下，必须先把自己的封国治理好。

⑭先齐其家：

按："齐"，整齐划一，使家庭成员皆达到国家规定或社会公认的政治、道德标准。《诗·大雅·思齐》曰："刑于寡妻，至于兄弟，以御于家邦。"这是说周文王的治国齐家。"家"，指卿大夫的家族。后来的"家"的含义发生变化，"家"即指每个人的家庭或家族。"齐其家"，使其家整齐，也就是管理好自己的家庭。

此句意思是：首先管理好自己的家庭。

⑮欲修其身者，先正其心；欲正其心者，先诚其意；欲诚其意者，先致其知。致知在格物：郑注："格，来也。物，犹事也。"朱注："心者，身之所主也。诚，实也。意者，心之所发也。实其心之所发，欲其一于善而无自欺也。致，推极也。推极吾之知识，欲其所知无不尽也。穷至事物之理，欲其极处无不到也。"

按："修"，修养。"身"，自身。

"修身"，对自身进行道德修养。《荀子·修身》提出了修身的基本原则是："凡治气养心之术，莫径由礼，莫要得师，莫神一好。""君子之能以公义胜私欲也。"

"正"，端正。

"心"字在《论语》中出现六次。其中，《为政》载，子曰："吾十有五而志于学，三十而立，四十而不惑，五十而知天命，六十而耳顺，七十而从心所欲，不踰矩。"《雍也》载，子曰："回也，其心三月不违仁，其余则日月至焉而已矣。"《宪问》载：子击磬于卫。有荷蒉而过孔氏之门者，曰："有心哉！击磬乎！"《阳货》载，子曰："饱食终日，无所用心，难矣哉！不有博弈者乎，为之犹贤乎已。"《尧曰》载："谨权量，审法度，修废官，四方之政行焉。兴灭国，继绝世，举逸民，天下之民归心焉。"又"曰：予小子履，敢用玄牡，敢昭告于皇皇后帝：有罪不敢赦。帝臣不蔽，简在帝心"。在这里，"心"已不是人体器官。费孝通在《试谈扩展社会学的传统界限》一文中指出："心"字"已经被抽象化，脱离了一个具体内脏器官的含义，而上升到人生哲学的层次上，它已经是一个内涵十分丰富的哲学概念"；"'心'是个人自我体验和修养的一个核心概念"，"也成为阐释人际关系的一个十分重要的范畴"，"它含有很强的道德伦理的含义"（费孝通：《费孝通九十新语》，重庆出版社 2005 年版，第 269—270 页）。

"心"字见于《尚书》《礼记》《孟子》等早期文献中。

《尚书·大禹谟》："人心惟危，道心惟微；惟精惟一，允执厥中。"

《礼记·大学》："欲修其身者，先正其心。""心正而后身修。"

《礼记·礼运》："美恶皆在其心。"

《孟子·尽心上》："尽其心者，知其性也。知其性，则知天矣。存其心，养其性，所以事天也。"

《孟子·万章下》：“君子以仁存心，以礼存心。”

据以上所述可知，中国传统文化是重视“心”的。

《大学》把“正心”置于“修身”之上，“心”已有了新的含义，也就是“心为身之主”。这是对孔子思想的进一步发展，也为孟子“心性论”奠定了坚实的基础。

“正心”，端正自己的心志，使自己的心志按照儒家提出的道德规范和政治原则进行和发展。

“诚”，真诚，诚实不欺。“意”，意识，思想。“诚其意”，使自己的意识诚实清白，不离开儒家的道德和政治。

徐复观认为：“《大学》上提出欲正其心者先诚其意，这是继孟子以心言性善后的一大发展。”（徐复观：《中国人性论史》，华东师范大学出版社 2005 年版，第 172—173 页）

“致”，获取，获得。“知”，知识。“致知”，获取知识，以便明辨是非。

“格”，探求，探究、钻研。“物”，事物。“格物”，接触、研究和探索周围的事物，包括主观世界与客观世界两方面。朱熹在《大学补传》中注“致知在格物”时则曰：“所谓致知在格物者，言欲致吾之知，在即物而穷其理也。盖人心之灵莫不有知，而天下之物莫不有理。惟于理有未穷，故其知有不尽也。是以大学始教，必使学者即凡天下之物，莫不因其已知之理而益穷之，以求至乎其极。至于用力之久，而一旦豁然贯通焉，则众物之表里精粗无不到，而吾心之全体大用无不明矣。此谓物格，此谓知之至也。”“致知在格物”即要获取知识，就在于亲自接触有关事物并深入探索其原理。

此句意思是：要修养好自身的德行，就必须先端正自己的心志；要端正自己的心志，就必须先使自己的意识诚实清白；要想使自己的意识诚实清白，就必须先获取有关知识（以便辨明是非）；要获取知识，就在于亲自接触有关事物并深入探索其原理。

以上所说的“格物”“致知”“诚意”“正心”“修身”“齐家”“治国”“平天下”，朱熹称之为士人修养的“八条目”。

《孟子·离娄上》载，孟子曰：“人有恒言，皆曰天下国家。天下之本在国，国之本在家，家之本在身。”这和《大学》中的“修身”“齐家”“治国”“平天下”的思维逻辑是一致的。而《史记·孟子荀卿列传》记载：“孟轲，邹人也。受业子思之门人。”可知子思与孟子之间的关系。

⑯物格而后知至，知至而后意诚，意诚而后心正，心正而后身修，身修而后家齐，家齐而后国治，国治而后天下平：朱注：“物格者，物理之极处无不到也。知至者，吾心之所知无不尽也。知既尽，则意可得而实矣。意既实，则心可得而正矣。治，去声，后放此。‘修身’以上，明明德之事也。‘齐家’以下，新民之事也。物格知至，则知所止矣。‘意诚’以下，则皆得所止之序也。”

按：“物格”，就是指客观事物被探索研究。

“知”，知识。“意”，意识。“诚”，诚实，真实无妄。“心正”，心志端正。“修”，修身。“家齐”，家庭和谐。“治”，治理。“平”，太平。

“身修而后家齐，家齐而后国治，国治而后天下平”，这说明“修身”是“齐家”“治国”“平天下”的基础。

“古之欲明明德于天下者，先治其国；欲治其国者，先齐其家；欲齐其家者，先修其身；欲修其身者，先正其心；欲正其心者，先诚其意；欲诚其意者，先致其知。致知在格物。物格而后知至，知至而后意诚，意诚而后心正，心正而后身修，身修而后家齐，家齐而后国治，国治而后天下平”，这是《大学》作者对孔子思想的进一步发挥。

“古之欲明明德于天下者，先治其国；欲治其国者，先齐其家；……家齐而后国治，国治而后天下平”，《中庸》中有相似的记载：“在下位不获乎上，民不可得而治矣；获乎上有道：不信乎朋友，不获乎上矣；信乎朋友有道：不顺乎亲，不信乎朋友矣；顺乎亲有道：反诸身不诚，不顺乎亲矣；诚身有道：不明乎善，不诚乎身矣。诚者，天之道也；诚之者，人之道也。诚者不勉而中，不思而得，从容中道，圣人也。诚之者，择善而固执之者也。”通过比较，不难看出，《大学》《中庸》的逻辑主线是相同的，即“修身”“齐家”“治国”“平天下”。但梁涛认为《中庸》的作者受《大学》的影响（梁涛：《〈大学〉早出新证》，《中国哲学史》2000 年第 3 期）。

此句意思是：亲自接触事物并深入探索以后，有关知识就会获得；获得有关知识后，（就能分清是非曲直，因而）就会做到意识诚实清白；意识诚实清白，心志就会端正；心志端正后，就会修养好自身；修养好自身后，就能做到家庭和谐；

家庭和谐后，就能够做到治理好国家；国家治理好后，就能使宇内归一，天下太平。

⑰自天子以至于庶人，壹是皆以修身为本：郑注：“壹是，专行是也。”朱注：“壹是，一切也。正心以上，皆所以脩身也。齐家以下，则举此而措之耳。”

按：“天子”，指全国最高统治者。“庶人”，指老百姓。“壹是”，即一律、全部、都是之意。“本”，根本。“修身为本”，以“修身”作为处世的根本。

“自天子以至于庶人，壹是皆以修身为本。”而欲修身，就要按照修身的基本原则“古之欲明明德于天下者，先治其国；欲治其国者，先齐其家；欲齐其家者，先修其身；欲修其身者，先正其心；欲正其心者，先诚其意；欲诚其意者，先致其知。致知在格物。物格而后知至，知至而后意诚，意诚而后心正，心正而后身修，身修而后家齐，家齐而后国治，国治而后天下平”来。

修身总是与“仁”密切联系在一起的。《家语·贤君》载，颜渊将西游于宋，问于孔子曰：“何以为身？”子曰：“恭敬忠信而已矣。恭则远于患，敬则人爱之，忠则和于众，信则人任之。勤斯四者，可以政国，岂特一身者哉？故夫不比于数而比于疏，不亦远乎？不修其中，而修外者，不亦反乎；虑不先定，临事而谋，不亦晚乎？”这里说的恭、敬、忠、信，都是“仁”这一概念的不同层面。仁的本义主要在于如何处理人与人之间的关系问题，以正确的原则处理好就是仁，否则就是不仁。故孔子在解释恭、敬、忠、信的功用时亦从人与人之间的关系着眼。

此句意思是：自最高统治者至最下层的民众，都一律以修身为处世的根本。

⑱其本乱而末治者，否矣：朱注：“本，谓身也。”

按：“本”，指根本，此处指修身。“末”指树梢，此处指修身之外的生活细节。“乱”，混乱。治，治理。“否”，否定，不可能。

此句意思是：如果不抓住修身这一根本问题而只注重生活中的细事末节，那是不行的。

⑲其所厚者薄，而其所薄者厚，未之有也：朱注：“所厚，谓家也。”

按：“所厚者”，指应重视者，应着力于此者。此句应是承“自天子以至于庶人，壹是皆以修身为本”而来。故“所厚者”应指“修身”。

可联系孟子所言——“知者无不知也，当务之为急；仁者无不爱也，急亲贤之为务。尧舜之知而不遍物，急先务也；尧舜之仁不遍爱人，急亲贤也。不能三年之丧，而缌（sī）、小功之察；放饭流歠，而问无齿决，是之谓不知务”（《孟子·尽心上》）理解本条。

此句意思是：应该着力强化的修身反而不重视，而对不应重视的问题反而去十分用力，这样想要获得成功，是没有的。

【译文】

大学的教育原则就在于弘扬光明的德行，在于更新民风民俗，在于达到尽善尽美的人生境界。知道应达到的境界后志向就能确定；志向确定以后，心就能虚静；心静以后，整个人就能感到安闲；人安闲以后，就能仔细思考；仔细思考以后，就会有所收获。事物的发展总是有根本，有末节；人事的发展总是有终结有开始，能够了解事物发展的先后次序，那就接近于掌握事物发展的规律了。

古代要弘扬光明的德行于天下的，要首先治理好自己的国家；要治理好自己的国家，就必须管理好自己的家庭；要管理自己的家庭，就必须先修养好自身的德行；要修养好自身的德行，就必须先端正自己的心志；要端正自己的心志，就必须先使自己的意识诚实清白；要想使自己的意识诚实清白，就必须先获取有关知识（以便辨明是非）；要获取知识，就在于亲自接触有关事物并深入探索其原理。

在亲自接触事物并深入探索之后，有关知识就会获得；获得有关知识后，（就能分清是非曲直，因而）就会做到意识诚实清白；意识诚实清白，心志就会端正；心志端正后，就会修养好自身；修养好自身后，就能做到家庭和谐；家庭和谐后，就能够做到治理好国家；国家治理好后，就能使宇内归一，天下太平。

自天子以至于庶人，一律皆以修身为本。本根上乱了，而细枝末节能治理好的，是不存在的。应该重视的而不重视，应该轻视的反而去重视。要想取得成功，从来没有这样的事。

【评论】

《大学》第一章，宋代朱熹称之为“经”一章。他认为本章“盖孔子之言，而曾子述之。其传十章，则曾子之意而门人记之也。旧本颇有错简，今因程子所定，而更考经文，别为序次如左。”接着又说：“凡传文，杂引经传，若无统纪，然文理接续，血脉贯通，深浅始终，至为精密。熟读详味，久当见之，今不尽释也。”究竟如何，尚需要进一步研究。

本章主要内容：一是提出了全篇的总纲，也就是“明明德”（即在于弘扬光明的德行）、“亲（新）民”（在于更新民风民俗）、“在止于至善”（即在于达到尽善尽美的人生境界）的三纲领。三纲领各有丰富而深邃的思想内涵，需要认真学习，仔细体会。首先，它是古代大学教育的目标。早在夏、商、周时期，我国即已建立了完备的教育体系：“人生八岁，则自王公以下至于庶人之子弟，皆入小学，而教之以洒扫、应对、进退之节，礼乐、射御、书数之文。及其十有五年，则自天子之元子、众子，以至公、卿、大夫、元士之适（嫡）子，与凡民之俊秀，皆入大学，而教之以穷理、正心、修己、治人之道。此又学校之教，大小之节所以分也。”（朱熹《大学章句序》）由此可知，古代的大学是培养把握治国之道的人才的。同时，不难看出，这个“三纲领”实际上也是人生修养、奋斗、建功立业的总体目标。因此，应该仔细体会它的含义，以激励自己奋发向前。二是“格物”（即亲自接触事物并深入探索、研究）、“致知”（获取知识）、“诚意”（意识诚实清白）、“正心”（端正心志）、“修身”（修养好自身）、“齐家”（家庭和谐）、“治国”（治理国家）、“平天下”（宇内归一，天下太平）八条目。这是儒家关于士人修学为政的目的、次序，终生奋斗的道路。本章还特别强调了修身为本的意义。在“修身”以上的各条都属于个人主观修养的范畴，“修身”以下则以践履为主。因此，“修身”对人生的成功与否，具有十分重要的意义。故在本部分最后强调：“自天子以至于庶人，壹是皆以修身为本。”本乱则其他方面不可能达到治。

“修身”在“八条目”之中具有联结“内修”“外治”两个方面的作用。“格物”“致知”“诚意”“正心”属“内修”。“齐家”“治国”“平天下”属“外治”，通过“修身”把这两方面联结起来。只有这样士人才有可能做到“穷则独善其身，达则兼善天下”（《孟子·尽心上》），才能既成为道德楷模，又能为国为民建功立业。

本章为当今青年学子树立为国为民的奋斗目标，加强道德修养，具有重要的启发和借鉴意义。

第二章（朱熹称为“传之首章”）

【原文】

《康诰》①曰：“克明德②。”《大甲》③曰：“顾天之明命④。”《帝典》⑤曰：“克明峻德⑥。”皆自明也⑦。

【注释】

①《康诰》：

按：《尚书·周书》中的一篇，记述周公分封康叔时的诰辞。《尚书》是记载春秋战国以前夏、商、周政治文诰的一部历史资料汇编。“尚”即“上”，《尚书》即上古之书。据说战国时有《尚书》百篇存世，经秦“焚书坑儒”，亡佚大半。汉初流传的《尚书》是由秦博士伏生口授、用汉代通行文字隶书写成，仅存28篇，称今文《尚书》。今文《尚书》包括《虞书》《夏书》《商书》《周书》。后来鲁恭王拆除孔子旧宅时发现了一些用先秦文字记载的章篇，称古文《尚书》。后经孔子十一世孙孔安国整理，其篇幅比伏胜的《今文尚书》多出16篇。对这16篇，马融、郑玄皆未作注。至东晋元帝（317—322年）时，豫章内史梅赜（zé）献出一部《古文尚书》，自称就是当年孔安国所得的那一部。书前还有孔安国的序。这部《尚书》共58篇，其中有34篇的名称与当时流行的郑玄注本相同。这部《尚书》自南朝后期开始流行，至唐代时，颜师古校正五经文字，孔颖达作《五经正义》皆以此书作为底本。总之，终唐之世，学者对该书无异辞。

至北宋末年，学者吴棫首先从文体语言上提出怀疑，认为梅赜所献《尚书》的若干篇章，与《尚书》的“佶屈聱牙”并不相称。后来朱熹进一步指出：“疑孔安国《书》是假书。”即言梅赜所献为假书。又指出，孔安国的序不像汉人的文风，而像魏晋人所作。

元、明、清三代，对梅赜的《古文尚书》做了进一步的辨伪工作（比如：元代的赵孟頫作《尚书注》，明代的梅作《尚书考异》，清代的阎若璩作《尚书古文疏证》、惠栋作《古文尚书考》)，最后确定此书为伪书。但伪书并非都是假的文献，特别是对于今天而言，魏晋亦已属于古代，梅赜的伪书亦并非毫无价值。前人已指出其“一文字古，二文采高，三取材广博，四训诂不谬”（黄季刚：《量守庐论学札记》)，因而，应该正确对待伪《古文尚书》。

《康诰》是周公封康叔时作的文告。周公在平定三监（管叔、蔡叔、霍叔）及武庚所发动的叛乱后，便封康叔于殷地。这个文告就是康叔上任之前，周公对他所作的训辞。原文是：“惟乃丕显考文王，克明德慎罚；不敢侮鳏寡。”

“周公”，《家语·致思》篇云，孔子曰：“……周公载己行化，而天下顺之，其诚至矣。”大意是，孔子说：“周公以身作则来教化天下，天下人便都顺从了他，他的诚心已经达到最高境界了。”

②克明德：郑注：“克，能也。”

按：“克明德”，语出《尚书·周书·康诰》。原文是：“惟乃丕显考文王，克明德慎罚……”“克”，能够。《尔雅》曰：“克，能也。”“明”，彰明，弘扬，宣明。“德”，德行。

“明”作动词，如《康浩》曰：“乃大明服”，“明乃服命”。“服”指职务、职事”；“明服”即“明其职事”。《酒诰》谓“明大命于妹邦”，此处之“明”应释为：“宣明、宣布。”（顾颉刚、刘起釪：《尚书校释译论》第三册，中华书局 2005 年版，第 1324、1382 页）

《康诰》曰：“克明德慎罚。”其中，“明德”作动词，乃“光明其德行”之义（陈来：《古代宗教与伦理：儒家思想的根源》，生活·读书·新知三联书店 2009 年版，第 321 页）。

“明德”作名词，如《尚书·梓材》云：“先王既勤用明德怀。”“兄弟方来，亦既用明德。”（顾颉刚、刘起釪：《尚书校释译论》第三册，中华书局 2005 年版，第 1424 页）

孔子曾多次谈到“明德”、修德的重要。《家语·问玉》云，孔子曰：“……夫昔者君子比德于玉：温润而泽，仁也；缜密以栗，智也；廉而不刿，义也；垂之如坠，礼也；叩之，其声清越而长，其终则诎然，乐矣；瑕不掩瑜，瑜不掩瑕，忠也；孚尹旁达，信也；气如白虹，天也；精神见于山川，地也；珪璋特达，德也；天下莫不贵者，道也。《诗》云：‘言念君子，温其如玉。’故君子贵之也。”［以前，君子将美德比作玉：玉温和柔润而有光泽，像仁；精致细密而又坚实，像智；有棱角而不伤人，像义；悬垂下坠，像礼；敲打它，发出清脆悠扬的声音，结束时戛然而止，像乐；玉的斑点不掩盖玉的光彩，玉的光彩也不掩盖玉的斑点，像忠；玉的颜色晶莹剔透，通达于四方，像信；光彩如同白色长虹，像天；精气显现于山川之间，像地；玉做的硅、璋不需凭借他物而单独送达主君，像德；玉是天下所尊贵的，像道。《诗经》说：‘言念君子，温其如玉。’（想念我那夫君，他温和柔润，如玉一般。）所以君子以玉为贵。”］这就是希望人们要像“美玉”一样，使自己具有多种美德。

又如《家语·三恕》载，孔子观于东流之水。子贡问曰：“君子所见大水必观焉，何也？”孔子对曰：“以其不息，且遍与诸生而不为也。夫水似乎德；其流也，则卑下；倨拘必修其理，此似义；浩浩乎无屈尽之期，此似道；流行赴百仞之嵥而不惧，此似勇；至量必平之，此似法；盛而不求概，此似正；绰约微达，此似察；发源必东，此似志；以出以入，万物就以化絜，此似善化也。水之德有若此，是故君子见必观焉。”（孔子正在观赏东流的河水。子贡问道：“君子对所见到的大水，一定会仔细观察，这是为什么呢？”孔子回答：“因为水流动不息，它的恩惠普遍地施行于天下苍生，却又显得无所作为。水就好像有德性似的：它流动时，就奔向低洼之处，即使弯弯曲曲，也必定遵循着这一原理，这种品性像‘义’；它浩浩荡荡，没有穷竭的时候，这种品性像‘道’；它可以流行各处，即使流赴百仞溪谷而无所畏惧，这种品性像‘勇’；注入到一定的水量，自身本性就能达到平，这种品性像‘法’；盈满时无须刮去，这种品性像‘正’；本性柔弱却无论多么细微的地方都能到达，这种品性像‘察’。发源以后必然奔流向东，这种品性像‘志’。通过水的流入流出，万物就得到了化洁，这种品性像善教化。水具有这样如此的德性。因此君子见到就一定要认真观察。”）这就是要求人们从水的特点中受到启发，加强多方面的道德修养。

《孟子·离娄下》载，孟子曰：“源泉混混，不舍昼夜，盈科而后进，放乎四海。有本者如是，是之取尔。苟为无本，七八月之闲雨集，沟浍皆盈；其涸也，可立而待也。故声闻过情，君子耻之。”这要求人们从水的特性中受到启迪，名与实相符合。

“明德”和“道”是密切联系在一起的。《家语·王言解》载，子曰：“夫道者，所以明德也。德者，所以尊道也。是以非德道不尊，非道德不明。”这就是说，道，是用来判明德的方向的。德，是用来尊崇和践行道的。所以，没有德行，道就得不能尊崇和践行；没有道，德行就会失去运行的方向。

此句意思是：能够彰明高尚的德行。

③《大甲》：朱注：“大，读作泰。”

按：《尚书·周书》中的一篇。出自梅赜伪《古文尚书》。清阮元校刻《十三经注疏》分该篇为上、中、下三篇，记载夏王太甲的事迹。

“大”，读作：“太。”太甲（？—公元前1557年），姓子，名至，商朝开国者汤的孙子，又称祖甲。司马迁在《史记》自序中称：“太甲居桐，德盛阿衡。”太甲在位，任伊尹（商朝开国者汤的辅臣，传为奴隶出身，后为有莘氏女的陪嫁之臣，对汤多所劝谏，后任以国政。）为相，商朝兴盛。《竹书纪年》亦有太甲事迹的记载。

④顾天之明命：郑注：“顾，念也。諟（shì），犹正也。或为‘题’。”朱注：“諟，古是字。諟，犹此也，或曰审也。天之明命，即天之所以与我，而我之所以为德者也。常目在之，则无时不明矣。”

按：《尚书·商书·太甲上》载：“伊尹作书曰：‘先王顾天之明命。’”“顾”，回顾，前后顾盼。“諟”，订正，审视。一说“諟”借为“睼（tí）”。“顾諟”，经常看，经常想到之意。“明”，宣明，弘扬。“天之明命”，上天所给予的每个人应有的美德。

此句意思是：要经常想到彰明上天所给予每个人的美德。

⑤**《帝典》：**郑注：“《帝典》，《尧典》，亦《尚书》篇名也。”朱注：“《帝典》，《尧典》，虞书。”

按：《帝典》即《尧典》，《尚书》中的一篇。《后汉书·章帝纪》云：“五教在宽，《帝典》所美；恺悌君子，《大雅》所叹。”《孔丛子·论书》曰：“吾于《帝典》见尧舜之圣焉。”

此句意思是：《尚书》中的《帝典》即今本《尚书》中的《尧典》，主要记载帝尧、帝舜的主要事迹和有关典章制度。

⑥克明峻德：朱注：“峻，《书》作‘俊’。大也。”

按：“克”，能。“明”，彰明，昭明。“峻”，大。今本《尚书》作“俊”。“峻德”即“俊德”。

此句意思是：能够彰明、发扬美德。

⑦皆自明也：郑注：“皆自明明德也。”朱注：“结所引《书》，皆言自明己德之意。”

按：“自”，敬德、修德的自觉性。人之为人，在于道德化成。

“明”，彰明，宣明。

此句意思是：以上都是自己彰明美德的例证。

【译文】

《康诰》说：“（文王）能够宣明弘扬美德。”《太甲》上说：“（先王）要经常想到弘扬上天给予的每个人的美德。”《帝典》（即今本《尚书·尧典》）说：“（尧）能发扬昭明其大德。”这些都是自己宣明美德。

【评论】

本章主要是引用《康诰》《大甲》《帝典》三篇文章中的有关论述，进一步分析说明第一章所提出的“大学之道，在明明德”（即大学的教育原则就在于弘扬光明的德行）一句。以《尚书》的有关论述证明《大学》关于道德修养的论点，其意在于证明，修明道德是自古以来就备受重视的优良传统，要求人们要继承并弘扬这一传统，把道德建设推向新的高度。本章在引用《尚书》之后，得出了“皆自明也”（这些都是自己宣明美德）的结论，这即是说，高尚德行都是靠自己的努力而获取的，青年学子应由此受到启发。

第三章（朱熹称为“传之二章”）

【原文】

汤之《盘铭》[①]曰：“苟日新，日日新，又日新[②]。”《康诰》[③]曰：“作新民[④]。”《诗》曰：“周虽旧邦，其命惟新。”[⑤]是故君子无所不用其极[⑥]。

【注释】

①汤之《盘铭》：郑注：“《盘铭》，刻戒于盘也。”朱注：“盘，沐浴之盘也。铭，名其器以自警之辞也。”

按：“汤”，即商汤（约公元前1670年—前1587年），商代的开国之君。“盘”，一种青铜器具，或作盛物用，或作盥洗用。此处之盘，可能作沐浴用。“铭”，铭文。

此句意思是：商汤沐浴之盘上的铭文说：……。

②苟日新，日日新，又日新：朱注：“苟，诚也。汤以人之洗濯其心以去恶，如沐浴其身以去垢。故铭其盘，言诚能一日有以涤其旧染之污而自新，则当因其已新者而日日新之，又日新之，不可略有间断也。”

按：“苟”，诚能。“新”，除旧革新。“日”，每天。“新”，焕然一新。这是商汤沐浴铜盘上的铭文。

此句意思是：如果一日沐浴而使自身能清除污垢，因而焕然一新；那么就应该日日沐浴而使常新，以后亦持续下去，使每日永新。这虽然是针对沐浴的铭文，但其含义十分深刻，人们道德的修养，思想的改造，精神的升华，又何尝不是如此呢？人们在业务技能方面的锻炼培养亦如此。

③《康诰》：参看第二章注①。

④作新民：朱注：“鼓之舞之之谓作。言振起其自新之民也。”

按：《康诰》原文作：“王应保殷民，亦惟助王宅天命，作新民。”“作”，改造、制作（培养），造就，成为。“新民”，有新风新俗的民众。即服从周统治的民众。

此句意思是：改造培养有新风新俗，服从周统治的民众。

⑤周虽旧邦，其命惟新：朱注：“言周国虽旧，至于文王，能新其德以及于民，而始受天命也。”

按：“周虽旧邦，其命惟新”，语见《诗·大雅·文王》之篇。

“旧邦”，古老的邦国。“其命惟新”，它接到的天命是建立新的王朝。

“天命论”是夏、商、西周时期通行的一种世界观，人们认为上帝是统治天上、人间和地下三界的最高统治者，人世间的帝王是上帝派到人间的代表，故谓之“天子”。上帝是一个有意识的最高神灵。人间一切都由他决定，故天子对他必须言听计从，否则他就会给以惩罚，甚至取消你代表上帝（天命）的资格。西周统治者，一方面从其前辈那里继承了天命思想，以天命代表自居，故有“周虽旧邦，其命惟新”的意识；另一方面，西周统治者也从商朝的灭亡中，看到了天命的不可靠，因而产生了“天命靡常”的思想，他们看到的是万千小民在武王进攻商纣时，阵前倒戈，才导致了纣王的灭亡，因而产生了“小民难保”的观念，这使他们多多少少开始看到人民群众的作用，这样就形成了“敬天保民”的认识，使后来的天命观念发生了变化。

孔子一方面受到前人的影响，继承了天命思想，相信上帝鬼神的存在，并经常以天命自居，自认为是周文王之后，肩负上天发展文脉的人物（《论语·子罕》载，子畏于匡，曰：“文王既没，文不在兹乎？天之将丧斯文也，后死者不得与于斯文也；天之未丧斯文也，匡人其如予何？”），桓魋等人“其如予何？”（《论语·述而》曰：“天生德于予，桓魋其如予何！”）另一方面，孔子受到新思潮的影响，重人事，轻鬼神，自强不息，颇有与天命抗争的姿态。

“命”字在《论语》中出现24次。其中，《为政》篇1次，《雍也》篇2次，《泰伯》篇1次，《子罕》篇1次，《乡党》篇2次，《先进》篇2次，《颜渊》篇1次，《子路》篇1次，《宪问》篇6次，《季氏》篇3次，《阳货》篇1次，《子张》篇1次，《尧曰》篇2次。这些“命”字不都是谈的天命，也有对个人命运的慨叹。

“命”即天命。“惟”，为。

此句意思是：周朝是一个古老的邦国，但他秉受的天命却是建立新的王朝。

⑥无所不用其极：郑注：“极，犹尽也。君子日新其德，常尽心力不有馀也。”朱注：“自新新民，皆欲止于至善也。”

按：“尽”，竭尽。

此句意思是：为了达到革新目的，无不竭尽其力。

【译文】

商汤的《盘铭》这样说：“诚能每日沐浴去其污秽而自新，那就应该日日保持此种新貌，又过一日，仍显其新。”《康诰》记载：“（周公要求康叔改造殷朝民众，）成为有新风新俗的民众。”《诗》曰：“周虽旧邦，其命惟新。”（《诗》的《大雅·文王》篇说：“周国虽然是古老之邦，但接受天命建立新朝。”）所以，君子在上述情况下，没有不竭尽其力，以达到革新目的的。

【评论】

本章主要是通过引用汤之《盘铭》（即盘上的铭文）、《康诰》“作新民”（改造培养有新风新俗，服从周统治的民众）、《诗》“周虽旧邦，其命惟新”（周朝是一个古老的邦国，但他秉受的天命却是建立新的王朝），进一步诠释第一章所提出的“在亲（新）民”［“亲（新）民”就是刷新民德与民风，历代贤明的君主都在这方面有所建树］一句。一个人只有不断刷新自己，清除心灵上的污垢，不断提高自己的修养，不断革除旧的思想，这样才能进步，工作之后，也只有坚持不断革新，敢于创新，才能有所进步，因此，“新”是十分重要的。

“新”是中华民族发展史上早已形成的美学元素和哲学范畴。求新、创新、革新是历史发展的动力，也是中华民族优良传统之一。我们应该继承和弘扬民族历史上求新创新、不断革新的优良传统，把社会主义现代化和民族复兴的伟大事业推向前进。

第四章（朱熹称为“传之三章”）

【原文】

《诗》云：“邦畿千里，惟民所止①。”《诗》云：“缗蛮黄鸟，止于丘隅②。”子曰：“于止，知其所止，可以人而不如鸟乎③？”

《诗》云：“穆穆文王，於缉熙敬止④！”为人君，止于仁；为人臣，止于敬；为人子，止于孝；为人父，止于慈；与国人交，止于信⑤。

《诗》云：“瞻彼淇澳，菉竹猗猗。有斐君子，如切如磋，如琢如磨。瑟兮僩兮，赫兮喧兮。有斐君子，終不可諠兮⑥。”“如切如磋”者，道学也⑦。“如琢如磨”者，自修也⑧。“瑟兮僩兮”者，恂慄也。⑨“赫兮喧兮”者，威仪也⑩。“有斐君子，终不可諠兮”者，道盛德至善，民之不能忘也⑪。《诗》云：“於戏！前王不忘⑫。”君子贤其贤而亲其亲，小人乐其乐而利其利，此以没世不忘也⑬。

（“《康诰》曰：‘克明德’……皆自明也。汤之《盘铭》曰……是故君子无所不用其极。《诗》云：‘邦畿千里，惟民所止’……与国人交，止于信”，十三经注疏本在“《诗》云瞻彼淇澳……君子贤其贤而亲其亲小人乐其乐而利其利此以没世不忘也”一段下）

【注释】

①邦畿千里，惟民所止：朱注：“邦畿，王者之都也。止，居也，言物各有所当止之处也。”

按：“邦畿千里，惟民所止”，语出《诗·商颂·玄鸟》。“邦畿”，京都。“畿”，国都周围的地区。“惟”，是，为。“民”，民众。“止”，止息，居住。

此句意思是：国都周围的千里之地，是民众止息生存的地方。

②缗（mín）蛮黄鸟，止于丘隅：朱注：“缗蛮，鸟声。丘隅，岑蔚之处。”

按：“缗蛮黄鸟，止于丘隅”，语出《诗·小雅·缗蛮》。“缗蛮”，文采美丽之状。“黄鸟”，黄雀。“缗”，《诗》作“绵”。“缗”，今本作“緜”。“丘隅”，山丘角落。

此句意思是：文采美丽的小黄雀，也会停留在山丘的角落里。

③子曰：于止，知其所止，可以人而不如鸟乎：

按：此句有两种解释：一说，“于止”之止为衍文，“于”，指鸟。“子曰：于止，知其所止，可以人而不如鸟乎”一句的意思是：孔子说：“鸟儿都知其应当止息之处。为什么人反而不如鸟儿呢？”二说，“于止”意为：“至于说到止的问题。”“子曰：于止，知其所止，可以人而不如鸟乎”一句的意思是：“至于说到止，就应该知道自己所当止之处。难道可以人不如鸟吗？”二说皆可通。

④穆穆文王，於缉熙敬止：郑注：“缉熙，光明也。此美文王之德光明，敬其所以自止处。”朱注：“穆穆，深远之意。‘於缉’之於，音乌，叹美辞。缉，继续也。熙，光明也。敬止，言其无不敬而安所止也。引此而言圣人之止无非至善。”

按：“穆穆文王，於缉熙敬止”，语出《诗·大雅·文王》。“穆穆”，肃穆之意。“文王”，周朝的建立者姬昌，周文化的代表者。“文”是姬昌的谥号。《逸周书·谥法》云：“学勤好问曰文。”

“於”，音乌，感叹词。“於”，衍。“缉”，继续。“熙”，光明。“敬止”，敬，自敬，自尊、自励。“止”，止于当止之处。

此句意思是：肃穆的文王，在光明仁善之境自尊、自励，即文王以光明仁善自止。

⑤为人君，止于仁；为人臣，止于敬；为人子，止于孝；为人父，止于慈；与国人交，止于信：朱注：“五者乃其目之大者也。学者于此究其精微之蕴，而又推类以尽其馀，则于天下之事，皆有以知其所止而无疑矣。”

按：“君”，君王。

“仁”是孔子思想的核心，孔子以在天下推行仁道为自己的历史责任，栖栖遑遑，辛劳一生。“仁”作为一个道德规范和哲学范畴，其内涵、外延都是与时俱进的。“仁”本身可以说就是一种德，但又比之德属于更高的层次，在孔子时代，仁是德的核心与灵魂；礼和德都是人们的行为规范，但礼更强调的是社会的公共性，德则强调个人的操守。当今“为仁”的要义，就是要代表全国最大多数人民群众的利益，为实现中国梦而奋斗。同时在这个过程中，要强化修身立德，弘扬无私无畏、清正廉洁的正气，处处能为人民群众的表率。

儒学的内核为“仁”学。“仁”即关爱他人。

“仁”字在《论语》中出现108次。其中，“仁”字分别出现在《学而》《八佾》《里仁》《公冶长》《雍也》《述而》《泰伯》《子罕》《颜渊》《子路》《宪问》《卫灵公》《阳货》《微子》《尧曰》等篇中。据此可知，“仁”在孔子思想中的重要地位。

《春秋繁露·仁义法》曰：“《春秋》之所治，人与我也。所以治人与我者，仁与义也。以仁安人，以义正我，故仁之为言人也，义之为言我也，言名与别矣……仁之法，在爱人，不在爱我。义之法，在正我，不在正人。我不自正，虽能正人，弗予为义。人不被其爱，虽厚自爱，不予为仁。”在这里，董仲舒认为“仁”就是爱人，不在爱我（曾振宇、傅永聚：《春秋繁露新注》，商务印书馆2010年版）。

“敬”，《论语》中多次提到“敬”字。《论语》之《八佾》载，子曰：“居上不宽，为礼不敬，临丧不哀，吾何以观之哉？”《里仁》载，子曰：“事父母几谏。见志不从，又敬不违，劳而不怨。”《公冶长》载，子谓子产，“有君子之道四焉：其行己也恭，其事上也敬，其养民也惠，其使民也义。”《雍也》载，樊迟问知。子曰：“务民之义，敬鬼神而远之，可谓知矣。”《子张》载，子张曰：“士见危致命，见得思义，祭思敬，丧思哀，其可已矣。”《先进》载，子曰：“由之瑟，奚为于丘之门？”门人不敬子路。子曰：“由也升堂矣，未入于室也。”《颜渊》载，司马牛忧曰：“人皆有兄弟，我独亡。”子夏曰：“……君子敬而无失，与人恭而有礼。四海之内，皆兄弟也。”《子路》载，子曰：“小人哉，樊须也！上好礼，则民莫敢不敬；上好义，则民莫敢不服；上好信，则民莫敢不用情。”《宪问》载，子路问君子。子曰：“修己以敬。”《卫灵公》载，子张问行。子曰：“言忠信，行笃敬，虽蛮貊之邦，行矣。言不忠信，行不笃敬，虽州里行乎哉？立则见其参于前也，在舆则见其倚于衡也，夫然后行。”子张书诸绅。《季氏》载，孔子曰：“君子有九思：视思明，听思聪，色思温，貌思恭，言思忠，事思敬，疑思问，忿思难，见得思义。”

《左传·僖公三十三年》曰：“敬，德之聚也。能敬必有德。”敬的本义为恭敬。恭在外表，敬存内心。敬是一颗警肃、敬畏之心。“敬”即尊敬，尊重。《孝经·广要道章》载，子曰：“教民亲爱，莫善于孝。教民礼顺，莫善于悌。移风易俗，莫善于乐。安上治民，莫善于礼。礼者，敬而已矣。故敬其父则子悦，敬其兄则弟悦，敬其君则臣悦，敬一人而千万人悦。所敬者寡，而悦者众，此之谓要道也。”这就是说，把对父亲的“敬”推而广之，就成为行礼之本。

“孝”，“孝者，所以事君也；弟者，所以事长也；慈者，所以使众也。”《大学》的作者尤重“孝”［“弟（悌）”］道。这和曾子的“孝”［“弟（悌）”］思想是一致的。《大戴礼记·曾子立孝》曰：“是故未有君而忠臣可知者，孝子之谓也；未有长而顺下可知者，弟弟之谓也；未有治而能仕可知者，先修之谓也。故曰：孝子善事君，弟弟善事长。君子一孝一弟，可谓知终矣。”

《家语·弟子行》载，孔子曰：“孝，德之始也；悌，德之序也；信，德之厚也；忠，德之正也。参中夫四德者也。”这是孔子称赞曾子不但有孝悌之德，而且有忠、信之德。子贡亦对曾子极为佩服。在《孟子·离娄上》中，孟子在经过与他人比较后，即曰：“若曾子，则可谓养志也。事亲若曾子者，可也。”《战国策》之《燕策一·苏代谓燕昭王》曰：“今有人如此，孝如曾参、孝已……”《韩非子·八说》亦曰：“修孝寡欲如曾、史（史，史鱼，卫大夫）”。这是战国时期人们以曾参为孝悌典型的证明。《淮南子·齐俗训》曰：“曾参之养亲也，若事严主烈君。”又，《说山训》曰：“曾子立孝，不过胜母之闾；……谓养志者也。”《史记·苏秦列传》引苏秦曰：“孝如曾参，养不离其亲。”《盐铁论·孝养》载，文学曰：“曾参、闵子无卿相之养，而有孝子之名。”《论衡·感虚》曰：“曾子之孝，天下少双。”梁昭明太子《文选·潘安仁夏侯常侍诔》曰：“子之孝亲，孝齐闵、参。”《颜氏家训·文章》曰：“里名胜母，曾子敛襟，盖忌大恶名之伤实也。”以上所列举的称誉曾子孝行的言论，每代都有很多，不胜枚举，这说明在个人如何恪守孝道方面，曾子的影响是久远的。

《礼记·祭义》载，曾子曰：“夫孝，置之而塞乎天地。溥之而横乎四海，施诸后世而无朝夕，推而放诸东海而准。”这就是说，如果把孝确定为立身行事的原则，它就会充塞天地之间而完全改变民风，无论今后还是四海之内都是这样，所以必须把孝推行开来。曾子总结古代治理天下的经验有五点，而其中有两点是“贵老”与“敬长”，这也就是“孝”与“弟”（悌）的问题。这样，曾子就把孝悌这一伦理原则与国家治理结合起来了。

孝道是中国传统文化最突出的特色。中华民族从来就有孝敬老人的优良传统，历代统治者都提倡孝敬父母。“百德善为首”，“百善孝为先”。“慈”，慈爱。“止”，达到并保持。

“信”，诚信。

“信”，《论语》之《为政》载，子曰：“人而无信，不知其可也。大车无，小车无，其何以行之哉？”在这里，孔子论述了诚信对于人生的重要意义。又，《子路》载，子贡问曰：“何如斯可谓之士矣？”子曰：“……言必信，行必果，硁硁然小人哉。”孔子虽然提倡诚实守信，但是也主张权变。

《卫灵公》载，子曰：“君子贞而不谅。”在这里，孔子阐述“贞”与“谅”的关系。教诲弟子及众人要坚守正道，在正道与局部信用（谅）发生抵触时，要“贞而不谅”，即要坚守正道，不拘泥于局部的诺言。孔子此论含有唯物辩证法的因素。处事有大小轻重之分，利益有长远利益与眼前利益之分，全局利益与局部利益之分。在历史发展过程中，大事与小事，长远与眼前，全局与局部，一般情况下，是统一的，无矛盾的。但在某些特殊情况下，大小之间，长远与眼前之间，全局与局部之间会发生不相一致，甚至有明显的矛盾。这时，正确的处理方针，就是保住符合正道的，亦即大的、长远的、全局的利益而暂时牺牲小的、眼前的、局部的利益。虽然这些利益也是重要的，是付出劳动、甚至流血得来的。只有这样，才能保证取得最终的成功。孔子关于“君子贞而不谅”的论证，符合这种辩证思想，它无论对于人们正确处理从政治国中的若干事务，还是正确处理个人的出处进退，都有着不容忽视的重要意义。

又，《家语·子路初见》载，孔子曰：“不强不达，不劳无功，不忠无亲，不信无复，不恭失礼。慎此五者而矣。”又曰：“孔子曰：“……亲交取亲，其忠也；言寡可行，其信乎；长为善士而无犯，其礼也。”据此可知，不诚实守信就很难得到他人的信任。说话少但说出的话都是可实行的，这就是讲信用。

《孟子·告子下》载，孟子曰：“君子不亮，恶乎执？”这是说，君子不讲诚信，如何能有操守呢？《离娄下》载，孟子曰：“大人者，言不必信，行不必果，惟义所在。”从这里可以看出，孟子提倡诚实守信，但是也主张变通。

要正确理解“为人君，止于仁；为人臣，止于敬；为人子，止于孝；为人父，止于慈；与国人交，止于信”的含义，可参阅《论语·八佾》。其文如下：定公问：“君使臣，臣事君，如之何？”孔子对曰：“君使臣以礼，臣事君以忠。”《论语·颜渊》载，齐景公问政于孔子，孔子对曰：“君君，臣臣，父父，子子。”公曰：“善哉！信如君不君，臣不臣，父不父，子不子，虽有粟，吾得而食诸？”这些都是处理君臣父子关系的原则。

作为一个仁人君子，在居官从政时，必须努力处理好对待上级和对待民众的关系。这其中的关系虽然千头万绪，十分复杂，但最重要的就是“诚信”二字。无论对上还是对下，都要坚守诚实守信的原则。

“国人”，春秋战国时期是指生活在国都中的平民，以后其词义扩大，也可指一般国内的民众。

此句意思是：作为君王，就要达到并保持对臣民的仁爱；作为人臣，就要达到并保持对君上的尊敬；作为人子，就要达到并保持对父母的孝顺；作为人父，就要达到并保持对子女的慈爱；无论什么人与国中民众交往，都要达到并保持诚信；总之，就是要“止于至善”。

⑥瞻彼淇澳，菉竹猗（yī）猗。有斐君子，如切如磋，如琢如磨。瑟兮僩兮，赫兮喧兮。有斐君子，终不可諠兮：郑注：“此‘心广体胖’之诗也。澳，隈崖也。菉竹猗猗，喻美盛。……諠，忘也。”朱注：“澳，於六反，隈也。猗猗，美盛貌。猗，叶韵，音阿。斐，文貌。諠，《诗》作‘谖’：并况晚反。”

按：“瞻彼淇澳，菉竹猗猗。有斐君子，如切如磋，如琢如磨。瑟兮僩兮，赫兮喧兮。有斐君子，终不可諠兮”，语出《诗·卫风·淇澳（yù）》。原诗是写一个少女，看到淇河转弯处有一个青年，文采斐然，而又刻苦读书，为人庄严威武，显赫高大，故令人难以忘记。《大学》的作者借用此诗，表达自己的思想。

“瞻”，看，注视。“淇”，卫国的一条河流的名字。“澳”，《诗》作“奥”。“澳”即河水转弯处。“菉”，《诗》作“绿”。“菉”，同“绿”。“猗猗”，茂盛的样子。“有斐（fēi）”，有文采的样子。

“切”“磋”，琢、磨。都是古代工人制作不同材料不同器物时的工艺。《尔雅·释器》："骨曰切，象曰磋，玉曰琢，石曰磨。"这里是用这四种工艺比作研究学问，敦励品德的手段。"瑟兮"，庄严、坚毅啊！"僩（xiàn）兮"，内心宽大，威武啊！"喧"，《诗》作"咺（xuān）"。"喧兮"，彰著（即突出）啊！"諠兮"，忘记啊！

全诗大意是：远望淇河转弯之处，绿竹一片葱茏。有一位文采斐然的君子，他研究学问如同细切细磋，敦励品德如同精琢精磨。为人既坚毅又威武，既显赫又突出。有文斐的君子，终久不能忘记你。

⑦"如切如磋"者，道学也：郑注："道，犹言也。"朱注："道，言也。学，谓讲习讨论之事。自修者，省察克治之功。""切以刀锯，琢以椎凿，皆裁物使成形质也。磋以鑢钖，磨以沙石，皆治物使其滑泽也。治骨角者，既切而复磋之。"

按："道学"，研究。"磋"，把象牙磨制成器物。像切制骨器，像磋磨象牙，这是说的如何研究学问。

此句意思是：这里的"如切如磋"，讲的是研究。

⑧"如琢如磨"者，自修也：朱注："治玉石者，既琢而复磨之。皆言其治之有绪，而益致其精也……道学自修，言其所以得之之由。"

按："自修"，修养自己的身心。

此句意思是：如精琢玉器，如精磨石材，这是说的如何修养自己的身心。

⑨"瑟兮僩兮"者，恂慄也：朱注："瑟，严密之貌。""僩，下版反。武毅之貌。""恂，郑氏读作'峻'。恂慄，战惧也。"

按："瑟"，严密，缜密。

"僩"，勇猛之貌。"恂慄"，畏惧，战栗。

此句意思是：庄严、坚毅又威武，说的是使人畏惧战栗。

⑩"赫兮喧兮"者，威仪也：朱注："赫喧，宣著盛大之貌。""威，可畏也。仪，可象也。""恂栗、威仪，言其德容表里之盛。卒乃指其实而叹美之也。"

按："赫"，显赫。"赫兮"，显赫啊！"喧"，盛大，突出。"威"，可畏。

此句意思是：显赫又突出啊，这是说的威仪。

⑪"有斐（fěi）君子，终不可諠兮"者，道盛德至善，民之不能忘也：郑注："斐，有文章貌也。"

按："斐"，有文采的样子。"諠"，忘记。"兮"，语气词。

“至善”，《论语·八佾》载，子谓韶，“尽美矣，又尽善也”。谓武，“尽美矣，未尽善也”。这里“韶”为舜乐，“武”指武王乐。

“善”，完美。

而“善”有时也指善人、善政、善德。如：

《论语·公冶长》载，颜渊、季路侍。子曰：“盍各言尔志？”子路曰：“愿车马衣轻裘与朋友共敝之而无憾。”颜渊曰：“愿无伐善，无施劳。”子路曰：“愿闻子之志。”子曰：“老者安之，朋友信之，少者怀之。”其中有“愿无伐善，无施劳”一句。迄今学术界对此句的诠释可谓见仁见智。显而易见，这里的“无伐善，无施劳”是颜渊针对夫子“盍各言尔志”的回答，也就是颜渊的志向。“志”就是政治志向，即如何治国、平天下的问题。正确理解这一句的含义，对于研究颜渊的思想乃至整个儒家的思想具有重要意义。

颜渊的“愿无伐善”是在孔子“盍各言尔志”的语境中出现的。这里的“志”究竟是什么意思呢？孔子用自己的话表明了这一问题的答案。当子路说“愿闻子之志”时，孔子即回答“老者安之，朋友信之，少者怀之”。显而易见，孔子所说的“志”不限于修身的范畴，而主要在于“治国平天下”的范畴之内。所谓“老者安之”即老年人能够安度晚年；“朋友信之”即同时代的人互以诚信为本，和谐共处；“少者怀之”即青少年一代心中怀有美好愿望，蓬勃向上。这些问题都是治国中的重要问题，孔子显然是在宣示自己的政治理想。因此他要求两个弟子所谈的，也应是政治理想，而不限于个人修养的讨论。“无伐善”说的就是治国的方针政策，即不要毁弃善政、善德、善行。这里的“伐”字，应取《说文解字》“伐，击也，从人持戈，一曰败也”的本义。这与他“敷其五教，道之以礼乐”的主张是完全一致的。因此，颜回的“无伐善，无施劳”是一个前后统一的政治主张，无过多的将劳事施加于民众，与以善（德）政治国是一致的，在逻辑上是合理的。这与孔子的社会改良思想也是一脉相承的。

此句意思是：“有文斐的君子，终不能忘记你”。说的是伟大的道德达到最高境界，老百姓不能忘记。

⑫於戏！前王不忘：朱注：“前王，谓文、武也。”

按：“於戏！前王不忘”，语出《诗·周颂·烈文》。“於戏”，读曰：“呜呼。”“前王”，前代的圣王。

此句意思是：前代的圣王因有美德和功业，才使无论是社会上层人士，还是下层的老百姓皆不能忘记他。

⑬*君子贤其贤而亲其亲，小人乐其乐而利其利，此以没世不忘也*：郑注："圣人既有亲贤之德，其政又有乐利于民。君子小人，各有以思之。"朱注："君子，谓其后贤后王。小人，谓后民也。乐，音洛。此言前王所以新民者，止于至善，能使天下后世无一物不得其所，所以既没世而人思慕之，愈久而不忘也。此两节咏叹淫泆，其味深长，当熟玩之。"

按："君"字最早见于甲骨文。"君子"一词见于《诗经》《尚书》《仪礼》《左传》等文献中。如《诗经·南山有台》曰："乐只君子，民之父。"《尚书·无逸》曰："君子所其无逸。"《仪礼·丧服》曰："君子子者，贵人之子也。"《左传·襄公九年》曰："君子劳心，小人劳力。"

"君子"，指社会上层人士。

"贤"，尊重，敬重。"其贤"，指"前代圣王所尊重的贤人"。贤与忠、信、义都是道德规范的具体内容。

"亲"，亲近。"其亲"，前代贤王所亲近的亲族。"亲其亲"即亲近前代贤王亲近的亲族。"小人"，在这里不是从道德意义上使用的，而是从社会分工的角度上来使用的，即指社会下层广大民众。"乐"，享受。"其乐"，前代君王所带来的快乐。"乐其乐"，享受前代君王所带来的快乐。"利"，享受。"其利"，前代君王所带来的利益"利其利"，享受前代君王所带来的利益。"世"，世代。"忘"，忘记。

"利"字在《论语》中出现 11 次。其中，《里仁》篇 3 次，《子罕》篇 1 次，《子路》篇 2 次，《宪问》篇 1 次，《卫灵公》篇 1 次，《阳货》篇 1 次，《尧曰》篇 2 次。

此句意思是：后代君子尊重前代圣王所尊重的贤人，亲近前代贤王亲近的亲族，后代广大民众享受前代君王所带来的快乐，享受前代君王所带来的利益。因此，才终生不忘。

另外，本章还可参阅《荀子·非十二子》之"遇君则修臣下之义，遇乡则修长幼之义，遇长则修子弟之义，遇友则修礼节辞让之义，遇贱而少者则修告导宽容之义。无不爱也，无不敬也，无与人争也，恢然如天地之苞万物，如是则贤者贵之，不肖者亲之”（大意是：遇到君王就要践行臣下的礼义。遇到乡党就要践行尊长爱幼的礼义。遇到年长者就要践行儿子弟弟的礼义。遇到朋友就要践行礼节辞让的礼义。遇到地位低下而又年轻者就要践行告诫劝导宽容的礼义。无所不爱，无所不敬，不与他人争长论短，心胸宽广得如同天地能够包容万物。这样一来，贤良之人就会尊崇你，不善之徒也会亲近你）来理解。

【译文】

《诗》云：“邦畿千里，惟民所止。”（《诗·商颂·玄鸟》说：“京都近处地千里，百姓皆可来止息。”）《诗》云：“缗蛮黄鸟，止于丘隅。”（《诗·小雅·缗蛮》说：“文采美丽小黄鸟，飞来栖息在山角。”）孔子说：“谈论‘止’，就是要人们知道自己所当止之处，难道可以人还不如鸟吗?”《诗》云：“穆穆文王，於缉熙敬止！”（《诗·大雅·文王》说：“庄严肃穆的文王，心地光明，以仁善自止。”）作为人君，就应该达到仁爱；作为人臣，就应该达到谨慎恭敬；作为人子，就应该达到孝顺；作为人父，就应该达到慈爱；与国都众人交往，就应该达到诚信无欺。《诗》云：“瞻彼淇澳，菉竹猗猗。有斐君子，如切如磋，如琢如磨。瑟兮僩兮，赫兮喧兮。有斐君子，终不可兮。”（《诗·卫风·淇澳》说：“远望淇河转弯处，绿竹葱茏一片青。文采斐然好君子，有如细切和细磋；又如精琢和精磨。严密又坚毅，显赫又盛大。文采斐然之君子，终究不能把你忘。”）这里的“如切如磋”，讲的是研究；“如琢如磨”，讲的是如何修身；“严密又坚毅”，讲的是威仪使人畏惧战栗；“显赫又盛大”，讲的是如何显示威仪；说“文采斐然之君子，终究不能把你忘”，讲的是推行高尚德行，达到尽善尽美境界，民众就不会忘记你。

《诗》云：“於戏！前王不忘。”（《诗·周颂·烈文》说：“啊！前代圣王是不会被忘记的。”）后代君子尊重前代圣王尊重的贤人，亲近前代圣王亲近的亲族，民众享受前代君王所带来的欢乐，享受前代君王所带来的利益。因此，才终生不忘前代圣王。

【评论】

本章主要是对“止于至善”（要求达到人生最善也就是尽善尽美的境界）的

诠释。人首先应当“知其所止”，即根据自己的具体状况，找准自己的位置。“知止”就是明确自己奋斗目标的问题。“为人君，止于仁；为人臣，止于敬；为人子，止于孝；为人父，止于慈；与国人交，止于信”，（即作为君王，就要达到并保持对臣民的仁爱；作为人臣，就要达到并保持对君上的尊敬；作为人子，就要达到并保持对父母的孝顺；作为人父，就要达到并保持对子女的慈爱；无论什么人与国中民众交往，都要达到并保持诚信。）但总起来说，就是为人者，止于仁。以仁为处世的根本原则。在“知其所止”（知道自己所当止之处）的基础上，再追求“止于至善”。“至善”也是一个动态目标，随着社会的发展，“至善”的内涵也在不断发展变化，没有最好，只有更好，每一个人应在自己的位置上，在自己的工作范围内，不断追求“至善”的目标，对本职工作精益求精，百尺竿头，再进一步。

本章还引用《诗》中的有关篇章，对“止于至善”作进一步的诠释。这一段可分为两层。第一层是先后引用《诗·商颂·玄鸟》中“邦畿千里，惟民所止”、《诗·小雅·缗蛮》中“缗蛮黄鸟，止于丘隅（‘隅’，今本《诗》作‘阿’）”和《诗·大雅·文王》中“穆穆文王，於缉熙敬止”等，同时又引用孔子所说“于止，知其所止，可以人而不如鸟乎”的话，以便说明“止”的含义。强调“为人君，止于仁；为人臣，止于敬；为人子，止于孝；为人父，止于慈；与国人交，止于信”，教导人们应当知道自己所当止之处。这是第一层。

第二层是，先引用《诗·卫风·淇澳》的有关内容，说明君子不能忘记学习、修身、爱民和严于律己的原则。后又引用《诗·周颂·烈文》的有关内容，强调后来的继承者不要忘记先代贤王（周文王、周武王等）刷新民风，止于至善的功德。

以上几点对于今天青年一代的学习、修养和工作都具有重要的启发意义。

第五章（朱熹称为“传之四章”）

【原文】

子曰：“听讼，吾犹人也；必也，使无讼乎①！”无情者不得尽其辞②，大畏民志③，此谓知本④。

【注释】

①听讼，吾犹人也；必也，使无讼乎：朱注：“犹人，不异于人也。”

按：“听”，审理。“讼”，诉讼。“必”，一定。“也”“乎”，语气词。“听讼，吾犹人也；必也，使无讼乎。”《论语新编新释》（王春华著，江西人民出版社2016年版。以下引此书，均为此版本）之《从政治国篇》。“犹人”，和别人一样。

此句意思是：在审查案件方面，我和别人一样，都要遵循公认的原则，一定要努力做到秉公断案，使双方的诉讼停止。

②无情者不得尽其辞：郑注：“情，犹实也。无实者多虚诞之辞。圣人之听讼，与人同耳。必使民无实者不敢尽其辞，大畏其心志，使诚其意不敢讼。”朱注：“情，实也。引夫子之言，而言圣人能使无实之人不敢尽其虚诞之辞。”

按：“情”，实情。“无情者”，指本无冤情而又故意编造谎言，提起诉讼的人。“辞”，申辩。

此句意思是：使本来没有冤情而又故意提起诉讼的人，不能够尽情辩解或诬告他人。此句是《大学》作者对孔子所言的引申。

③大畏民志：

按：“畏”，敬畏。“大畏”，受压制而畏惧。“民志”，指部分群众不尊重法律，或无视法律的心理倾向。他们或故意编造案情滥讼、乱讼；或钻法律的空子，打“擦边球”，以从中渔利。

此句意思是：要使这部分人有畏惧之心，不敢再任意胡为。

"无情者不得尽其辞，大畏民志"，实际上是执政者欲用行政手段来规范民众的行为。这与《中庸》中子曰"声色之于化民，末也"形成了鲜明的对比。

④此谓知本：郑注："本，谓'诚其意'也。"

按："本"，根本。

此句意思是：这就叫处理问题的根本。即言使民众不再敢胡乱诉讼，从思想上解决问题，防患于未然，这就算抓住了问题的根本。

【译文】

孔子说："诉讼审理案件，我和别人是一样的，一定要使（民众中）不再有诉讼发生。"这就是说，没有实际冤情的人不敢再把虚诞之辞尽情说出来，使民众中不尊重或无视法律的人，有畏惧之心，这就叫作知道根本。这就叫作知道根本（本句为衍文）。

（此处前后文意不接续，可能有阙文。以下据朱熹说亡佚"释格物、致知之义"的有关文字。）

【评论】

本章意在诠释第一章（经一章）之"物有本末"（事物的发展有根本，有末节）一句，主要是举出孔子"听讼，吾犹人也；必也使无讼乎"（即在审查案件方面，我和别人一样，都要遵循公认的原则，一定要努力做到秉公断案，使双方的诉讼停止）一句，彰显使百姓"无讼"，才是处理诉讼的根本，借以强调处理任何事情，都要抓住根本。

但据朱熹说，本章可能有阙文，所以只能作大体上的理解。

据朱熹说，以下还有一段，大约是用来诠释"八条目"的"格物""致知"两条的，但已经亡佚了。

本章对于今天人们的启发是多方面的。例如"知本"问题，任何事物（包括工作）都有本有末，必须围绕根本展开工作，而不能本末倒置，否则只能导致失败。同时也必须认识到"本"的本身也是发展变化的，即使总体上不变，局部也会发生变化，所以，思想方法和工作方法都不能一成不变，而必须不断革新、创新。

又如，对于司法工作本身而言，这里所引的孔子的话及《大学》作者的解释也都是具有启发意义的。孔子本人曾任鲁国的大司寇，主管司法和治安，并亲自审理过案件，因此，他懂得司法工作的根本目的是什么。他说的“必也，使无讼乎”就是司法工作的最终目的。通过正确的审理，使两方平息诉讼，再不相互告发，恢复和谐相处的正常状态，从而推进社会的稳定与发展，这就是“听讼”的目的，也是其“根本”所在。而要想做到这一点，离开依法治国和以德治国相结合的宗旨，离开审理的公平公正是根本不可能的。

第六章（朱熹称为“传之五章”）

【原文】

此谓知本。此谓知之至也①。

【注释】

①此谓知本。此谓知之至也：

按：据宋代朱熹《四书章句集注》说本章本来是“释格物、致知之义”，但至宋代已经“亡矣”。“此谓知本”一句，程子认为是衍文。而“此谓知之至也”一句，即是《大学·释格物致知》章唯一存留之句了。朱熹认为这一句应该是结论，在它的前面，“别有阙文”。他按照二程（程颐、程颢）的意见补写了《格物致知》章。原文是：

所谓致知在格物者，言欲致吾之知，在即物而穷其理也。盖人心之灵莫不有知，而天下之物莫不有理，惟于理有未穷，故其知有不尽也。是以《大学》始教，必使学者即凡天下之物，莫不因其已知之理而益穷之，以求至乎其极。至于用力之久，而一旦豁然贯通焉，则众物之表里精粗无不到，而吾心之全体大用无不明矣。此谓物格，此谓知之至也。

按：朱熹的此段补写，未必完全合乎《大学》作者的原意，但应该说它在总的指向上是符合《大学》所提出的“格物致知”的主旨的。

一、朱熹诠释“致知在格物”，是“欲致吾之知，在即物而穷其理”。即要想使自己有知识（对某种事物有认识），必须“即物”，即接触那件事物，生活或践行于那件事物中；还必须“穷其理”，即极力追求探索事物内部的道理（规律），这是具有唯物主义认识论倾向的，是应该肯定的。

二、朱熹在本段中肯定了世界是可知的，人是有能力认识世界的，人的认识有可能把世界认识清楚。

三、朱熹认为人对事物的认识有一个由浅入深的过程，只有用力日久，达到一定的程度，就会发生认识上的质变，即“一旦豁然贯通焉”，就会“知之至”，即认识的最高境界，也就是达到了对事物全局和本质的规律性认识。

应该说，朱熹的诠释对“格物致知”的理解是有帮助的。

【译文】

这就叫作知道根本。这就叫作“知”的最高境界（衍文）。

【评论】

本章原意是阐释第一章提出的“格物致知”（探索、研究事物并发现原理）的道理，但由于原文散佚，宋代人已难见其貌，故由朱熹补写了这一章。要想有知，就必须“即物”。朱熹强调人是有能力认识世界的；强调人的认识有一个由浅入深的过程，用力之久，有可能一旦豁然贯通。朱熹的这些认识，总体上应符合《大学》的主旨，同时具有唯物主义认识论的倾向。

“此谓知之至也”一句，对于今天的人们也有一定的启发意义。它使人们懂得，对于世界的认识（知）是分为不同层次的，“知之至”就是认识的最高层次。因此，人们对于事物的认识不应该浅尝辄止，或仅仅停留在表面，而应该不断努力，继续深入下去，达到“知之至”。当然，由于事物发展的无限性，“知之至”也是不断发展的，今天的“知之至”，到明天或更往后的时间，就有可能变成妇孺皆知了。所以，人们的认识与学习是不可以须臾停止的。

第七章（朱熹称为“传之六章”）

【原文】

所谓诚其意者，毋自欺也[1]。如恶恶臭，如好好色[2]。此之谓自谦[3]。故君子必慎其独也。[4]小人闲居为不善，无所不至[5]，见君子而后厌然，揜其不善而著其善[6]；人之视己，如见其肺肝然，则何益矣[7]？此谓诚于中，形于外[8]。故君子必慎其独也。曾子曰：“十目所视，十手所指，其严乎[9]！”富润屋，德润身，心广体胖。故君子必诚其意[10]。

（“此谓知本，此谓知之至也……心广体胖，故君子必诚其意”，十三经注疏本在“《诗》云瞻彼淇澳……君子贤其贤而亲其亲小人乐其乐而利其利此以没世不忘也”一段上，故有学者取此两章成新第二章，聊备一说。）

【注释】

①所谓诚其意者，毋自欺也：孔疏：“若能诚其意，则心不倾邪也。欲诚其意，先致其知者，言欲精诚其己意，先须招致其所知之事，言初始必须学习，然后乃能有所知晓其成败，故云先致其知也。”朱注：“诚其意者，自修之首也。毋者，禁止之辞。自欺云者，知为善以去恶，而心之所发有未实也。”

按：本章指出“诚”是“明善之要”。

“诚其意”，使自己意识坦诚纯洁。

“诚”，坦诚、真实无妄、诚实不欺。周敦颐说：“诚者，圣人之本。‘大哉乾元，万物资始’，诚之源也。‘乾道变化，各正性命’，诚斯立焉。纯粹至善也。”这就是说，周敦颐认为“诚”之意为真实无妄（周敦颐撰、徐洪兴导读：《周子通书》，上海古籍出版社 2000 年版，第 22 页）。《论语·子路》子曰：“刚毅、木讷，近仁。”从这里可以看出，《大学》讲的“诚”与孔子的“仁”是一脉相承的。

“毋”，不，不要。“自欺”，自己欺骗自己，虽做违背良心道德之事，但不承认。“毋自欺”即自己不要欺骗自己，也就是人必须诚实不欺。

此句意思是：要做到意识坦诚纯洁，首先必须不自己欺骗自己，即不干任何坏事。

②如恶恶臭（xiù），如好好色：朱注：“恶，好，上字，皆去声。”

按：第一个“恶”字读（wù），厌恶，讨厌，憎恨之意。第二个“恶”字作形容词，读（è），形容“臭”之程度很深，即很臭、极臭。第一个“好”字作动词用，读作（hào），喜欢，爱好之意。第二个“好”字作形容词，读作（hǎo），其义与坏相对，形容颜色之美。此句用以说明君子应使诚实“毋自欺”的道德品质像“恶恶臭，好好色”一样出于本性而自然正常。

此句意思是：就如同厌恶特别的恶臭，喜好美丽的色彩。

③自谦：郑注：“谦，读为慊，慊之言厌也。”朱注：“谦，读为慊，苦劫反；快也，足也。”

按：《说文解字》云：“谦，敬也。”“谦”，同“慊”。自足、自敬之意。因意识诚实无欺，一切如自然之发展，不做作，故感到自足自快乐；而这种自足、自快乐，又是自我谨慎的结果，也就是处处自敬的结果。

④故君子必慎其独也：朱注：“独者，人所不知而己所独知之地也。……使其恶恶则如恶恶臭，好善则如好好色。皆务决去而求必得之，以自快足于己，不可徒苟且以徇外而为人也。然其实与不实，盖有他人所不及知而己独知之者，故必谨之于此以审其几焉。”

按：“慎”，《说文解字》曰：“慎，谨也。从心真声。”《吕氏春秋·节丧》曰：“慈亲，孝子之所慎也。”高诱为之作注曰：“慎，重也。”“慎”即谨慎，不放松对自己的道德修养要求。“独”字有具体意义，也有抽象意义。“独”，就是指脱离开原来的生存环境和监测机制之时。并非仅指无他人处。

“君子慎其独也”，亦见于《荀子·不苟》。其文曰：“君子养心莫善于诚，致诚则无它事矣。……君子至德，嘿然而喻，未施而亲，不怒而威：夫此顺命，以慎其独者也。”《文子》等亦有“君子慎其独”之说。

“君子慎其独也”还见于《中庸》。其文如下：“天命之谓性，率性之谓道，修道之谓教。道也者，不可须臾离也，可离非道也。是故君子戒慎乎其所不睹，恐惧乎其所不闻。莫见乎隐，莫显乎微，故君子慎其独也。”

马王堆汉墓帛书与郭店楚简中的《五行篇》多次提到“君子慎其独”。其文如下：“慎其独也者，言舍夫五而慎其心之谓□□，然后一。一也者，夫五夫为□（一）心也，然后德之一也，乃德已。德犹天也，天乃德已。”（国家文物局古文献研究室：《马王堆汉墓帛书（壹）》，文物出版社1980年版，第19页）

《大学》曰：“故君子必慎其独也”。《中庸》曰：“故君子慎其独也”。这说明，“慎其独”在《大学》《中庸》写作时，是当时孔子学派的共识（梁涛：《郭店竹简与思孟学派》，中国人民大学出版社2008年版，第292—294页）。

“慎独”既是修身的一种方式，也是区分“君子”与“小人”的一种标准。

《论语》《家语》中多次谈到“君子”与“小人”的不同。如《子路》载，子曰：“君子和而不同，小人同而不和。”《为政》载，子曰：“君子周而不比，小人比而不周。”等等。《家语·颜回》载，颜回问君子。孔子曰：“爱近仁，度近智，为己不重，为人不轻，君子也夫。”回曰：“敢问其次。”子曰：“弗学而行，弗思而得。小子勉之。”……颜回问小人。孔子曰：“毁人之善以为辩，狡讦怀诈以为智，幸人之有过，耻学而羞不能，小人也。”等等。

此句意思是：所以，君子必须在独处的时候能谨慎自己的言行。

⑤小人闲居为不善，无所不至：

按：“闲”，《说文》：“阑也，从门中有木。”这里是“闲居，独处”之义。

“小人”，《家语·五仪解》载，孔子曰：“人有五仪：有庸人，有士人，有君子，有贤人，有圣人。”“五仪”见《周礼·大司徒》。该篇阐述大司徒的职责：协助国君安邦治国，用十二种方法进行教化人民群众：一、祀礼教敬。二、以阳礼教让。三、以阴礼教亲。四、以乐礼教和。五、以礼辨等，则民不越。……《十三经注疏》孔疏曰：“仪谓以卑事尊，上下之仪有度，以辨贵贱之等，故云以仪辨等也。”此处“人有五仪”就是说人有五等之意。在这里，孔子把人分为五等，即庸人、士人、君子、贤人、圣人。

君子是“言必忠信而心不怨，仁义在身而色无伐，思虑通明而辞不专。笃行信道，自强不息。油然若将可越而终不可及者”。

《乾·象传》曰：“天行健，君子以自强不息。”这是说，君子具有刚健自强、勇于进取之德。“刚健自强、勇于进取”这种精神是中华民族生生不息、绵延峥嵘的不竭动力。

无论在《论语》中，还是在《家语》的其他篇中，“君子”都是与“小人”对立的。此处“小人”亦指道德卑污者。

在从政治国的过程中，无论从事什么事业，都必须处理人与人之间的关系。周围的人中，可能有君子，也有小人。所以，必须了解君子与小人的特点，这样才能正确对待他们，以做到趋利避害。孔子认为，君子在处理人与人的关系时，是“周而不比（君子能普遍团结周围群众，而不去搞小宗派小集团）”，而小人则是“比而不周（小人善于搞小宗派小集团而不能普遍团结群众）”，这需要认真把握。

“圣”，《说文解字》曰：“圣，从耳呈声。”“圣者，通也。”

至于“圣人”，《易传·系辞上》曰：“天垂象，见吉凶，圣人象之；河出图，洛出书，圣人则之。”可见“圣人”是知行完备、才德俱全、至善至美的人。

《论语·述而》载，子曰：“圣人，吾不得而见之矣；得见君子者，斯可矣。”（意思是：孔子说：“圣人，我是不能够见到了；能够见到君子，也就可以了。”）《论语·雍也》载，子曰：“必也圣乎！尧舜其犹病诸！”（意思是：那一定是圣人吧！尧、舜对此还有点心有余而力不足呢！）据此可知，孔子心目中的“圣人”是高不可攀的，是至高无上的神。

《家语·五仪解》记述了孔子心目中的“圣人”形象。其文如下：

孔子曰：“所谓圣人者，德合于天地，变通无方，穷万事之终始，协庶品之自然，敷其大道而遂成情性。明并日月，化行若神。下民不知其德，睹者不识其邻。此谓圣人也。”

孟子对“圣人”的看法则不同。孟子（公元前372—前289年），名轲。战国中期邹（今属山东省邹县东南）人。伟大的思想家、政治家、教育家。他继承和发扬了孔子的仁学思想，提出了仁爱的主张，是孔子之后最负盛名的儒家代表人物。被尊称为“亚圣”。孟子的思想是以“仁”为中心而展开的，以“仁政”学说为核心，以性善论为理论基础的，他反对兼并战争，谴责一切残民以逞的贪官污吏，提出“民为贵”，“君为轻”的口号，力图把现实政治引到“保民而王”的轨道上来。

《孟子》之《万章下》载，孟子曰：“伯夷，圣之清者也；伊尹，圣之任者也；柳下惠，圣之和者也；孔子，圣之时者也。孔子之谓集大成。集大成也者，金声而玉振之也。金声也者，始条理也；玉振之也者，终条理也。始条理者，智之事也；终条理者，圣之事也。智，譬则巧也；圣，譬则力也。”这是孟子把“圣人”分成了五类。

《公孙丑上》载：“昔者子贡问于孔子曰：‘夫子圣矣乎?’孔子曰：‘圣则吾不能，我学不厌而教不倦也。’子贡曰：‘学不厌，智也；教不倦，仁也。仁且智，夫子既圣矣!’夫圣，孔子不居，是何言也?”《离娄上》曰：“圣人，人伦之至也。”《告子上》曰：“人皆可以为尧舜。”“圣人与我同类者。”这就是说圣人并不是可望而不可即的。在这一点上，孟子比之孔子是大有进步的。因为显然孟子敢于冲破思想禁区，使圣人走下神坛。

“善”，善德、善言、善行。《论语·季氏》载，孔子曰：“见善如不及，见不善如探汤。吾见其人矣，吾闻其语矣。隐居以求其志，行义以达其道。吾闻其语矣，未见其人也。”（《论语新编新释》1.4.1.32）这是正确对待“善”与“不善”的态度。

《荀子·修身》曰：“见善，修然必以自存也；见不善，愀然必以自省也。善在身，介然必以自好也；不善在身，菑然必以自恶也。”大意是说，见到“善，”一定要严肃认真地对照自己；见到不“善”，一定要心怀恐惧地反省自己。善的美德在自身时，一定要坚决地保持洁身自好；不善的德行在自身时，就像被污水污染一样，一定要痛恨自己。又，曰：“以善先人者谓之教，以善和人者谓之顺；以不善先人者谓之谄，以不善和人者谓之谀。是是非非谓之知，非是是非谓之愚。”这就是说，以“善”引导众人就叫教化，以“善”应和众人就叫顺应；以“不善”引诱他人就叫谄媚，以“不善”应和他人就叫阿谀。肯定正确的，否定错误的，就叫智慧；否定正确的，肯定错误的就叫愚蠢。

此句意思是：“小人”平时独处时做坏事，没有什么坏事是做不出来的。

⑥*见君子而后厌然，揜其不善而著其善*：朱注：“厌，郑氏读为黡。厌然，消沮闭藏之貌。此言小人阴为不善，而阳欲揜之，则是非不知善之当为与恶之当去也；但不能实用其力以至此耳。然欲揜其恶而卒不可揜，欲诈为善而卒不可诈，

则亦何益之有哉！此君子所以重以为戒，而必谨其独也。”

按：“君子”，德行高尚者。“厌”，压，压住，转义为掩饰。

“揜（yǎn）”，同“掩”，掩盖，隐瞒。郑注：“厌，读为黡，黡，闭藏貌也。”“著”，显示，彰明。

“善”，好，好事。“善（良）”的一种美德。“善”（心）是人的天性，是孔子哲学的基础，也是中华优秀传统道德的基础。有“善”（心）才会有“善”（行）。

苏格拉底、柏拉图提出“人皆向善，无人有意作恶”（换言之，恶行乃出于无知）、“美德即知识”、“在智慧中追求正义”之后，“何为真正的善”这个话题便一直争论不休。

《孟子·公孙丑上》曰：“禹闻善言则拜。大舜有大焉，善与人同。舍己从人，乐取于人以为善。自耕稼、陶、渔以至为帝，无非取于人者。取诸人以为善，是与人为善者也。故君子莫大乎与人为善。”这就是说，禹一听到善言就高兴，舜能推广自己的善德善行。

儒学既是仁学，又是人性之学。而人性亦有善恶之分。

孟子（公元前372—前289年）认为人性善，人皆有恻隐之心、羞恶之心、辞让之心、是非之心（“心之四端”透露出来的信息是先秦儒家对“仁”“义”“礼”“智”四德的高度重视），如果没有则非人也。《孟子·告子上》曰：“人性之善也，犹水之就下也。人无有不善，水无有不下。”人生来就有的善心容易受到外物的引诱或蒙蔽而失掉，这就叫“放心”。“放心”之后还必须把善心收回。又曰：“仁，人心也；义，人路也。舍其路而弗由，放其心而不知求，哀哉！人有鸡犬放，则知求之；有放心而不知求。”因此必须把“放心”收回。孟子认为，收回“放心”的方法是“存心”“养心”“知天”等。《尽心上》曰：“居仁由义”，“居恶在？仁是也；路恶在？义是也”。“存心”就是心中有仁、礼。《尽心下》曰：“养心莫善于寡欲。其为人也寡欲，虽有不存焉者，寡矣；其为人也多欲，虽有存焉者，寡矣。”“养心”就是寡欲，从而使善心得到养护。《尽心上》曰：“尽其心者，知其性也。知其性，则知天矣。存其心，养其性，所以事天也。夭寿不贰，修身以俟之，所以立命也。”“尽心”“知天”就是使善心在充满仁义、去掉各种不正当欲望之后，尽力与天道相统一，达到最高的思想境界。

对于孟子提出的性善论，杨泽波认为：一、只以良心论性；二、良心人人固有；三、良心本心是性善的根据；四、恶在于不能尽其才；五、性善是事物的法则（杨泽波：《孟子性善论研究》，中国社会科学出版社 1995 年版，第 32—41 页）。

荀子（约公元前 298—前 238 年）则认为人性是恶的。“人性”是人天生就有的，《荀子·性恶》曰：“人之性恶，其善者伪也。”在荀子看来，人的本性包含着恶的因素，人的本性顺其自然发展，就成了恶。人的欲望会引起“争夺”“淫乱”“残贼”等邪恶现象，从而导致“忠信”“辞让”“礼义文理”等道德秩序的丧失。《荀子·儒效》曰：“性也者，吾所不能为也。”从中可以看出荀子的人性论是自然人性论。“其善者伪也”这就是说，只有通过后天学习，才能达到善。

而《家语·始诛》载，孔子曰：“天下有大恶者五，而窃盗不与焉。一曰心逆而险，二曰行僻而坚，三曰言伪而辩，四曰记丑而博，五曰顺非而泽。”（意思是说，天下大恶有五种，而盗窃并不在其中：一是思想悖逆而居心叵测，二是行为怪僻而又顽固，三是言语虚伪而善狡辩，四是记述多种丑恶并十分广博，五是顺从邪恶而善于收买人心。）在这里，孔子说的是“人性恶”中的五种表现形式。

但是，告子却认为人性没有善恶之分。《孟子·告子上》载，告子曰：“性犹杞柳也，义犹桮棬（bēi quān）也；以人性为仁义，犹以杞柳为桮棬。”孟子曰：“子能顺杞柳之性而以为桮棬乎？将戕贼杞柳而后以为桮棬也？如将戕贼杞柳而以为桮棬，则亦将戕贼人以为仁义与？率天下之人而祸仁义者，必子之言夫！”

小人知善亦知恶，但缺乏自控力，难抵御各种诱惑，所以做坏事，但遇到君子，就会显现出善的一面，而去做好事。

此句意思是：小人做坏事，遇到君子后，就把所做坏事掩饰起来，而显示自己做的好事。

⑦人之视己，如见其肺肝然，则何益矣：

按：“视”，看，瞧。“肺肝”，人体器官。“益”，用处。

此句意思是：其实人家看你自己，就像看到内脏肺、肝一样，掩饰又有何用呢？

⑧此谓诚于中，形于外：

按：“诚”，诚实，真诚。“诚”字见于《诗》《尚书》《左传》《论语》《老子》《周易》《孟子》早期文献中。

“诚”的含义有很多：

一是诚心、真心实意。如《诗·大雅·荡之什·崧高》云：“申伯信迈，王饯于郿。申伯还南，谢于诚归。”《诗·小雅·我行其野》云：“诚不以富，亦祗以异。”

二是虔诚。《尚书·太甲下》载，伊尹申诰于王曰：“呜呼！惟天无亲，克敬惟亲；民罔常怀，怀于有仁；鬼神无常享，享于克诚。天位艰哉！”《大禹谟》曰：“至诚感神，别兹有苗。”

三是诚实。如《左传·文公十八年》载，昔高扬氏有才子八人：苍舒、敳梼戭、大临、龙降、庭坚、仲容、叔达，齐圣广渊，明允笃诚，天下之民，谓之“八恺”。《论语·子路》载，子曰：“善人为邦百年，亦可以胜残去杀矣。诚哉是言也！”《论语·颜渊》载：“诚不以富，亦祇以异。”这里的“诚”，实也。

四是真实、实、诚信、真诚、真正、实在。《老子》二十二章曰：“夫唯不争，故天下莫能与之争。古之所谓‘曲则全‘者，岂虚言哉！诚全而归之。”《周易·乾·文言》九二曰：“闲邪存其诚。”九三曰：“修辞立其诚。”《孟子·离娄上》载，孟子曰：“悦亲有道，反身不诚，不悦于亲矣。诚身有道，不明乎善，不诚其身矣。”

“中”，内心。“形”，表现，显现。“外”，外表，表面。尽心、诚意是推行中庸之道的内在要求，而只有诚于中，才能行于外。

此句意思是：这就是说，诚实在心中，就会体现在外表上。所以，君子独处时一定要小心谨慎，而不可任意妄为。

⑨曾子曰：十目所视，十手所指，其严乎：郑注：“严乎，言可畏敬也。”朱注：“引此以明上文之意。言虽幽独之中，而其善恶之不可揜如此。可畏之甚也。”

按：曾参（公元前505年—前432年），字子舆，鲁国南武城（今属山东省平邑县）人，曾子小孔子46岁。孔门中有重要影响的弟子之一，以孝道为志向，因此，曾子有《孝经》传世。关于《孝经》的作者，目前学术界说法有多种：

一、孔子说。持此观点者有班固、郑玄、俞越等人。如《家语·七十二弟子解》曰：“曾参，南武城人，字子舆，少孔子四十六岁。志存孝道，故孔子因之以作《孝经》。”《汉书·艺文志》曰：“《孝经》者，孔子为曾子陈孝道也。”《孝经·钩命决》曰：“孔子曰：‘《春秋》属商，《孝经》属参。’”（皮锡瑞：《孝经

郑注疏》，上海古籍出版社1993年版，第6页。亦见《艺文类聚》卷二十六）

二、孔子门人说。持此观点者有司马光、唐仲有。

三、曾参说。持此说者有孔安国、郑玄、司马迁、董鼎、黄道周、朱彝尊等。

四、曾子弟子说。同意此说者有晁公武、姚鼐等。如司马迁《史记·仲尼弟子列传》曰："曾参……，孔子以为能通孝道，故授之业。作《孝经》，死于鲁。"这就是说，曾子作《孝经》。

五、子思说。宋代王应麟《困学纪闻》卷七冯琦语"是书（即《孝经》）当成于子思之手。"持此说者有今人汪受宽。

六、七十子之徒说。代表人物有毛奇龄。

七、孟子弟子说。持此观点者是王正已。

八、齐鲁间陋儒说。持此说者有朱鸿、朱熹。

九、后人附会说。同意此说的是朱熹。

十、汉儒伪作说。代表人物有吴廷翰、姚际恒、黄云眉等。

《论语·先进》曰："柴也愚，参也鲁，师也辟，由也喭。"其中"参也鲁"意思是曾参鲁钝。曾子表面鲁钝，实际上聪慧。所以，曾子作《孝经》是完全可能的。曾子对儒学的传播有重大贡献。

《家语·弟子行》载，子贡对曰："满而不盈，实而如虚，过之如不及，先王难之；博无不学，其貌恭，其德敦；其言于人也，无所不信；其骄大人也，常以浩浩，是以眉寿。是曾参之行也。"［"眉寿"应年在古稀（七十岁）以上。"眉寿"应为后人所加，非子贡语］

《家语·七十二弟子》载："曾子……齐尝聘，欲与为卿而不就，曰：'吾父母老，食人之禄，则忧人之事，故吾不忍远亲而为人役。'参后母遇之无恩，而供养不衰。及其妻以藜烝不熟，因出之。人曰：'非七出也。'参曰：'藜烝，小物耳。吾欲使熟，而不用吾命，况大事乎？'遂出之，终身不取妻。"曾子的后母对他寡恩，但曾子仍供养她。后来曾子的妻子因没有将黎羹蒸熟，曾参就休掉了她。这里彰显了曾子的至孝。

孔子去世后，曾子成为继承儒学衣钵和传播儒学经典的宗师。

曾子的思想主要见于《论语》《礼记》《韩诗外传》及《大戴礼记》所收的曾子十篇等典籍。曾子十篇依次为：《曾子立事》《曾子本孝》《曾子立孝》《曾子大孝》《曾子事父母》和《曾子制言》（上、中、下篇），及《曾子疾病》《曾子天圆》。这些文献大多为秦汉时人追述先圣之作。

朱熹引程子曰：“四科乃从夫子于陈蔡者尔，门人之贤者固不止此，曾子传道而不与焉。故知十哲，世俗论也。”这是说孔门弟子三千，贤人七十二，善四科之事务者绝不止于十人，贤人中还有曾子等等。

“严”，严厉。

此句意思是：曾子说：“虽然君子独处，但就像十只眼睛注视着，十只手指点着一样，是多么严厉啊！”

⑩富润屋，德润身，心广体胖。故君子必诚其意：郑注：“胖，犹大也。三者，言有实于内，显见于外。”朱注：“胖，步丹反。胖，安舒也。言富则能润屋矣，德则能润身矣，故心无愧怍，则广大宽平，而体常舒泰，德之润身者然也。盖善之实于中而形于外者如此，故又言此以结之。”

按：“富”，富有。“润”，滋润，华润。“德”，美好的品德、德行。“身”，身体。

“富润屋，德润身”，家庭富有了就会修建和装饰房屋，道德高尚了其身心就显得华润。

“富润屋，德润身，心广体胖”这是重视修德，“德”为本，“财”为末。《汉书·韦贤传》曰：“贤四子：长子方山，为高寝令，早终；次子弘，至东海太守；次子舜，留鲁守坟墓；少子玄成，复以明经历位至丞相。故邹鲁谚曰：‘遗子黄金满籝，不如一经。’”颜之推（531—590 年）在《颜氏家训》中说“积财千万，不如薄伎在身”，这个“伎”不是别的，“伎之易习而可贵者，无过读书也”，也就是“明六经之指，涉百家之书，纵不能增益德行，敦厉风俗，犹为一艺，得以自资”。可见颜氏是以德传家的。

“诚”，牟宗三说：“‘诚’是体，是一个存有论义的实体，或者说一个形而上的实体。有体做本，就可以形。”（牟宗三：《宋明儒学的问题与发展》，华东师范大学出版社 2004 年版，第 82—83 页）徐复观说：“诚容易被认为是一种形而上的本体，诚的功用，也只是由形而上的本体所推演下来的；于是说来说去，将只是西方形而上学的思辨的性质，与《中庸》《孟子》的内容，不论从文字上或思想上，都不能相应的。”（徐复观：《中国人性论史》，华东师范大学出版社 2005 年版，第 93 页）“诚”就是诚实、真实无妄。“意”，意念，意识。一说读“pán”，指身体安泰舒适。“心广体胖”，心胸广阔而无愧怍就会身体胖壮。

“所谓诚其意者，毋自欺也。如恶恶臭，如好好色。此之谓自谦。故君子必慎其独也。小人闲居为不善，无所不至，见君子而后厌然，揜其不善而著其善；人之视己，如见其肺肝然，则何益矣？此谓诚于中，形于外。故君子必慎其独也。曾子曰：‘十目所视，十手所指，其严乎！’富润屋，德润身，心广体胖。故君子必诚其意”一段中有“曾子曰”三字，后人（如翟灏）就据此断定《大学》的作者为曾子。王阳明、徐复观与郭沫若据此段内容认为“《大学》是孟学”。

“所谓诚其意者，毋自欺也。如恶恶臭，如好好色。此之谓自谦。故君子必慎其独也。……此谓诚于中，形于外。故君子必慎其独也。”其中“诚于中，形于外”，也就是《大戴礼记·曾子立孝》所言：“故目者，心之浮也；言者，行之指也；作于中则播于外也。故曰：以其见者，占其隐者”中的“作于中则播于外也”，即诚实在心中，就会体现在外表上。

从以上所述可以看出，在修身方面，《大学》重“诚意”和曾子重“诚意”是一致的。

此句意思是：家庭富有了就会修建和装饰房屋，道德高尚了其身心就显得华润，心胸广阔而无愧怍就会身体胖壮。所以，君子一定要使自己的意识诚实无欺。

【译文】

所谓“诚其意者”，就是不要自我欺骗。就如同厌恶特别的臭味，喜好美丽的色彩一样，使自己能自敬。所以，君子必须在独处的时候能谨慎自己的言行。小人闲居做坏事，无所不至，见到君子后进行消慝回避，掩盖其不良方面，而显示其善良的方面。实际上，别人看自己，就如同看到肺肝一样，（掩盖）有什么益处呢？这就是说，诚实在心中，就会体现在外表上。所以，君子必须谨慎自己独处时的言行。曾子说：“十只眼睛注视着，十只手指点着，是多么严厉啊！”

富有了就可以装饰房屋，有美德就可使自身华润，心胸广阔身体就会胖壮，所以，君子定要使自己的意识诚实无欺。

【评论】

本章主要是诠释第一章提出的“八条目”之一的“诚意”。“诚意”就是心中诚实，不自己欺骗自己，像厌恶恶臭，喜欢美好的颜色一样，是很自然的。强调为学处世必须诚意，而诚意必须慎独。“慎独”就是脱离监督机制的情况下，自己严格要求自己，恪守有关道德规范，而不能像小人那样，人前一套，人后一套。人的道德状况是“诚于中，形于外”的，只有心地善良而无愧，才能气宇轩昂，心广体胖。这一点对于修养成才十分重要。而当今社会中，强调诚意（或意诚）亦是一个具有根本性的问题。市场上，假货充斥。社会中，作假事件层出不穷，改变的关键就是每个人都做到“诚意”，从思想深处驱逐“假”字。这一章对于社会诚信风气建设有重要启发作用。

第八章（朱熹称为“传之七章”）

【原文】

所谓修身在正其心者①，身有所忿懥，则不得其正②；有所恐惧，则不得其正③；有所好乐，则不得其正④；有所忧患，则不得其正⑤。心不在焉，视而不见，听而不闻，食而不知其味⑥。此谓修身在正其心⑦。

【注释】

①所谓修身在正其心者：

按：“修身”（有关内容参看第一章），主要指自身道德情操及言行的修养。“正”，端正。“心”，内心。“正其心”，端正自己的心志。

“正心”，亦见于《荀子·不苟》。其文曰：“君子养心莫善于诚，致诚则无它事矣。惟仁之为守，惟义之为行。诚心守仁则形，形则神，神则能化矣。诚心行义则理，理则明，明则能变矣。”

此句意思是：要想达到修身的目的，关键在于端正自己的心志。

②身有所忿懥（fèn zhì），则不得其正：朱注：“忿，弗粉反。懥，敕值反。忿懥，怒也。”

按：“身”有二解：一是指“心”。朱注：“程子曰：‘身有之身当作心。’”二是宋张九成《大学说》云：“心之正体无忿懥、恐惧、好乐、忧患也。其所以为之者皆血气也。此所以言身而不言心也。读身如字”。以第二解为优。“忿懥”，愤怒。“正”，端正。

此句意思是：身上有某种愤怒，就不能端正自己的心志。

③有所恐惧，则不得其正：

按：“恐惧”，惊恐，害怕。“正”，端正。

此句意思是：心中有某种恐惧，心志就不能够得到端正。

④有所好乐，则不得其正：朱注：“好、乐，并去声。盖是四者（指忿、懥、好、乐），皆心之用，而人所不能无者。然一有之而不能察，则欲动情胜，而其用之所行，或不能不失其正矣。”

按：“好”，喜好。“乐”，快乐，欢乐。

此句意思是：心中有某种喜好或欢乐，心志就不会得到端正。

⑤有所忧患，则不得其正：

按：“忧”，忧虑。

此句意思是：心中有某种忧患，心志就不会得到端正。

⑥心不在焉，视而不见，听而不闻，食而不知其味：朱注：“心有不存，则无以检其身，是以君子必察乎此而敬以直之，然后此心常存而身无不修也。”

按：“心”，心思。“焉”，语气词。“视”，看。“味”，滋味，味道。

此句意思是：只有心不用在各种具体的杂事上，对视、听、食等杂事毫不留意，排除一切杂念，心才会专注于学习圣贤之道上，这样才能做到心志端正，也就会为修身提供一个必要的基础。

⑦此谓修身在正其心：

按：“修”，修养。

“心”，徐复观在《心的文化》一文中说：“中国文化最基本的特性，可以说是‘心的文化’。”（黄克剑、林少敏：《徐复观集》，群言出版社 1993 年版，第 211 页）

“心”即心志。

君子修身，必先正其心，其原因如下：“身有所忿懥，则不得其正；有所恐惧，则不得其正；有所好乐，则不得其正；有所忧患，则不得其正。”

《大学》中“格物、致知、正心、诚意、修身、齐家、治国平天下”亦见于《荀子》（如《解蔽》《君道》《大略》等篇）。

孔子思想的核心是“仁”和“礼”。孟子继承并发展了孔子的仁学思想，而荀子则继承并发展了孔子的礼学思想。收入《大学》的《礼记》以言“礼”为主，而荀子主张也是“隆礼”。这也是难定《大学》作者的一个原因。

此句意思是：这就叫作修身的基础是先端正自己的心志。

【译文】

所谓修身的基础在于端正自己的心志，就是说，身上怀有愤怒，心志就不能端正；有某种恐惧，心志就不能端正；有某种喜好或欢乐，心志就不能端正；有某种忧虑，心志就不能端正。只有心不用在各种具体杂事上，对视、听、食等事毫不留意，才能专注于圣贤之道。这就叫作修身的基础在于先端正自己的心志。

【评论】

本章主要是诠释第一章“欲修其身者，先正其心”（要想达到修身的目的，关键在于端正自己的心志）一句，阐述“八条目”之一的“正心”对于修身的重要意义。修身必须首先做到“正心”。“正心”就是排除各种杂念，心中只有排除一切杂念，包括各种形式的喜、怒、哀、乐，才有可能做到无思无虑、心不在焉，视而不见、听而不闻，食而不知其味，也就是道家所说的“虚静”，这样才算是“心正”。

古人认为心是思考的器官：“心之官则思。”这种心的思维活动，其实就是人们今天所说的心理活动。心正一切正，心曲万事邪。正心就是改造主观世界的开始。端正心志，需要长期的践行。在面临各种诱惑时，能不忘初心，保持高尚气节，永远前进；完成既定目标之后，再迈向新的征途。青年学子应该具有这种定力。

第九章（朱熹称为“传之八章”）

【原文】

所谓齐其家在修其身者①，人之其所亲爱而辟焉②，之其所贱恶而辟焉，之其所畏敬而辟焉，之其所哀矜而辟焉，之其所敖惰而辟焉③。故好而知其恶，恶而知其美者，天下鲜矣。④故谚有之曰：“人莫知其子之恶，莫知其苗之硕⑤。此谓身不修不可以齐其家⑥。”

【注释】

①所谓齐其家在修其身者：

按：“齐”，整齐。“修其身”，使其身修，即修养自身。颜之推在《颜氏家训》中说：“整齐门内，提撕子孙。”颜之推作《颜氏家训》的目的在于：修身可以齐家、治国、平天下，使子孙成为有实际本领、不务虚名而利于国家社稷的有用之才。其中，《颜氏家训·治家》主要是说应该如何以礼治（齐）家，因为治（齐）家一向为重要的事务，家治（齐）而后可治国平天下。治（齐）家的主要要求是：一是家人间要坚持父慈子孝，兄友弟恭，夫义妇顺等礼教信条。二是治（齐）家应宽严适度，不可一味宽仁，也不可一味吝啬。三是妇人不可主家教。

此句意思是：之所以说齐家的基础（关键）在于修身这件事（是因为……）。

②人之其所亲爱而辟焉：郑注：“之，适也。譬，犹喻也。言适彼而以心度之，曰：吾何以亲爱此人？非以其有德美与？吾何以敖惰此人，非以其志行薄与？反以喻己，则身修与否，可自知也。”孔疏：“设我适彼人，见彼有德，则为我所亲爱，当反自譬喻于我也。以彼有德，故为我所亲爱，则我若自修身有德，必然亦能使众人亲爱于我也。”朱注：“辟，读为僻，犹偏也。‘恶而’之恶，敖，好，并去声。”

按：“人”，指一般人，泛称。朱注：“人，谓众人。”“之”，遇见，犹于，对于。“其”，代词，可释为“他”“自己”。“亲爱”，亲爱的人。“辟”，“辟”，偏，偏于一隅，即认识上的片面性，“偏爱”“偏恶”“偏怜”皆属此类。

《韩诗外传》卷九载，颜回曰：“人善我，我亦善之；人不善我，我亦善之。”孔子对此评之曰：“回之所持，亲属之言也。”即以对待亲属的态度对待他人，这是中国传统的人道主义要义之一，也是自舜以后形成的以德待人，与人为善这一优良传统的继承与发展。“人不善我，我亦善之。”集中体现了厚德载物的仁者风范，对于当前建立和谐社会具有重要的借鉴与启发意义。当然这种原则还是有一定的适用范围的。

所以说，人对于自己所亲爱的人，往往表现出“偏爱”的倾向。

此句意思是：人对于自己所亲爱的人，在认识上往往有片面性（表现为“偏爱”一类的行为）。

③之其所贱恶而辟焉，之其所畏敬而辟焉，之其所哀矜而辟焉，之其所敖（ào）惰而辟焉：孔疏：“……我往之彼，而贱恶彼人者，必是彼人无德故也，亦当回以譬我。我若无德，则人亦贱恶我也。……我往之彼，而畏敬彼人，必是彼人庄严故也，亦回其譬我，我亦当庄敬，则人亦必畏敬我。……我往之彼，而哀矜彼人，必是彼人有慈善柔弱之德故也，亦回譬我，我有慈善而或柔弱，则亦为人所哀矜也。……我往之彼，而敖惰彼人，必是彼人邪僻故也，亦回譬我，我若邪僻，则人亦敖惰于我也。”

按：“贱”，卑视。“畏敬”，畏惧而又敬重。“哀矜”，可怜，怜悯。

“敖”，同“傲”。

“之其所贱恶而辟焉，之其所畏敬而辟焉，之其所哀矜而辟焉，之其所敖惰而辟焉”这四句的句式同于②。

此句意思是：人对自己所卑视厌恶的人有偏恨，对自己敬重而又畏惧的人认识上有偏向，对自己哀怜同情的人有偏心，对自己所轻视的人有偏见。

④故好而知其恶，恶而知其美者，天下鲜矣：孔疏：“知，识也。人心多偏，若心爱好之，而多不知其恶。若嫌恶之，而多不知其美。今虽爱好，知彼有恶事；虽憎恶，知彼有美善，天下之内，如此者少矣。”

按：“好”，喜好。“恶”，恶劣。“恶”，厌恶，讨厌。“美”，赞美。“鲜”，少，稀少。

此句意思是：所以，对良善者知其恶处，对恶劣者知其值得赞美之处，能这样做的人，天下是很少的。

⑤故谚有之曰：人莫知其子之恶，莫知其苗之硕：郑注：“人莫知其子之恶，犹爱而不察。硕，大也。”孔疏：“言人之爱子其意至甚，子虽有恶不自觉知，犹好而不知其恶也。农夫种田，恒欲其盛，苗唯硕大，犹嫌其恶，以贪心过甚，故不知其苗之硕。若能以己子而方他子，己苗而匹他苗，则好恶可知，皆以己而待他物也。”朱注：“谚，音彦，俗语也。硕，叶韵，时若反。溺爱者不明，贪得者无厌，是则偏之为害，而家之所以不齐也。”

按：“谚”，谚语。“莫”，没有人。“苗”，庄稼。“硕”，大。

此句意思是：所以，谚语中有这样的话：“人往往不知道自己儿子的不善之处，不知道自己庄稼长得好于他人。”

⑥此谓身不修不可以齐其家：

按：“身”，自身。“齐其家”，使家族齐整而合乎时势需要。

此句总结上文，意思是：这就叫作自己不能注重修养身心，就不能使自己的家族（家庭）全部合乎时势的需要。

本章谓君子修身齐家，必须先正心，然后才能克服“人之其所亲爱而辟焉，之其所贱恶而辟焉，之其所畏敬而辟焉，之其所哀矜而辟焉，之其所敖惰而辟焉”，进而“好而知其恶，恶而知其美者”。

【译文】

所谓齐其家的基础在于修身，这是因为：人对于自己亲爱的人，往往有偏爱；对于自己所贱所恶的人，往往有偏恨；对于自己尊敬而畏惧的人，往往有偏向；对于自己哀怜的人，往往有偏心。对于自己轻视、怠慢的人，往往有偏见。所以，能做到对自己喜爱、尊敬的人，知道其不善之处；对自己厌恶痛恨的人，知道其良善之处。这样的人，天下是很少的。所以，谚语有这样的话：“人没有能够知道自己儿子的坏处的，没有能够知道自己庄稼的肥硕的。”这就是说，如果自身修养不好，就不能使家庭心齐和谐而与时俱进。

【评论】

本章主要是诠释第一章“欲齐其家者，先修其身”（要管理好自己的家庭，首先修养好自己的身心）一句，阐述要想达到修身齐家的目的，在于自身保持中正而不偏，做到“好而知其恶，恶而知其美”（对良善者知其恶处，对恶劣者知其值得赞美之处）。在一个家庭（家族）中，能知道各个成员的长短、优缺，特别是对最亲的人要知其恶、知其短，在错误面前不可偏袒任何成员。这样才能以修身为基础，然后达到齐家，尤其是树立良好的家风的目的。

本章亦具有方法论的意义，符合唯物辩证法之“一分为二”的思想。人无完人。尺短寸长。对人对事应做到“好而知其恶，恶而知其美”。这样才能克服认识的片面性，获取全面的正确认识。

第十章（朱熹称为“传之九章”）

【原文】

所谓治国必先齐其家者，其家不可教而能教人者，无之[①]。故君子不出家，而成教于国[②]。孝者，所以事君也[③]；弟者，所以事长也[④]；慈者，所以使众也[⑤]。《康诰》曰：“如保赤子。”心诚求之，虽不中，不远矣[⑥]。未有学养子而后嫁者也[⑦]。一家仁，一国兴仁；一家让，一国兴让；一人贪戾，一国作乱：其机如此[⑧]。此谓一言偾事，一人定国[⑨]。尧舜帅天下以仁，而民从之[⑩]；桀纣帅天下以暴，而民从之[⑪]。其所令反其所好，而民不从[⑫]。是故，君子有诸己而后求诸人，无诸己而后非诸人[⑬]。所藏乎身不恕，而能喻诸人者，未之有也[⑭]。故治国，在齐其家。

《诗》云：“桃之夭夭，其叶蓁蓁；之子于归，宜其家人[⑮]。”宜其家人，而后可以教国人。《诗》云：“宜兄宜弟[⑯]。”宜兄宜弟，而后可以教国人。《诗》云：“其仪不忒，正是四国[⑰]。”其为父子兄弟足法，而后民法之也。此谓治国，在齐其家[⑱]。

【注释】

①所谓治国必先齐其家者，其家不可教而能教人者，无之：

按：“齐”，整齐。“教”，教化。“无”，没有。

本章意在论述齐家与治国的关系。

此句意思是：所说的治国一定要先整齐自己的家庭（家族），把家事处理好，这是因为如果自己的家庭都教化不好，而去教化他人的，这样的情况是没有的。

②故君子不出家，而成教于国：

按：“教”，教育。“成”，完成。

此句意思是：所以君子不离开自己的家庭，就能完成如何治国的教育（或译作……就能使成功的教化，在国内推行。）这是因为在中国古代社会中，存在着“家国同构”的格局，由对父、对兄的家庭伦理道德可以推导为对君对臣的政治伦理道德。

③孝者，所以事君也：

按：“孝”，孝道。“孝”是“修身”的重要内容，是中华民族的优秀传统美德。

《家语·弟子行》载，孔子曰：“孝，德之始也；悌，德之序也；信，德之厚也；忠，德之正也。”在这里，孝是德行的开端。悌，是德行的次序。信，是德行的加深与丰厚；忠，是道德的准则。又，《家语·王言解》载，孔子曰：“上敬老则下益孝，上尊齿则下益悌……此之谓七教。七教者，治民之本也。”对民众进行“孝”的教育是治理民众的根本。《家语·六本》载，孔子曰：“行己有六本焉，然后为君子也。立身有义矣，而孝为本……战阵有列矣，而勇为本。”这是说立身要有道义，而以行孝道为根本。

《礼记·祭义》曰：“夫孝，置之而塞乎天地。溥之而横乎四海，施诸后世而无朝夕，推而放诸东海而准。”这就是说，如果把孝确定为立身行事的原则，它就会使民风改变。

《曾子大孝》曰：“民之本曰孝。”又，《礼记·祭义》载，曾子曰：“夫孝者，天下之大经也。”这说明孝是天下思想道德中最根本的东西，从庶民到天子只要人人讲孝，天下就会大治。对父母孝，对国家忠，忠孝一致，“事君不忠，非孝也”，“战阵不勇，非孝也”。孝也就是“仁”在上下辈关系中的体现，孝同时也彰显了义、礼、知（智）、诚、信。曾子对孝的不同层面作了进一步的分析：认为孝有“养生”与“养志”之别；有大孝、中孝、小孝之分；有君子之孝、士之孝、庶人之孝。从实际效果来说，最高等的孝是使父母不但衣食无忧，而且能因晚辈的德行受到广泛尊敬。最低等的孝也应使父母得到赡养。《曾子立孝》还认为，孝并不是对父母的一味顺从，而是“尽力而有礼，庄敬而安之，微谏而不倦，听从不倦怠，欢忠信，咎故不生，可谓孝矣。”防止父母犯错误，通过合乎礼仪的方式予以谏阻，这是真正的孝。

《韩诗外传》（卷一）曰：曾子参，字子舆，南武城人，“仕于莒，得粟三秉，方是之时，曾子重其禄而轻其身；亲殁之后，齐迎以相，楚迎以令尹，晋迎以上卿，方是之时，曾子重其身而轻其禄”。又，《韩诗外传》（卷七）载，曾子曰：“吾尝为吏，禄不过钟釜，尚犹忻而喜者，非为多也，乐道养亲也；亲没之后，南游越，得尊官，堂高九仞，榱题三尺，毂百乘，然犹北乡而泣者，非为贱也，悲不见吾亲也。”曾子本人就是一位孝文化的忠实践行者。

《论语·学而》载，有子曰：“其为人也孝弟，而好犯上者，鲜矣；不好犯上，而好作乱者，未之有也。君子务本，本立而道生。孝弟也者，其为仁之本与!”在这里，孔子弟子有子指出了“孝”与“仁”的关系。

《后汉书·延笃传》曰：“夫仁人之有孝，犹四体之有心腹，枝叶之有本根也。圣人知之，故曰：‘夫孝，天之经也，地之义也，人之行也。’‘君子务本，本立而道生，孝悌也者，其为仁之本与!’”这也是讲“孝”与“仁”的关系。

《淮南子·齐俗训》曰：“曾参之养亲也，若事严主烈君。”

“事”，奉事。

此句意思是：对父母的孝道伦理，可以用来作为奉事君主的伦理。

④弟者，所以事长也：朱注：“弟，去声。长，上声。”

按：“弟”，通“悌”。“孝弟（悌）”是一个家庭内部处理父辈与子女辈以及同辈间关系的准则，是“齐家”的重要内容，这是由于中国古代社会的特点“家国同构”，因此，离开家庭范围，“孝弟（悌）”也可成为正确处理君臣关系及同僚同事关系的基础。居家孝，于国则忠。对长辈的孝可以转化为对君王的忠；对同辈的弟（悌）则可转化为对上下级的恭、“顺”与“友”。这是“孝弟（悌）”这种伦理美德在社会范围内的变化发展。“孝”“悌”也是“修身”的重要内容。

“孝弟”，孝敬父母，友事兄弟（兄友弟恭）。《尔雅·释训》云：“善父母为孝，善兄弟为友。”《孝经》云：“事亲孝，故忠可移于君；事兄敬，故顺可移于长。”

“孝弟（悌）”亦见于《论语·学而》。其文如下：

有子曰：“其为人也孝弟，而好犯上者，鲜矣；不好犯上，而好作乱者，未之有也。君子务本，本立而道生。孝弟也者，其为仁之本与!”

“孝”“悌”是孔子仁学的基点。《家语·致思》载，丘吾子曰：“吾少时好学，周遍天下，后还，丧吾亲，是一失也……夫树欲静而风不停，子欲养而亲不待。往而不来者，年也。不可再见者，亲也。”丘吾子说的这些话感动了孔子及其弟子，于是有十三人辞别老师回家奉养父母。

西汉刘向《说苑》曰：“闵子骞兄弟二人，母死，其父更娶，复有二子。子骞为父御车，失辔，父持其手，衣甚单，父则归。呼其后儿，持其手，衣甚厚暖。即谓其妇曰：‘吾所以娶汝，乃为吾子，今汝欺我，去无留。’子骞前曰：‘母在一子单，母去四子寒。’父默然。”（转引自《艺文类聚》卷二〇，上海古籍出版社 1965 年版，第 369 页）闵子骞尊敬继母，对继母所生幼弟亦能予以关爱，故赢得了孔子的称赞。《论语·先进》子曰：“孝哉闵子骞！人不间于父母昆弟之言。”因而，闵子骞成为“孝”的典范。

“弟者，所以事长也”这就是说，对兄长的悌道，可以作为对待上司的伦理道德。这样，就把孝悌这一伦理原则与国家治理结合起来了。

此句意思是：对兄长的悌道，可以作为对待上司的伦理道德。

⑤*慈者，所以使众也*：朱注：“身修，则家可教矣。孝、弟、慈，所以修身而教于家者也。然而国之所以事君、事长、使众之道不外乎此，此所以家齐于上，而教成于下也。”

按：“慈”，慈爱。

《家语·哀公问政》载，孔子曰：“立爱自亲始，教民睦也；立敬自长始，教民顺也。教之慈睦，而民贵有亲；教以敬，而民贵用命。民既孝于亲，又顺以听命，措诸天下，无所不可。”这里说的是国君如果教导民众慈爱和睦，民众就会注重孝养亲人。

此句意思是：父亲对待子孙的慈爱之道，可以用来作为对待民众的治理原则。

⑥*《康诰》曰：“如保赤子。”心诚求之，虽不中，不远矣*：郑注：“养子者，推心为之而中于赤子之嗜欲也。”朱注：“此引《书》而释之，又明立教之本，不假强为，在识其端而推广之耳。”

按：“赤子”，婴儿。“如保赤子”，今本《康诰》作：“如保泰子。”

“诚”，诚心诚意。“中”，达到。

《荀子·解蔽》曰：“人何以知道？曰：心。心何以知？曰：虚壹而静。心未尝不臧也，然而有所谓虚；心未尝不两也，然而有所谓壹；心未尝不动也，然而有所谓静。人生而有知，知而有志；志也者，臧也；然而有所谓虚；不以所已臧害所将受谓之虚……虚壹而静，谓之大清明。”这也是讲“心诚”。

此句意思是：《康诰》篇说：“对待民众要像保护初生婴儿一样。”如果能诚心诚意这样去做，虽然不能完全达到目标，但也离目标不远了。

⑦未有学养子而后嫁者也：

按：“养”，养育，抚育。

此句意思是：没有先学会如何养育孩子，然后才去嫁人的。（在家庭中不可能把一切治国方法都学好，将来要到实践中取历练。）

⑧一家仁，一国兴仁；一家让，一国兴让；一人贪戾（lì），一国作乱：其机如此：郑注：“一家一人，谓人君也。戾之言利也。机，发动所由也。”

按：“仁”，关心爱护他人。

《论语·雍也》载，子贡曰：“如有博施于民而能济众，何如？可谓仁乎？”子曰：“何事于仁！必也圣乎！尧、舜其犹病诸！夫仁者，己欲立而立人，己欲达而达人。能近取譬，可谓仁之方也已。”人生在世，要尊敬别人：“己欲立而立人，己欲达而达人。”

从仁爱之心出发，人人都发扬仁爱之心、爱人之心、慈善之心，在日常生活中去爱家庭、爱他人、爱社会、爱人民、爱祖国、爱中华民族，人才能真正成其为人。

“兴”，产生，兴起。“戾”，残暴。“乱”，混乱。“其机”，产生效应。

《家语·王言解》载，孔子曰：“上敬老则下益孝，上尊齿则下益悌，上乐施则下益宽，上亲贤则下择友，上好德则下不隐，上恶贪则下耻争，上廉让则下耻节，此之谓七教。七教者，治民之本也。政教定，则本正也。”对民众进行“孝悌”“仁慈”“礼让”的教化是治理国家的关键。

《中庸》曰：“仁者人也，亲亲为大。”爱护、尊重人的生命是人的本性。仁者所主张与践行的是“修己以安人”“修己以安百姓”。在“安人”方面，从“亲亲”开始，然后推己及人，仁民爱物，民众必然受到感化而一心兴仁。这正如《大戴礼记·曾子立事》所言：“君子己善，亦乐人之善也。己能，亦乐人之能也。己虽不能，亦不以援人。”而这里的“一家仁，一国兴仁；一家让，一国兴让；一人贪戾（lì），一国作乱”强调的是执政者的表率作用。

程颢《识仁篇》云：“学者须先识仁。‘仁者’浑然与物同体。义、礼、智、信皆仁也。能识此理，以诚敬存之而已。”［（宋）程颢、程颐：《二程集》，中华书局 1981 年版，第 16 页］“仁、义、礼、智、信五者，性也。仁者，全体，四者，四支。”（《二程集》，中华书局 1981 年版，第 14 页）

“一家仁，一国兴仁；一家让，一国兴让；一人贪戾，一国作乱；其机如此。此谓一言偾事，一人定国。”这一段说明在民主制度很不发达的古代社会中，君主的作为，对于国家的兴衰具有十分重要的作用。

此句意思是：一个家庭（家族）坚守仁义，一个国家就会兴起仁义之风；一个家庭（家族）坚持礼让美德，一个国家就会兴起礼让之风；操持政柄的一个人贪婪暴虐，一个国家就会出现混乱。问题的关键就是如此。

⑨此谓一言偾（fèn）事，一人定国：郑注：“偾，犹覆败也。《春秋传》曰：‘登戾之。’又曰：郑伯之车偾于济。戾，或为‘吝’；偾，或为‘犇’。”

按：“偾”，败坏，覆败。“定”，安定。“定国”，使国家安定。

此句意思是：这就是说，一个人可以败坏大事，一个人也可以定国。

⑩尧舜帅天下以仁，而民从之：

按：“尧”，帝喾高辛氏之子，名放勋，号陶唐氏，古帝王。

尧的事迹见于今本《尚书·尧典》，其中有些是后人的附会之辞，但大多数内容应属可信。

《家语·五帝德》载，宰我曰：“请问帝尧?”孔子曰：“高辛氏之子，曰陶唐。其仁如天，其智如神。就之如日，望之如云。富而不骄，贵而能降。伯夷典礼，夔、龙典乐。舜时而仕，趋视四时，务先民始之。流四凶而天下服。其言不忒，其德不回。四海之内，舟舆所及，莫不夷说。”

“舜”，传说中继尧而立的古代帝王，名重华，号有虞氏。颛顼之六世孙。据孟子说，舜为东夷之人。《荀子·非相》曰：“盖帝尧长，帝舜短。”“尧、舜参牟子。”这里说的是帝尧身材高大魁梧，帝舜矮小。尧、舜皆有叁个瞳仁（有一只眼睛有两个瞳仁），似不可能。此处只是说他们外形怪异，但不影响他们的美德功业。

《家语·王言解》载，孔子曰：“昔者帝舜，左禹而右皋陶，不下席而天下治。”这里的“皋陶”，一作“咎繇”，东夷首领。《书·舜典》：“皋陶，汝作士。”也就是说，“皋陶”为舜时掌刑法的官员。后被禹选为继任者，因早死，未继位。

《家语·五帝德》载，宰我曰：“请问帝舜？”孔子曰：“乔牛之孙，瞽瞍之子也，曰有虞。舜孝友闻于四方，陶渔事亲。宽裕而温良，敦敏而知时，畏天而爱民，恤远而亲近。承受大命，依于二女。叡明智通，为天下帝，命二十二臣，率尧旧职，躬己而已。天平地成，巡狩四海，五载一始。三十年在位，嗣帝五十载，陟方岳，死于苍梧之野而葬焉。”

舜执政时期，实行“无为而治”的政策。皇侃引蔡谟曰：“谟昔闻过庭之训于先君曰：‘尧不得无为者，所承非圣也。禹不得无为者，所授非圣也。今三圣相系，舜居其中，承尧授禹，又何为乎？夫道同而治异者，时也。自古以来，承至治之世，接二圣之间，唯舜而已。故特称之焉。”（皇侃《论语集解义疏》，《知不足斋丛书》本。）这是舜“无为而治”的客观原因。又，何晏曰：“言任官得其人，故无为而治。”（何晏《论语集解》元盱郡覆宋本《论语集解》本。）

据《史记·五帝本纪》及其它有关文献称：舜被四岳推荐以后，“内行弥谨”。舜的两个妻子“不敢以贵骄事舜亲戚，甚有妇道”，尧的“九男”工作更积极，人民群众更拥戴他，以至“舜耕历山，历山之人皆让畔；渔雷泽，雷泽上人皆让居；陶河滨，河滨器皆不苦窳”，人民拥护者日多，因而“一年所居成聚，二年成邑，三年成都”。

《管子·治国》曰：“粟也者，民之所归也；粟也者，财之所归也；粟也者，地之所归也；粟多则天下之物尽至矣；故舜一徙成邑，二徙成都，三徙成国；舜非严刑罚重禁令，而民归之矣，去者必害，从者必利也。先王者善为民除害兴利，故天下之民归之。”（《诸子集成》第五册，中华书局1954年版，第262页）这是舜“仁民”的表现。

《孟子·公孙丑上》载，孟子曰：“子路，人告之以有过，则喜。禹闻善言，则拜。大舜有大焉，善与人同，舍己从人，乐取于人以为善。自耕稼、陶、渔以至为帝，无非取于人者。取诸人以为善，是与人为善者也。故君子莫大乎与人为善。”其中，“善与人同”就是善于学习他人的长处，把他人之长处迅速变为自己的长处。

舜的“善与人同”，“与人为善”是中华民族传统思想文化中的优秀之点，在当今应该大力弘扬。我们要学习世界上一切民族的先进之点、优秀之点，使我们的民族不断再创辉煌；要学习人民群众中的一切新鲜、先进的经验，不断丰富我们的认识，不断发展，与时俱进。

舜执政时期，赏罚分明，知人善任，善于听取群众意见，使内外协调，和衷共济。据《尚书》《左传》《史记》等记载：高阳氏（颛顼）有才子八人，他们给社会带来许多好处，被称为“八恺”；高辛氏（帝喾）有子八人，世称“八元”。这十六个人及其家庭，世世代代的人们都说他们好。至尧时，尧未能任用他们。舜即位后加以任用，命八恺主管农事，结果连获丰收；命八元“布五教于四方”，结果使“父义、母慈、兄友、弟恭、子孝”，内外协和。与此同时，舜又强化法制教育。当时黄帝、少皞氏和颛顼皆有“不才子”，为非作歹，扰乱治安，这三个家族的人也很忧愁。尧为帝时，碍于情面，未能解决这一问题。另外，还有炎帝的本族有个叫饕餮的“贪于饮食，冒于财货”，与前面的三个凶人差不多。舜即位后，把这几个凶人加以流放，使社会风气和治安状况大为好转。

“帅”，十三经注疏本作“率”。“帅”，同“率”。

“仁”，仁德。“民”，人民。

《家语·儒行解》曰：“夫温良者，仁之本也；慎敬者，仁之地也；宽裕者，仁之作也；逊接者，仁之能也；礼节者，仁之貌也；言谈者，仁之文也；歌乐者，仁之和也；分散者，仁之施也。”意思是说：温和善良是仁的根本，恭敬、谨慎是仁的基础，宽宏大量是仁的兴作，谦逊地待人接物是仁的功用，礼节是仁的外貌，言谈是仁的文采，歌舞音乐是仁的谐和，分散财物是仁的施与。

此句意思是：尧帝、舜帝以仁德治理天下，人民皆服从他的管理。

⑪桀纣帅天下以暴，而民从之：

按：“桀”，指夏朝最后一王履癸。

“纣”，名辛，字受，商（殷）朝末代君主，最后被周武王姬发领兵推翻，自焚而死。《荀子·非相》曰：“桀、纣长巨姣美。”这说明身材魁梧，面貌姣好，美男子。帝辛暴虐，作恶多端，但他对当时经济文化的发展亦有所建树。后世将一切罪恶皆归之于他，是不够客观公正的。

《论语·子张》子贡曰：“纣之不善，不如是之甚也。是以君子恶居下流，天下之恶皆归焉。”（《论语新编新释》1.3.2.9）子贡可以算得上是为殷纣翻案的最早人物之一。要学会用唯物辩证的方法观察社会历史，防止绝对化的倾向，要把历史的人和事放到当时的具体环境中去分析评价。

“帅”，十三经注疏本作“率”。“暴”，暴政。

此句意思是：夏桀、商纣以暴政管理天下，人民也只好服从。

⑫其所令反其所好，而民不从：

按：“令”，命令。“从”，跟从，跟随。

此句意思是：如果他的命令与他平常所提倡的不一样，人民就不会服从。

⑬君子有诸己而后求诸人，无诸己而后非诸人：郑注：“‘有于己’，谓有仁让也。‘无于己’，谓无贪戾也。”

按：“君子有”，君子具有仁德。“诸”，相当于“之于”，“之乎”。“有诸己”即有之于己，一般指优点、长处。“无诸己”即无关于己，一般指缺点、短处。

《大戴礼记·曾子立事》曰：“君子己善，亦乐人之善也；己能，亦乐人之能也；己虽不能，亦不以援人。”而《大学》曰：“君子有诸己而后求诸人，无诸己而后非诸人。”据此可知，曾子的“忠恕”思想和《大学》的作者的思想是一致的。

此句意思是：君子具有了某种优点、优势之后，再去要求别人具有；克服了某种缺点、错误之后，再去非议（批评）别人。而《论语·卫灵公》载，子曰：“君子求诸己，小人求诸人”（《论语新编新释》1.7.2.8），则是君子严于责己，有事从自己身上找原因找出路，小人一味苛求别人，有问题推给别人。

⑭所藏乎身不恕，而能喻诸人者，未之有也：朱注：“喻，晓也。有善于己，然后可以责人之善；无恶于己，然后可以正人之恶。皆推己以及人，所谓恕也，不如是，则所令反其所好，而民不从矣。”

按：“藏”，怀也。“身”，自身。“喻”，晓得，明白，知道。

“恕”，西汉贾谊《新书·道术》曰：“以己量人谓之恕。”南朝皇侃义疏引王弼言：“恕者，反情以同物者也。”南宋戴侗《六书故》卷十三云：“推己及物之谓恕。己欲立而立人，己欲达而达人，施诸己而不愿，亦勿施于人，恕之道也。”李邦献《省心杂言》云：“以责人之心责己，则寡过；以恕己之心恕人，则全交。”这就是说，“恕”就是“推己及人”。

“恕”是孔子仁学的一个重要方面。

“恕”即将心比心，也就是孔子讲的“己所不欲，勿施于人”（《论语·卫灵公》)。孔子的这句名言已被镌刻在联合国总部大厅里，说明“恕”的观念得到世界人民的认同。而“己欲立而立人，己欲达而达人”（《论语·雍也》)，则是“忠”。“恕”“忠”为“仁”的两个方面。

《论语》中“恕”是“推己及人”之义。如《论语》之《子路》载，子曰：“上好礼，则民莫敢不敬；上好义，则民莫敢不服；上好信，则民莫敢不用情。”“其身正，不令而行；其身不正，虽令不从。”又，《颜渊》载，季康子患盗，问于孔子。孔子对曰：“苟子之不欲，虽赏之不窃。”“子为政，焉用杀？子欲善而民善矣。君子之德风，小人之德草。草上之风，必偃。”又，“季康子患盗，问于孔子。孔子对曰：‘苟子之不欲，虽赏之不窃。’”《卫灵公》载，子贡问曰：“有一言而可以终身行之者乎？”子曰“其恕乎，己所不欲，勿施于人。”《公冶长》载，子贡曰：“我不欲人之加诸我也，吾亦欲无加诸人。”子曰：“赐也，非尔所及也。”

《家语·五仪解》载，孔子闻之曰：“……思仁恕则树德，加严暴则树怨，公以行之，其子羔乎?”

《家语·三恕》载，孔子曰：“君子有三恕。有君不能事，有臣而求其使，非恕也；有亲不能孝，有子而求其报，非恕也；有兄不能敬，有弟而求其顺，非恕也。”在这里，孔子指出了“恕”的三个方面，即对君、对亲、对兄弟。对君应忠心事之，如不能忠心事君，反而企图役使其臣下，这不是“恕”。对父母不能尽孝，对儿女反而要求报恩，这不是“恕”。对兄长不能尊敬，对弟弟反而要求其恭顺，这不是恕。这说明，“恕”是以首先奉献于他人为基础的。

后之学者对“恕”道的含义作了进一步的阐述，如《中庸》曰：“忠恕违道不远，施诸己而不愿，亦勿施于人。”朱熹《四书章句集注》曰：“尽己之谓忠，推己之谓恕。而已者矣，竭尽而无余之辞也。”

“君子有诸己而后求诸人，无诸己而后非诸人。所藏乎身不恕，而能喻诸人者，未之有也。”在这里，《大学》作者强调的是“恕”。可以看出，《大学》继承并发扬了孔子的“恕道”思想。

《左传·隐公三年》载：(周、郑两国交质后未能维持和平，反而交恶，其原因是:)“……信不由中，质无益也。明恕而行，要之以礼，虽无有质，谁能间之?”《左传》僖公十五年：秦穆公与晋国大夫阴饴甥的对话中有：“……小人戚，谓之不免；君子恕，以为必归。”由此可见，“恕”是处理国家关系的重要原则。

《左传·襄公二十四年》载：（知道子西将相郑伯如晋后，子产托子西致范宣子的书中有：）“……恕思以明德，则令名载而行之，是以远至迩安。”这里的“恕”就是一种美德。

董仲舒说：“功及子孙，光辉百世，圣人之德，莫美于恕。”（见《春秋繁露·俞序》）

《韩诗外传》（卷三）记载，韩婴说：“君子之道，忠恕而已矣。”

曾国藩家书《忮求诗二首》：“善莫大于恕。”

蔡元培说：“忠恕者，以己之好恶律人者也。而人人好恶之节度，不必尽同，于是知识尚矣。”（蔡元培：《中国伦理学史》，商务印书馆2004年版，第11页）

1993年9月，世界宗教会议通过了《走向全球伦理宣言》，孔子思想引起关注，尤其是“恕”的观念受到世界人民的重视。

2004年8月7日至12日，在马来西亚首都吉隆坡召开的第一届“儒学国际学术研讨会”专门讨论了儒家的“忠恕”之道。

此句意思是：自己所有的不是恕道，不能将心比心，而能教育别人（或译作“让别人明白”）的，是从来没有的。

⑮桃之夭夭，其叶蓁（zhēn）蓁；之子于归，宜其家人：郑注：“‘夭夭’、‘蓁蓁’，美盛貌。‘之子’者，是子也。”朱注：“夭，平声。蓁，音臻。《诗·周南·桃夭》之篇。夭夭，少好貌。蓁蓁，美盛貌，兴也。之子，犹言是子，此指女子之嫁者而言也。妇人谓嫁曰归。宜，犹善也。”

按：“桃之夭夭，其叶蓁蓁；之子于归，宜其家人”，语出《诗·周南·桃之夭夭》。“夭”，借为“枖”。《说文解字》曰：“枖，木少壮也。”“夭夭”，姣好、美好之貌，艳丽貌。“蓁蓁”，美盛貌。

原诗是记述赞美某一家庭新娶媳妇之后，使全家欢乐融合的情景。《大学》作者借此诗之意，说明只有为政者把自己的夫妻关系搞好，才能教化国人。进一步说明齐家的重要性。

此句意思是：《诗·周南·桃夭》说：“桃花艳丽，绿叶葱茏，美人嫁来，全家欢融。”

⑯宜兄宜弟：

按：“宜兄宜弟”，语出《诗·小雅·蓼（lù）萧》。原诗是赞美兄弟和谐的重要。《大学》的作者借此进一步申明齐家的重要性。

此句意思是：兄弟和睦，融洽欢处。

⑰其仪不忒，正是四国：

按：“其仪不忒，正是四国”，语出《诗·曹风·鸤鸠（shī jiū）》。“忒（tè）”，偏差，差错。“正”，匡正。“是”，这。“四国”，天下四方之国。

此句意思是：君子执仪不偏，正可为天下四国之榜样。《大学》的作者借此诗句引申为君子在家中为父子、兄弟效法的榜样，在治国时民众就会效法于他。

⑱此谓治国，在齐其家：朱注：“此三引诗，皆以咏叹上文之事，而又结之如此。其味深长，最宜潜玩。”

按：“齐”，整齐，和谐。

阅读本章，还可参阅《孝经·广扬名章》（子曰：“君子之事亲孝，故忠可移于君。事兄悌，故顺可移于长。居家理，故治可移于官。是以行成于内，而名立于后世矣。”）和《大戴礼记·曾子立事》（“事父可以事君，事兄可以事师长，使子犹使臣也，使弟犹使承嗣也；能取朋友者，亦能取所予从政者矣；赐与其宫室，亦由庆赏于国也；忿怒其臣妾，亦犹用刑罚于万民也。是故为善必自内始也。内人怨之，虽外人亦不能立也。”）来理解。

此句意思是：这里说的就是治国的基础在管理好家庭。

【译文】

所谓治理国家必须首先管理好家庭，是因为如果连自己的家庭都管理不好，而能管理好他人的，这是没有的。所以，君子不出家庭，就能使成功的教化在国内推行：孝敬，这是用于侍奉君主的；弟（悌），这是用来侍奉尊长的；慈爱，这是用来使用民众的。《康诰》说：“（对民众）就像保护自己的婴儿一样。”实心实意地探求这个道理，虽然不能达到完全目的，但也不会太远了。没有先学会抚养孩子，再去嫁人的。（意思是：家庭教育不可能把治国的一切都学好，将来要到实际中再去历练）一个家庭仁爱，整个国家就会提倡仁爱；一个家庭礼让，整个国家就会提倡礼让；一个君主贪婪暴戾，整个国家就会动乱不止，问题的关键就是如此。这就叫作：一句话就能够败事，一个人可以安定国家。尧舜带领天下人实行仁德，民众皆能跟从；桀、纣带领天下人实行暴虐，民众皆能跟从；如果他所推行的命令与他的爱好相反，民众就不会服从。所以，君子具有了某种优点以后，再去要求别人具有；克服了某种缺点以后，再去要求别人克服。自己所具有的不是恕道，而能够教育别人，那是不可能的。所以，治理好国家的基础在管理好家庭。

《诗·周南·桃夭》云：“桃之夭夭，其叶蓁蓁；之子于归，宜其家人。”（《诗·周南·桃夭》说：“桃花艳丽，绿叶葱茏，美人嫁来，全家欢融。”）全家“欢融”而后才可以教导国人。《诗·小雅·蓼萧》曰：“宜兄宜弟。”（《诗·小雅·蓼萧》说：“兄弟和睦，融洽欢处。”）兄弟和睦，全家“欢处”之后，才可以教育国人。《诗·曹风·鸤鸠》曰：“其仪不忒，正是四国。”（《诗·曹风·鸤鸠》：“其执行仪法不偏，才可匡正天下四国。”）自己可为父子兄弟效法的榜样，而后民众就会效法。这里说的就是治国的基础在管理好家庭。

【评论】

本章主要诠释“欲治其国者，先齐其家”（要治理好自己的国家，就必须管理好自己的家庭）一句。阐述齐家治国的道理。齐家是治国的基础，需要注意的是，这里所说的家与今天的个体小家庭不同，它指的是当时社会中以血缘关系为纽带的宗族大家庭。在这样的家庭中，几乎涉及封建伦理的各个方面，故《大学》的作者认为：“故君子不出家，而成教于国。”（所以君子不离开自己的家庭，就能完成如何治国的教育）这在王位世袭的古代，由于家国同构的原因，的确在一定程度上是对的。家庭伦理中的父慈、子孝、兄友、弟（悌）恭原则可以推广为处理君臣、上下级等关系的准则。本章还一再强调齐家对于治国的重要原则，如谓“一家仁，一国兴仁；一家让，一国兴让；一人贪戾，一国作乱”［一个家庭（家族）坚守仁义，一个国家就会兴起仁义之风；一个家庭（家族）坚持礼让美德，一个国家就会兴起礼让之风；操持政柄的一个人贪婪暴虐，一个国家就会出现混乱］等，这的确是有道理的。

本章还引用《诗·周南·桃夭》《诗·小雅·蓼萧》和《诗·曹风·鸤鸠》说明治理好家庭对于治理国家的重要作用。

虽然当今社会中的小家庭已与古代的血缘大家庭有显著的不同，但是今天的家庭仍然是社会的细胞，家庭的作用仍然十分重要，特别是在子女教育方面，家庭更显示出其重要性。因此，“齐家”仍然是生活中必须重视的问题。只不过是其内容已与古代不同而已。要建立和谐社会，实现中国梦，没有家庭的和谐是不行的。习近平总书记指出：家风是社会风气的重要组成部分。家庭不只是人们身体的住处，更是人们心灵的归宿。家风好，就能家道兴盛、和顺美满；家风差，难免殃及子孙、贻害社会。广大家庭都要弘扬优良家风，以千千万万家庭的好家风支撑起全社会的好风气。

第十一章（朱熹称为“传之十章”）

【原文】

所谓平天下在治其国者[1]，上老老而民兴孝[2]，上长长而民兴弟[3]，上恤孤而民不倍[4]。是以君子有絜矩之道[5]也。所恶于上，毋以使下；所恶于下，毋以事上；所恶于前，毋以先后；所恶于后，毋以从前；所恶于右，毋以交于左；所恶于左，毋以交于右[6]。此之谓絜矩之道。

《诗》云：“乐只君子，民之父母。”民之所好好之，民之所恶恶之，次之谓民之父母[7]。《诗》云：“节彼南山，维石岩岩。赫赫师尹，民具尔瞻[8]。”有国者不可以不慎，辟则为天下僇矣[9]。

《诗》云：“殷之未丧师，克配上帝。仪监于殷，峻命不易[10]。”道得众则得国，失众则失国[11]。是故君子先慎乎德。有德此有人，有人此有土，有土此有财，有才此有用[12]。德者本也，财者末也[13]。外本内末，争民施夺[14]。是故财聚则民散，财散则民聚[15]。是故言悖而出者，亦悖而入；货悖而入者，亦悖而出[16]。

《康诰》曰：“惟命不于常[17]。”道善则得之，不善则失之矣[18]。

《楚书》曰：“楚国无以为宝，惟善以为宝[19]。”舅犯曰：“亡人无以为宝，仁亲以为宝[20]。”

《秦誓》曰：“若有一介臣，断断兮无他技，其心休休焉，其如有容焉。人之有技，若己有之；人之彦圣，其心好之，不啻若自其口出，寔能容之。以能保我子孙黎民，尚亦有利哉。人之有技，媢疾以恶之；人之彦圣，而违之俾不通，寔不能容。以不能保我子孙黎民，亦曰殆哉[21]。”

唯仁人放流之，迸诸四夷，不与同中国[22]。此谓唯仁人为能爱人，能恶人[23]。见贤而不能举，举而不能先，命也[24]。见不善而不能退，退而不能远，过也[25]。好人之所恶，恶人之所好，是谓拂人之性，菑必逮夫身[26]。是故君子有大道：必忠信以得之，骄泰以失之[27]。

生财有大道：生之者众，食之者寡；为之者疾，用之者舒，则财恒足矣[28]。仁者以财发身，不仁者以身发财[29]。未有上好仁，而下不好义者也；未有好义，其事不终者也，未有府库财非其财者也[30]。

孟献子[31]曰："畜马乘[32]，不察于鸡豚。伐冰之家，不畜牛羊[33]。百乘之家[34]，不畜聚敛之臣。与其有聚敛之臣，宁有盗臣。"此谓国不以利为利，以义为利也[35]。

长国家而务财用者，必自小人矣[36]，彼为善之。小人之使为国家，菑害并至，虽有善者，亦无如之何矣[37]。此谓国不以利为利，以义为利也[38]。

【注释】

①所谓平天下在治其国者：

按："平"，平治。"治"，治理。

此句意思是：所说的平治天下其基础在于治理好自己的封国，其原因在于……。

②上老老而民兴孝：郑注："老老，谓尊老敬长也。"朱注："老老，所谓'老吾老'也。兴，谓有所感发而兴起也。"

按："上"，在上位者，重点指为君者。前一个"老"字为动词，即尊敬之意。第二个"老"字指老年人。

《家语·礼运》曰："孔子曰：'……大道之行，天下为公，选贤与能，讲信修睦。故人不独亲其亲，不独子其子，老有所终，壮有所用，矜寡孤疾，皆有所养。货恶其弃于地，不必藏于己；力恶其不出于身，不必为人。是以奸谋闭而不兴，盗窃乱贼不作，故外户而不闭。谓之大同。'"其中"老有所终"是说："老年人能安度晚年。"这是孔子的尊老、敬老思想。

《周礼·地官司徒》曰：“一曰慈幼，二曰养老，三曰振穷，四曰恤贫，五曰宽疾，六曰安富。”这里的“养老”也是尊老的一种表现形式。

《孟子·尽心上》载，孟子曰：“天下有善养老，则仁人以为己归矣。五亩之宅，树墙下以桑，匹妇蚕之，则老者足以衣帛矣。五母鸡，二母彘，无失其时，老者足以无失肉矣。百亩之田，匹夫耕之，八口之家足以无饥矣。所谓西伯善养老者，制其田里，教之树畜，导其妻子使养其老。五十非帛不暖，七十非肉不饱。不暖不饱，谓之冻馁。文王之民，无冻馁之老者，此之谓也。”其中“善养老”是孟子的尊老、敬老思想。

“民”，民众。“兴”，兴起。

“孝”字最早见于甲骨文。

“孝”字亦见于《尚书》《论语》《礼记·中庸》等早期文献中。如：

《尚书·文侯之命》曰：“追孝于前文人。”《尚书·康诰》：“元恶大憝，矧惟不孝不友。”

《礼记·中庸》载，子曰：“武王、周公，其达孝矣乎！夫孝者，善继人之志，善述人之事者也。”“孝”是儒家的核心概念。“孝”字在《论语》中出现19次。

《学而》载，子曰：“弟子入则孝，出则悌，谨而信，泛爱众，而亲仁。行有余力，则以学文。”这就是说，孝是处理子女与父母关系的基本原则。孝与慈是紧密联系在一起的，父慈子孝是相互依存的。“孝”“弟”（悌）是处理家庭内部父辈与子女辈以及兄弟间关系的准则，是“齐家”的重要内容，由于中国古代社会是家国同构，所以，离开家庭范围，孝悌也可成为正确处理君臣关系及同僚同事关系的基础。居家孝，于国则忠。对父辈的孝可以转化为对国君的忠；对兄长的弟（悌）可转化为对上级的恭与“顺”及对同级的“友”。这是孝悌这种伦理美德在社会范围内的变化发展。

《为政》载，孟懿子问孝，子曰：“无违。”樊迟御，子告之曰：“孟孙问孝于我，我对曰：‘无违。’”樊迟曰：“何谓也？”子曰：“生，事之以礼；死，葬之以礼，祭之以礼。”在这里，孔子从执礼、守礼的角度论述了“孝”。子游问孝，子曰：“今之孝者，是谓能养。至于犬马，皆能有养；不敬，何以别乎？”这说明对于父母尽孝不能只停留在“能养”上，应该给父母以应有的尊敬与热爱，使父母受到精神上的宽慰。子夏问孝，子曰："色难。有事，弟子服其劳；有酒食，先生馔；曾是以为孝乎？"单纯从物质上尽孝，还不能算完全的孝。在尽孝中能时时以和颜悦色对待父母，才是最难的，一切为人子者应努力做到这一点。孟武伯问孝，子曰："父母唯其疾之忧。"这就是说，对父母的"孝"就是："生，事之以礼。"

《里仁》载，子曰："三年无改于父之道，可谓孝矣。"孔子提出的如何判断子女是否孝顺的方法，包括生前对父母的赡养，父母死后的丧葬情况及服丧期间的表现等，此法可谓周全。

以上是孔子论"孝"。

曾子是"孝"的典范。《大戴礼记·曾子大孝》载，曾子曰："孝有三：大孝尊亲，其次不辱，其下能养。""孝有三：大孝不匮，中孝用劳，小孝用力。博施备物，可谓不匮矣。尊仁安义，可谓用劳矣。慈爱忘劳，可谓用力矣。"在这里，曾子将"孝"可分为大孝、中孝和小孝三种。"……君子之所谓孝者，先意承志，谕父母以道。参直养者也，安能为孝乎？身者，亲之遗体也。行亲之遗体，敢不敬乎？故居处不庄，非孝也；事君不忠，非孝也；莅官不敬，非孝也；朋友不信，非孝也；战陈无勇，非孝也。五者不遂，灾及乎身，敢不敬乎？故烹熟鲜香，尝而进之，非孝也，养也。君子之所谓孝者，国人皆称愿焉，曰：'幸哉！有子如此！'所谓孝也。民之本教曰孝。"这说明，"养口体"之能养是较低层次的孝，较高层次的孝是"尊亲"，并指出了五种"非孝"。

孟子亦多次论及"孝"。《孟子》之《滕文公上》载，孟子引曾子言曰："生，事之以礼；死，葬之以礼，祭之以礼，可谓孝矣。"《万章上》载："……大孝终身慕父母。五十而慕者，予于大舜见之矣。"《孟子·离娄上》载，孟子曰："不孝有三，无后为大。舜不告而娶，为无后也，君子以为犹告也。"赵岐注："于礼有不孝者三事，谓阿意屈从，陷亲不义，一不孝也；家贫亲老，不为仕禄，二不孝也；不娶无子，绝先祖祀，三不孝也。"等等。

"孝"，孝顺，孝道。

此句意思是：在上位者，特别是为君者能尊敬老人，民众就会兴起孝道。

③上长长而民兴弟：朱注："长，上声。弟，去声。"

按："长"，敬重。"长"，长者。"弟"，通"悌"。

《家语·正论解》记载哀公就"尊老"问题请教孔子一事。孔子曰："昔者有虞氏贵德而尚齿，夏后氏贵爵而尚齿，殷人贵富而尚齿，周人贵亲而尚齿。虞、夏、殷、周，天下之盛王也，未有遗年者焉。年者，贵于天下久矣，次于事亲。是故朝廷同爵而尚齿，七十杖于朝，君问则席；八十则不仕朝，君问则就之，而悌达乎朝廷矣；其行也，肩而不并，不错则随，斑白者不以其任于道路，而悌达乎道路矣；居乡以齿，而老穷不匮，强不犯弱，众不暴寡，而悌达乎州巷矣；古之道，五十不为甸役，颁禽隆之长者，而悌达乎蒐狩矣；军旅什伍，同爵则尚齿，而悌达乎军旅矣。夫圣王之教，孝悌发诸朝廷，行于道路，至于州巷，放于蒐狩，循于军旅，则众感以义，死之而弗敢犯。”

在这里，孔子从有虞氏、夏后氏、殷朝的人、周朝的人讲到尊敬年长者。尊敬年长者其尊重程度仅次于侍奉双亲。如：在朝廷上爵位相同而尊重年长者，七十岁的人拄着拐杖上朝，国君如果询问就要为他设置座席；八十岁的人则不用上朝，国君如果询问就要到他家里去。与长者一起走路，不能与之并肩。头发斑白的人走路时不用负重；年老贫穷的不至于生活匮乏；按照古代的制度，五十岁就不用担任田猎的差事，分猎物时要厚待长者；军队中爵位相同的人更尊重年者。圣君明王用孝悌来教化人民，从朝廷开始，推行至于州闾。

此句意思是：在上位者，特别是为君者如果能敬重长者，民众就会兴起悌道。兄友弟恭之道，是用以处理同辈间关系的准则。

④上恤孤而民不倍：郑注：“恤，忧也。”朱注：“倍，与‘背’同。”“孤者，幼而无父之称。言此三者（指‘上老老而民兴孝，上长长而民兴弟，上恤孤而民不倍’），上行下效，捷于影响，所谓家齐而国治也。亦可以见人心之所同，而不可使有一夫之不获矣。”

按：“恤”，体恤，怜惜。“倍”，通“背”。背离之意。“孤”指父亲死去的幼小者。

此句意思是：在上位者，特别是为君者能怜惜孤儿，民众就不会与之相背。

⑤絜矩之道：郑注：“絜矩之道，善持其所有，以恕于人耳。”朱注：“絜，胡结反，度也。矩，所以为方也。”“是以君子必当因其所同，推以度物，使彼我之间各得分愿，则上下四旁均齐方正，而天下平矣。”

按：“絜（xié）”，量周长的绳子。“矩”，量直角的尺子。

此句意思是：用同一标准衡量自己与他人的方法，即言君子有能自我示范并能推己及人之道。

⑥所恶于上，毋以使下；所恶于下，毋以事上；所恶于前，毋以先后；所恶于后，毋以从前；所恶于右，毋以交于左；所恶于左，毋以交于右：郑注：“治国之要尽于此。”朱注：“此复解上文‘絜矩’二字之义。如不欲上之无礼于我，则必以此度下之心，而亦不敢以此无礼使之。不欲下之不忠于我，则必以此度上之心，而亦不敢以此不忠事之。至于前后左右，无不皆然，则身之所处，上下、四旁、长短、广狭，彼此如一而无不方矣。彼同有是心而兴起焉者，又岂有一夫之不获哉？所操者约，而所及者广，此平天下之要道也。故章内之意，皆自此而推之。”

按：“恶”，厌恶。“毋”，不。“使”，役使。“事”，侍奉。“前”，前（人）。“先后”，先于后人（作）。“从”，跟从。“交”，相交。本句列出上下、前后、左右共六个方面的关系，要求已经恶于此，就不要再使之恶于彼。说明上下、前后、左右各方面都必须执行同一标准，每一方面都必须坚持自我示范并实行推己及人的原则。这是治国中的一个重要原则。这个原则就是絜矩之道。

“所恶于上，毋以使下；所恶于下，毋以事上；所恶于前，毋以先后；所恶于后，毋以从前；所恶于右，毋以交于左；所恶于左，毋以交于右。此之谓絜矩之道。”此处仍然在讲“恕”道。

此句意思是：在上已感到厌恶之事，就不要迫使下人去做；在下面已感到厌恶之事，就不要用来侍奉上面；对前人所做感到厌恶之事，就不要推行到后人身上；后面感到厌恶之事，就不要盲从前面的推行；在右面已感到厌恶之事，就不要原封不动地交到左边继续实行；在左面感到厌恶的事，就不要原封不动地交到右边继续实行。

⑦《诗》云：“乐只君子，民之父母。”民之所好好之，民之所恶恶之，此之谓民之父母：郑注：“言治民之道无他，取于己而已。”朱注：“乐，音洛。只，音纸，语助辞。好、恶，并去声，下并同。言能絜矩而以民心为己心，则是爱民如子，而民爱之如父母矣。《诗》，《小雅·南山有台》之篇。”

按：“乐只君子，民之父母”，语见《诗·小雅·南山有台》。

“乐”，快乐。“只”，语气助词，相当于“哉”。“君子”，指国君。

“乐只君子，民之父母”的意思是：快乐的君子啊，是老百姓的父母。

《大学》作者借用此诗，告诫治国者必须如父母关注子女一样，关注民事，才能把国家治理好。

此句意思是：《诗·小雅·南山有台》说：“令人快乐的国君啊！民之父母官。”民众喜爱的就去喜爱，民众厌恶的就去厌恶，这就叫作民众的父母啊！

⑧节彼南山，维石岩岩。赫赫师尹，民具尔瞻：郑注：“岩岩，喻师尹之高严也。师尹，天子之大臣，为政者也。言民皆视其所行而则之，可不慎其德乎？邪辟失道，则有大刑。”朱注：“节，读为‘截’，截然高大貌。师尹，周太师尹氏也。具，俱也。辟，读为‘僻’，偏也。僇，与‘戮’同。言在上者人所瞻仰，不可不慎。若不能絜矩而好恶殉于一己之偏，则身弑国亡，为天下之大戮矣。”

按：“节彼南山，维石岩岩。赫赫师尹，民具尔瞻”，语出《诗·小雅·节南山》。“节”，山势高峻。“南山”，指秦岭。“维石岩岩”，山石累积。“岩岩”，巨石堆积貌。“赫赫”，显赫。“师尹”，“师尹”解有二：一是指太师尹氏。二是指大师和尹氏，是周代两种地位显赫的职官。以“一解”为优。“具”，同“俱”，都。“尔”，你。

原诗是对太师尹氏的儆励。《大学》作者借以告诫治国者必须慎重处事，为人不可邪僻，否则后果难料。

此句意思是：《诗·小雅·节南山》说：“巍巍终南山，层峦石岩岩。威名显赫尹太师，民众景仰万目瞻。”

⑨有国者不可以不慎，辟则为天下僇矣：

按：“有国者”，指为君者。“慎”，慎重，谨慎。“辟”，邪辟，偏，不正当。“僇（lù）”，同“戮”，杀。

此句意思是：掌握国家政柄的人，处事不可不慎重，如果处事不公正，偏于一隅，就会受到天下人的惩罚，甚至国破身死。

⑩殷之未丧师，克配上帝。仪监于殷，峻命不易：郑注：“师，众也。克，能也。峻，大也。言殷王帝乙以上，未失其民之时，德亦有能配天者，谓天享其祭祀也。及纣为恶，而民怨神怒，以失天下。监视殷时之事，天之大命，得之诚不易也。”朱注：“《诗》，《文王》篇。丧，去声。师，众也。配，对也。配上帝，言其为天下君而对乎上帝也。仪，《诗》作‘宜’。监，视也。峻，《诗》作峻，大也。易，去声。不易，言难保也。”

按：“殷之未丧师，克配上帝。仪监于殷，峻命不易”，语出《诗·大雅·文王》。“殷”，指商朝迁都后的都城，故商朝也称殷商。

“丧”，丧失，亡失。“师”，此处指民众。“未丧师”，未失去民众之时。“克”，能，能够。“仪”，借为“宜”。“仪”，《诗》作“宜”。“监”，同“鑑”。“峻”，《诗》作“峻”。“峻”即高大之意。“峻命”，指天命。“不易”，不会改变。或译为不容易，亦可。

此句意思是：殷未丧失民众时，能够配享上帝。我们应该以殷为鉴，使天命永不改变。（或译为：坚守天命是很不容易的。故为政者必须小心谨慎，立德修身。）作者借此诗之意，告诫为君为长者必须“先慎乎德”。只有立德，才能得到民众的信任，才会有土地财富，才会有国家，进而平定天下。

⑪道得众则得国，失众则失国：郑注：“道，犹言也。”朱注：“道，言也。引《诗》而言此，以结上文两节之意。有天下者能存此心而不失，则所以絜矩而与民同欲者，自不能已矣。”

按：“道”，规律。“得”，得到。“众”，民众。“得众”，得到民众（之心）。“失”，失去，失掉。“失众”，失掉民众（之心）。

此句意思是：这就是说，统治国家的规律就是：如果能得到民众之心就能得到国家，失掉民心则会失去国家。

⑫是故君子先慎乎德。有德此有人，有人此有土，有土此有财，有才此有用：郑注：“用，谓国用也。”朱注：“先慎乎德，承上文‘不可不慎’而言。德，即所谓明德。有人，谓得众。有土，谓得国。有国，则不患无财用矣。”

按：“君子”，德行高尚者。“慎乎”，非常慎重，重视。“德”，道德，德行。“慎乎德”，敬德、修德。“有德”，有了高尚的道德。“此”，就。“人”，人民。“土”，土地。

《家语·大婚解》载，孔子遂言曰：“爱政而不能爱人，则不能成其身；不能成其身，则不能安其土；不能安其土，则不能乐天。”在这里，孔子说国君如果没有高尚德行，不能爱人，就不能成就自身；不能成就自身，就不能安于故土；不能安于故土，就不能乐从天道。

从以上所述，可以看出，《大学》的思想与孔子思想有相同处：君子必须有德，然后才会有土。

“财”，财富。“用”，功用，作用。

《管子·牧民》曰：“凡有地牧民者，务在四时，守在仓廪。国多财，则远者来，地辟举，则民留处；仓廪实，则知礼节；衣食足，则知荣辱；上服度，则六亲固。”在这里，管子提出了“财富”与“礼”的关系。

此句意思是：所以，君子首先重视修德。有了高尚的道德，就会有人（受到民众的拥护）。有了人，就会有土地；有了土地，就会有财富。有了财富，就会发挥它的作用。

⑬德者本也，财者末也：朱注：“本上文而言。”

按：“德”，道德，德行。“本”，根本。“末”，末节。

“德者本也，财者末也”这说明了重“修身”，重德行，轻财利。

又按：从国家治理的角度看，为政者本人的高尚德行和正确的方针政策，对于社会的稳定和物质上财富的发展具有重要作用。但从整个人类历史发展的过程来看，物质财富是社会存在的决定性因素；因而在此范畴内，德不是本，财也不是末。总之，对“德”与“财”的关系，应用唯物辩证法的观点去看待处理。

此句意思是：（由此看来），修德是根本，财富是末节。

⑭外本内末，争民施夺：郑注：“施夺，施其劫夺之情也。”朱注：“人君以德为外，以财为内，则是争斗其民，而施之以劫夺之教也。盖财者人之所同欲，不能絜矩而欲专之，则民亦起而争夺矣。”

按：“外”，表面上。“本”，根本。“外本”，把修德这种根本的要求放到外面的不重要的位置上。“内”，内部。“内末”，把聚敛财富这种不重要的末节之事放到心中重要的位置上。“争”，争（利）。“夺”，争夺。“争民施夺”，民众就会为财富而相互争夺。

此句意思是：如果对根本不重视（不把德当成内部的而当作外面的），而偏重于末节（把财当作内部的），就会引起民众的争夺。

⑮财聚则民散，财散则民聚：朱注：“外本内末故财聚，争民施夺故民散，反是则有德而有人矣。”

按：“聚”，集中、聚集。“散”，散去，离开。

此句意思是：财富聚敛于一人（主要统治者之手），人民就会离心离德而散去；把财富广施于民间，人民就会聚集到人君周围。

⑯言悖而出者，亦悖而入；货悖而入者，亦悖而出：郑注：“悖，犹逆也。言君有逆命，则民有逆辞也。上贪于利，则下人侵畔。《老子》曰：‘多藏必厚亡。’”朱注：“悖，布内反，逆也。此以言之出入，明货之出入也。自‘先慎乎德’以下至此，又因财货以明能絜矩与不能者之得失也。”

按：“悖”，“悖”，逆，违背，违反。即违反正常的规则、方法、道路。“货”，财货。

此句意思是：为政者如果违背“君无戏言”等慎言规则，滥发命令；民众也会不顾上下有序上尊下卑的常规，用语言冲撞在上位者，财货不是按正常的规则集中而来的，终究也会被迫不按常规散发出去。

“《诗》云：‘殷之未丧师，克配上帝。仪监于殷，峻命不易。’道得众则得国，失众则失国。……是故言悖而出者，亦悖而入；货悖而入者，亦悖而出。”本段内容是对《尚书·周书》中“敬德、修德以配天命”思想的进一步发挥。

⑰《康诰》曰：惟命不于常：郑注：“天命不于常，言不专祐一家也。”朱注：“道，言也。因上文引《文王》诗之意而申言之，其丁宁反覆之意益深切矣。”

按：“惟”，语气词。“命”，指天命。“常”，固定。即天命是不固定的，不会总是由某某人代表，如商朝最后就失去了天命。又，天命云云，完全是古代社会的一种迷信，“天”只是一种自然现象，没有什么主观意志。商、周时期的统治者把天当成有意志的最高神灵。他们自称是天的儿子，要执行天的意志，代表统治人间，等等。西周统治者亲眼看到了商朝的灭亡，因而产生了“天命靡常”“小民难保”的认识，认为要保住天命，就必须“明德慎罚”，善待民众。这在政治上，无疑是一种进步。“常”，固定不变。

此句意思是：《康诰》说：“天命是不会永远不变的。”

⑱道善则得之，不善则失之矣：

按：“道”，治国方法。

《家语·大婚解》载，孔子对曰：“古之政，爱人为大。所以治爱人，礼为大。所以治礼，敬为大。”这就是说，圣王明君治理政事，“爱人”是最重要的；要“爱人”，遵礼是最重要的；要实现遵礼的目的，庄敬是最重要的。

而《家语·五仪解》云：

哀公问于孔子曰：“夫国家之存亡祸福，信有天命，非唯人也。”孔子对曰：“存亡祸福皆己而已，天灾地妖不能加也。”……孔子曰：“昔者殷王帝辛之世，有雀生大鸟于城隅焉……此即以己逆天时，诡福反为祸者也。又其先世殷王太戊之时，道缺法圮，以致夭蘖。……此即以己逆天时，得祸为福者也。故天灾地妖，所以儆人主者也；寤梦徵怪，所以儆人臣者也。灾妖不胜善政，寤梦不胜善行，能知此者，至治之极也，唯明王达此。”大意是：哀公说：“国家存亡祸福由天命决定，不是只凭人力所能左右的。”孔子答：“存亡祸福都源于自身罢了，天妖地祸并不能改变国家的命运。”并以纣王、殷王太戊为例，说明灾异妖孽胜不过清明的政治，不好的梦兆胜不过良好的品行。

实际上，在这里孔子讲的就是“道善则得之，不善则失之”。

“善”字见于《道德经》中。老子云：“上善若水。水善利万物而不争，处众人之所恶，故几于道。居善地，心善渊，与善仁，言善信，政善治，事善能，动善时。夫唯不争，故无尤。”

“善”，这里指善良有德者。“得”，获得，得到。“失”，失去，得不到。

此句意思是：这就是说，为政者如果善良有德，就会得到“天命”；如果不善无德，“天命”就会失去。

⑲《楚书》曰楚国无以为宝，惟善以为宝：郑注：“《楚书》，楚昭王时书也。言以善人为宝。时谓观射父、昭奚恤也。”朱注：“《楚书》，《楚语》。言不宝金玉而宝善人也。”

按：“楚国无以为宝，惟善以为宝”，语出《国语·楚语下》之《王孙圉论国之宝》篇。其文曰：王孙圉聘于晋，定公飨之，赵简子鸣玉以相，问于王孙圉曰：“楚之白珩犹在乎？”对曰：“然。”简子曰：“其为宝也，几何矣？”曰：“未尝为宝。楚之所宝者，曰观射父，能作训辞，以行事于诸侯，使无以寡君为口实。又有左史倚相，能道训典，以叙百物，以朝夕献善败于寡君，使寡君无忘先王之业；又能上下说于鬼神，顺道其欲恶，使神无有怨痛于楚国。……若诸侯之好币具，而导之以训辞，有不虞之备，而皇神相之，寡君其可以免罪于诸侯，而国民保焉。此楚国之宝也。若夫白珩，先王之玩也，何宝之焉？”

“楚国无以为宝，惟善以为宝。”是总结该篇的主旨而得出的结论。“善”，善（人）。“宝”，宝贵。

此句意思是：《楚书》说："楚国没有什么可以为宝，只有以善为宝。"

⑳舅犯曰"亡人无以为宝，仁亲以为宝"：郑注："舅犯，晋文公之舅狐偃也。亡人，谓文公也，时辟骊姬之谗亡在翟。而献公薨，秦穆公使子显吊，因劝之复国，舅犯为之对此辞也。仁亲，犹言亲爱仁道也。明不因丧规利也。"朱注："仁，爱也。事见檀弓。此两节又明不外本而内末之意。"

按："舅犯"，人名，晋文公之舅（名狐偃）。"亡人无以为宝，仁亲以为宝"，语出《礼记·檀弓下》。

当时晋献公死，流亡在外的公子重耳得以回国参加丧礼，秦穆公派人吊唁时，劝公子重耳借办理丧礼之机夺取政权。重耳告诉了其舅子犯，舅犯不同意秦穆公的意见，而说了上面的话。事后，秦穆公称赞说："仁夫公子重耳。""仁亲"，关爱亲近的人。

而《家语·儒行解》载，孔子曰："儒有不宝金玉，而忠信以为宝；不祈土地，而仁义以为土地。"这里的"儒者"把"忠诚守信"当作珍宝。

此句意思是：舅犯曾说，"逃亡在外的人没有什么是宝，只有仁亲是宝。"

㉑《秦誓》曰：若有一介臣，断断兮无他技，其心休休焉，其如有容焉。人之有技，若己有之；人之彦圣，其心好之，不啻若自其口出，寔（shí）能容之。以能保我子孙黎民，尚亦有利哉。人之有技，媢（mào）疾以恶之；人之彦圣，而违之俾不通，寔不能容。以不能保我子孙黎民，亦曰殆哉：郑注："《秦誓》，《尚书》篇名也。秦穆公伐郑，为晋所败于殽，还誓其群臣，而作此篇也。断断，诚一之貌也。他技，异端之技也。有技，才艺之技也。'若己有之'，'不啻若自其口出'，皆乐人有善之甚也。美士为'彦'。黎，众也。尚，庶几也。媢，妒也。违，犹戾也。俾，使也。佛戾贤人所为，使功不通于君也。殆，危也。彦，或作'盘'。"孔疏："若能好贤如此，是能有所包容，则我国家得安，保我后世子孙。黎，众也。尚，庶几也。非直子孙安，其下众人皆庶几亦望有利益哉也。"

按："《秦誓》曰：若有一介臣，断断兮无他技，其心休休焉，其如有容焉。……以不能保我子孙黎民，亦曰殆哉"一段亦见今本《尚书》，个别文字与此不同。今本《秦誓》作："如有一介臣，断断猗无他技，其心休休焉，其如有容。人之有技，若己有之；人之彦圣，其心好之，不啻若自其口出，寔能容之。以能保我子孙黎民，亦职有利哉。人之有技，冒疾以恶之；人之彦圣，而违之俾不达，是不能容。以不能保我子孙黎民，亦曰殆哉。”在此誓言之前，秦穆公伐郑，为晋所败于殽，他总结失败的教训，作此誓言，说明治国中，重用贤人的重要。

“介”，《释文》曰：“马本作介，云：一介，耿介，一心端悫者。字又作个。”《十三经注疏》本作“个”。“断断”，忠诚专一的样子。“休休”，好善无邪念。“有容”，容人，能包容，有大度。“技”，技能，特长。“彦”，美才。“圣”，明达。“彦圣”，聪明有智慧。“不啻”，不亚于。“寔”，同“是”。一说同“是”。“媢疾”，妒忌。“俾”，使。

“殆”，危险。《论语·为政》载，子曰：“学而不思则罔，思而不学则殆。”此处“殆”取本义：危险，转义为枯竭之义。只思而不学，难以接受新知识，思想就会枯竭，濒临危险的边缘。

以能保我子孙黎民，尚亦有利哉：有人将此句标点为：“以能保我子孙，黎民尚亦有利哉。”亦可。

“尚亦有利哉”，王念孙以为“尚亦”是“亦尚”之误。

此句意思是：《秦誓》中说：“如果有一位臣子，忠诚专一但没有其他技能，他心无邪念，能容纳各种意见。其他人有某种特长，他感到就像他自己拥有一样。别人杰出如圣贤，他就会满心欢喜。（别人提出正确意见），他就感到不异于自己提出的，他能容纳一切。这样的臣子，是能保我子孙黎民，对国家是有利的。（如果不是这样，而是）别人有什么特长，他就十分妒嫉厌恶，别人杰出如圣贤，他就阻拦打击，不使君上知道，这样不能容纳他人。这样的人，是不能保我子孙黎民，也可以说是危险的。”

㉒唯仁人放流之，迸诸四夷，不与同中国：

按：“仁”是孔子思想的核心。为实现仁，就是要“修己以安人”，“修己以安百姓”，从而达到“天下有道”。

目前学术界对此持有不同看法，简而言之，至少有五种：

一、认为“仁”是孔子思想的核心，如匡亚明。匡亚明在《孔子评传》中说：“仁的思想，就是孔子的哲学思想的精髓所在，也是孔子的政治思想、道德思想、教育思想、文献整理思想的理论基础和前提，四位一体，密不可分。”（匡亚明：《孔子评传》，齐鲁书社 1985 年版，第 179 页）

二、认为“礼”为孔子思想的核心，如蔡尚思。

三、认为“和”或“中和”是孔子思想的核心，如张立文、杨庆存。

四、主张孔子思想不止有一个核心，如金景芳认为孔子思想有两个核心：“时”和“仁义”。

五、认为孔子思想的核心是不断变化发展的。

“仁人”，即有德行、德行高尚之人。《汉书·古今人表》曰：“上中仁人：颜渊。”这是说《汉书》将“古今”名人分列为九等，其中上上等为“圣人”，上中等为“仁人”，上下等为“智人”。

“之”，邪恶之人。“迸”，音屏，古字通用。驱逐之意。“同”，同住。

此句意思是：只有仁人（当政时）能放流这样的人，把他们驱逐到四夷去，不准与中原人生活在一起。

㉓此谓唯仁人为能爱人，能恶人：郑注：“放去恶人媢嫉之类者，独仁人能之，如舜放四罪而天下咸服。”朱注：“迸，读为‘屏’，古字通用。迸，犹逐也。言有此媢疾之人，妨贤而病国，则仁人必深恶而痛绝之。以其至公无私，故能得好恶之正如此也。”

按：“此谓唯仁人为能爱人，能恶人”，语出《论语》原编本《里仁》第四（王春华：《论语新编新释》，江西人民出版社 2016 年版，1.2.1.9），原文是：子曰：“唯仁者能爱人，能恶人。”

“爱人”是孔子仁学思想的基本内核。《论语》之《颜渊》载，樊迟问仁。子曰：“爱人。”但在当时的情况下，“爱”有差等。“爱”是依据血缘关系的远近而定亲疏，由“亲亲”开始，推己及人，最后做到安百姓及“仁民爱物”。而“人”在当时也分为不同的等次。春秋时期，“人”与“民”是有区别的，人是指“士”以上的卿大夫、诸侯、天子等中上层，而“民”则指庶人以下的下层民众。但这种区分在孔子那里并不是十分严格的。如《乡党》曰：“厩焚。子退朝，曰：‘伤人乎？不问马。’”这里“伤人”中的“人”，自然包括既非士，更非大夫的马夫在内，因此，从广义上讲，孔子的“爱人”也包括劳动者在内。《阳货》载，子游对曰：“昔者偃也闻诸夫子曰：‘君子学道则爱人，小人学道则易使也。’”

“唯”，只。“爱”，喜爱。“恶”，厌恶。

“如舜放四罪而天下咸服”，《家语·好生》载，孔子曰：“舜之为君也，其政好生而恶杀，其任授贤而替不肖。德若天地而静虚，化若四时而变物。是以四海承风，畅于异类，凤翔麟至，鸟兽驯德，无他也，好生故也。”这里说，舜为政爱惜生灵。因此，“舜放四罪”是很自然的事。

此句意思是：只有仁者能正确赞誉（喜爱）他人，或者批评（厌恶）他人。此处是《大学》的作者，鼓励为政者要学习仁人的处世原则，在治国时要保护关爱善良者，贬斥奸佞之徒。

㉔见贤而不能举，举而不能先，命也：郑注：“命，读为‘慢’。声之误也。举贤而不能使君以先己，是轻慢于举人也。”朱注：“命，郑氏云当作‘慢’。程子云：当作‘怠’。未详孰是。远，去声。若此者，知所爱恶矣，而未能尽爱恶之道，盖君子而未仁者也。”

按：“贤”，贤人。关于什么是“贤”的问题，颜之推在《颜氏家训·慕贤》中提出了一个易于掌握的标准，即“但优于我，便足贵之。”作者认为，应注意向身边的贤人学习，“与善人居，如入芝兰之室，久而自芳也；与恶人居，如入鲍鱼之肆，久而自臭也。”应慎重交友，正如孔子所说，无友不如己者。而《颜氏家训·慕贤》主要是说应尊重礼治中的尚贤、慕贤传统。

“贤人”，《家语·五仪解》载，孔子曰：“所谓贤人者，德不踰闲，行中规绳，言足以法于天下而不伤于身，道足以化于百姓而不伤于本。富则天下无宛财，施则天下不病贫。”这就是孔子眼中的“贤人”形象。

“命”，前人认为应作“慢”“怠”或“允”。“举”，举荐，推荐。“先”，任用、重用。“命”，怠慢。

此句意思是：见到贤人而不能举荐他，即使举荐了也不能早加任用，这就是怠慢。

㉕见不善而不能退，退而不能远，过也：

按：“不善”，无良之人。“退”，斥退，贬退。“远”，疏远。“过”，过错。

此句意思是：遇到不善之辈不能贬退，即使贬退了却又不能让他远离朝廷，这就是为政中的过错。

㉖好人之所恶，恶人之所好，是谓拂人之性，菑必逮夫身：郑注：“拂，犹佹也。逮，及也。”朱注：“菑，古灾字。夫，音扶。拂，逆也。好善而恶恶，人之性也；至于拂人之性，则不仁之甚者也。自‘《秦誓》’至此，又皆以申言好恶公

私之极，以明上文所引《南山有台》《节南山》之意。”

按：“好”，喜好。“拂”，逆，违背。

“性”，谓人受血气以生，有贤愚吉凶。天道，七政变动之占也（马国翰辑《论语古注·论语郑氏注》卷三）。

《论语·阳货》载，子曰：“性相近也，习相远也。”这是孔子关于人性的言论。《家语·本命解》载，鲁哀公问于孔子曰：“人之命与性何谓也?”孔子对曰：“分于道，谓之命；形于一，谓之性；化于阴阳，象形而发，谓之生；化穷数尽，谓之死。故命者，性之始也；死者，生之终也。有始，则必有终矣。”大体意思是：天道决定而赋予人的，叫命；与生俱来的，叫性。通过阴阳变化，根据他们的形体而产生，叫生；造化和命之数穷尽，叫死。因此，命是性的开始，死是生的终结。

“菑”（zāi），同“灾”。“逮”，及。“身”，自身。

“见贤而不能举，举而不能先，命也。见不善而不能退，退而不能远，过也。好人之所恶，恶人之所好，是谓拂人之性，菑必逮夫身”，对于此段内容，郭沫若有自己的看法：“如性为不善，则‘拂人之性’为好事，何以反有灾害?”（郭沫若：《儒家八派的批判》，《十批判书》，东方出版社 1996 年版）

此句意思是：喜好一般人所厌恶的，而厌恶一般人所喜好的，这就是违反人性，灾害必然落到他身上。

㉗*君子有大道：必忠信以得之，骄泰以失之*：郑注：“道，行所由。”朱注：“君子，以位言之。道，谓居其位而修己治人之术。发己自尽为忠，循物无违谓信。骄者矜高，泰者侈肆。此因上所引文王、康诰之意而言。章内三言得失，而语益加切，盖至此而天理存亡之几决矣。”

按：“道”，原则。“忠”，忠心。“诚”，诚信。“骄泰”，侈肆放纵。

“忠”“信”并提多见于《论语》，其他先秦文献亦有。其中，

《学而》载，子曰：“君子不重则不威，学则不固。主忠信。无友不如己者。过则勿惮改。”

《公冶长》载，子曰：“十室之邑，必有忠信如丘者焉，不如丘之好学也。”

《子罕》载，子曰：“主忠信，毋友不如己者，过则勿惮改。”

《颜渊》载，子张问崇德、辨惑。子曰：“主忠信，徙义，崇德也。爱之欲其

生，恶之欲其死。既欲其生，又欲其死，是惑也。”这就是说，以忠诚守信为人生宗旨，改变自己的不合乎正义之处，弘扬正义，这样就能崇奉并具有高尚德行。

《卫灵公》载，子张问行。子曰：“言忠信，行笃敬，虽蛮貊之邦行矣；言不忠信，行不笃敬，虽州里行乎哉？立，则见其参于前也；在舆，则见其倚于衡也。夫然后行。”这就是说，说话要忠诚守信，行为要敦厚严肃，这样即使到了边远少数民族地区也能顺利通达。

皇侃《论语集解义疏》（《知不足斋丛书》本）引李充言曰：“为人臣则忠，与朋友交则信。”邢昺的《论语注疏》（十三经注疏本）曰：“中心无隐谓之忠，人言不欺谓之信。”戴望的《论语戴氏注》曰：“忠信，六德也。”刘宝楠的《论语正义》曰：“中以尽心曰忠，恒有诸己曰信。人必忠信，而后可致知力行，故曰忠信之人，可以学礼。”陈天祥的《四书辨疑》亦曰：“忠与信特行中之两事，存忠信便是修行，修行则存忠信在其中矣。”

《家语·贤君》载，子曰：“恭敬忠信而已矣。恭则远于患，敬则人爱之，忠则和于众，信则人任之。勤斯四者，可以政国，岂特一身者哉？……不修其中，而修外者，不亦反乎；虑不先定，临事而谋，不亦晚乎？”这说明，对人忠实可以与大家和睦相处，待人诚信可以得到人们的任用。

以上说明“信”与“忠”对于人的修身及处世具有同样重要的作用，都是一个仁者所必须具备的基本素质。另一方面，从实践来看，忠与信二者之间具有互为前提条件的关系，为人若忠，则对朋友、对国家则必讲诚信；同样，为人若以信、义为处世宗旨，则对朋友、对君上必能忠诚不贰。

“君子有大道：必忠信以得之，骄泰以失之”有二解。一是君子用人有大的原则，对忠心者任用之，对骄泰者远弃之。二是君子在治国时有大的原则，无论是用人方面或其他方面都坚持忠信，反对虚妄，以赢得民心；如果骄傲侈肆就会失去民心。

㉘生财有大道：生之者众，食之者寡；为之者疾，用之者舒，则财恒足矣：郑注：“是不务禄不肖，而勉民以农也。”朱注：“恒，胡登反。吕氏曰：‘国无游民，则生者众矣；朝无幸位，则食者寡矣；不夺农时，则为之疾矣；量入为出，则用之舒矣。’愚按：此因‘有土’‘有财’而言，以明足国之道在乎务本而节用，非必外本内末而后财可聚也。自此以至终篇，皆一意也。”

按：“大道”，原则。“生”，生产。“食”，消费。“寡”，少。“为”，制造。“疾”，迅速。“舒”，缓慢。“恒”，恒常，经常。“足”，富足。

此句意思是：生成财富有重要原则：即生产的人多，食用的人少；生产财富的速度快，而财富的需用却缓慢，这样财富就经常会很富足。

实际上，这种认识，在当时的社会中，在很大程度上，是一种不切实际的空想。因为多数劳动者都要结婚生子，而其父母又会年老体衰，以至失去劳动能力。所以，一般来说，绝大多数劳动者都有家庭负担，一个人进行生产，几个人进行消费。同时，就整个社会而言，总会有一部分成员不具有或失去劳动生产的能力，需要别人养活他（她）。所以，就整个社会而言，生之者众，食之者寡的情况是很少的；至于“为之者疾，用之者舒”的情况，是与社会生产力的发展，其中包括科学技术的发展，是密切相关的。科学技术高度发达，生产力明显提高之后，有可能达到这一目标。

㉙仁者以财发身，不仁者以身发财：郑注：“发，起也。言仁人有财，则务于施与，以起身成其令名。不仁之人，有身贪于聚敛以起财务成富。”朱注：“发，犹起也。仁者散财以得民，不仁者亡身以殖货。”

按：“仁者”，有仁德的人。“以财发身”，利用财富发展。“发”，发展，壮大。“身”，指影响。“不仁者以身发财”，“身”，指名位。

《论语》多次论及“仁者”与“不仁者”。如《里仁》载，子曰：“不仁者不可以久处约，不可以长处乐。仁者安仁，知者利仁。”其中，“仁者”是从内心到行动都能坚持“修己安人”“修己以安百姓”“博施济众”的人，或谓之真正能为国家的长远利益和民族大众福祉而奋斗的人。只有他们能以行仁为安，以行仁为常。而“不仁者”则指其道德修养没有达到仁者的人，还不是指十恶不赦、杀人放火的坏人，或谓之一般人。他们既经不住艰难困苦的考验，也经不住安乐的考验。知（智）者，他们还不是真正的仁者，没达到全心全意为国家、民族谋福祉的程度，他们做了很多好事，只是因为这样做，使他们收到巨大利益。《颜渊》载，子夏曰：“富哉言乎！舜有天下，选于众，举皋陶，不仁者远矣。汤有天下，选于众，举伊尹，不仁者远矣。”这说明“善人治国”，必须重视人才的选拔。舜治天下，选拔皋陶；汤治天下，选拔伊尹。这样就杜绝了不仁者的仕途，使贤才有可能被委以重任，达到“举直错诸枉，能使枉者直”的目的。

《家语》中孔子及弟子多次探讨过"仁者"与"不仁者"问题。如《致思》载，孔子曰：（臧文仲）"身殁言立，所以为文仲也。然犹有不仁者三，不智者三，是则不及武仲也。""武仲"指臧武仲。臧文仲，鲁国大夫，臧孙氏，名辰，谥曰"文"。历事庄公、闵公、僖公、文公四世，在鲁国的政治、外交等方面皆有所建树，以会言善言垂世闻名。参看《左传·文公二年》，《左传·襄公二十三年》。武仲，为文仲之孙，名纥，曾任鲁司寇，因见闻广博、料事如神，故有"圣人"之称。据孔子说"不仁者三"是下展禽，展禽即柳下惠，文仲时未重用他。置六关，即设关卡收税，具体不详。妾织蒲，即自己的家属去织蒲席，实际上应是好事，但当时认为文仲为国，不应与民争利，故孔子认为是不仁之事。"不智者三"即设虚器，指为卜龟设置豪华住处。纵逆祀，指夏父弗忌为宗人时，跻（jī）僖公于闵公之上。文仲纵之。祠海鸟，有海鸟止于鲁东门之上，文仲令国人祠之，是不智也。

又，子路问于孔子曰："管仲之为人何如?"子曰："仁也。"这里孔子称赞管仲为"仁者"。值得一提的是，孔子在《论语·宪问》中对管仲作了高度评价，（孔）子曰："桓公九合诸侯，不以兵车，管仲之力也。如其仁！如其仁！"（其中，"如其仁！如其仁"的意思是：这就是他的仁德啊！这就是他的仁德啊！）"管仲相桓公，霸诸侯，一匡天下，民到于今受其赐。微管仲，吾其被发左衽矣。"也就是说，管仲是一位有大功于国家民族的仁者。管仲的"仁"，成就了"天下有序"，这也正是孔子所称赞的"博施于民而能得众"。

从以上孔子的论述中，可以看出，"仁者"有两个条件：一是个人具有高尚的道德情操，如为人正直、忠厚，对义利关系有正确的理解与处置等。二是对国家、民族或某种有影响的事业有一定建树，甚至是较大建树。当然，"仁者"的标准也是发展的，其内涵是与整个国家、民族的发展紧密联系在一起的。

此句意思是：有仁德的人运用自己的财富，广施于民间，以扩大自己的影响，壮大自己的力量。无仁德的人利用自己的名位，攫取财富。

㉚未有上好仁，而下不好义者也；未有好义，其事不终者也，未有府库财非其财者也：郑注："言君行仁道则其臣必义，以义举事无不成者，其为诚然，如己府库之时为己有也。"朱注："上好仁以爱其下，则下好义以忠其上。所以事必有终，而府库之财无悖出之患也。"

按："仁"，仁德。

"义"，宜也，即指在一定历史时期内，符合国家、民族全局的或根本的利益，而应该采取和坚持的实践行动。"义"则更多地表现为为实现"仁"而采取的合乎时宜的行为。

前人多次论及"义"的问题。如：

《家语·礼运》谓人有十义，即父慈、子孝、兄良、弟悌、夫义、妇听、长惠、幼顺、君仁、臣忠。"义者，艺之分，仁之节。""仁者，义之本"说明了义与仁的关系。

《论语·阳货》载，子曰："君子义以为上，君子有勇而无义为乱，小人有勇而无义为盗。"在这里，孔子阐述了义对于"勇"的制约作用。君子以"义"为重。

《孟子》之《离娄上》曰："仁，人之安宅也；义，人之正路也。"《万章下》载，孟子曰："夫义，路也；礼，门也。惟君子能由是路，出入是门也。《诗》云：'周道如底（砥），其直如矢；君子所履，小人所视。'"

"义"总是和"利"密切联系在一起的。但孔子、孟子的主要倾向是把"义""利"分属于不同的社会集团。孔子在《论语·里仁》中说："君子喻于义，小人喻于利。"又在《论语·阳货》中说："君子义以为上。君子有勇而无义为乱，小人有勇而无义为盗。"这就是说，"义"更多地属于君子，而"利"只能属于小人。也就是说，讲利的是小人。孟子见梁惠王（公元前370—前319年）时，孟子有一番关于"义""利"关系的言论。《孟子·告子上》载，王曰："叟不远千里而来，亦将有以利吾国乎?"孟子对曰："王何必曰利? 亦有仁义而已矣。"如果国君开口就讲对自己的国家有利，大夫只想如何对自己的家有利，士和庶人如何对自身有利，"上下交争利"，亡国的危险就要到了，孟子主张"舍生而取义"把义看得比生命还宝贵，生命利益怎么能与义相比呢? 强调义利对立，重义轻利都是孟子义利观的主要方面。

对"义""利"关系认识较好的是荀子。《荀子·大略》曰："'义'与'利'者，人之所两有也。虽尧舜不能去民之欲利；然而能使其欲利不克其好义也。虽桀纣不能去民之好义；然而能使其好义不胜其欲利也。故义胜利者为治世，利克义者为乱世。上重义则义克利，上重利则利克义。"

马克思、恩格斯曾指出：“我们首先应当确定一切人类生存的第一个前提，也就是一切历史的第一个前提，这个前提是：人们为了能够‘创造历史’，必须能够生活。但是为了生活，首先就需要衣、食、住以及其他东西。”（《马克思恩格斯选集》第一卷，人民出版社2012年版，第158页）

后来，恩格斯又以更明确的语言指出：“人们首先必须吃、喝、住、穿，然后才能从事政治、科学、艺术、宗教等等。”（《马克思恩格斯选集》第三卷，人民出版社2012年版，第1002页）因此，“义”都是建立在一定的“利”之上的，“义”与“利”无法完全分开。

“终”，成功。“未有府库财非其财者也”一句乘上两句而来。

关于“义”“利”关系，《大学》作者由于受到时代的限制，不可能完全弄清楚。

此句意思是：因为在上位者好仁，而其下属皆好义；而下属好义，故事无不成。因上下皆讲仁义，故一切秩序正常，所以府库之财不会被他人占有，只能属于他自己。

㉛孟献子：

孟献子即鲁国大夫公孙蔑，春秋时鲁国人，历仕宣公、成公、襄公三朝。孟献子事见《左传·文公十五年》及《家语·曲礼子贡问》《周语中》《鲁语上》《孟子·万章下》《韩非子·外储左下》等文献。

㉜畜马乘，不察于鸡豚：郑注：“‘畜马乘’，谓以士初试为大夫也。”朱注：“畜，许六反。乘、敛，并去声。”

按：“畜马乘”，指士初试为大夫的人，即能畜养马匹、马乘，故不再留意于养鸡养猪一类的农家事务。“察”，留意，细察。“豚”，小猪。

此句意思是：畜积马匹车乘的大夫不会去细察养鸡养猪的事。

㉝伐冰之家，不畜牛羊：郑注：“‘伐冰之家’，卿大夫以上，丧祭用冰。”朱注：“畜马乘，士初试为大夫者也。伐冰之家，卿大夫以上，丧祭用冰者也。”

按：“伐冰”，凿冰降温。“畜”，养。《后汉书·冯衍传》曰：“夫伐冰之家，不利鸡豚之息。”《韩诗外传》卷四曰：“天子不言多少，诸侯不言利害，大夫不言得丧，士不言通财货，不贾于道。故驷马之家，不持鸡豚之息，伐冰之家，不图牛马之人，千乘之君，不通货财，冢卿不脩币施，大夫不为场圃，委积之臣，不贪市井之利。”

以上所引《大学》本段、《后汉书》及《韩诗外传》等文献，所谓“伐冰之家，不畜牛羊”等论，一方面在一定程度上反映了客观事实，即人的意识是受其经济地位影响和决定的，就大多数人而言，是有什么样的经济地位就会有什么样的言论行动。因此，“伐冰之家，不畜牛羊”。另一方面，对此，不能作绝对化的理解。否则，又会陷入“义”“利”分割的窠臼。因为，任何社会阶层的人，虽然其社会性占用主导地位，但人的自然性即生物性是无法去掉的。恩格斯所说的“人们首先必须吃、喝、住、穿，然后才能从事政治、科学、艺术、宗教等等”（《马克思恩格斯选集》第三卷，人民出版社2012年版，第1002页）。这是一条颠扑不破的真理。“伐冰之家”可以“不畜牛羊”，但必须吃牛羊，也需要购买牛羊，所以，无法脱离经济活动。“天子不言多少”，就个人的财富而言尚可，如果是对国家的财富“不言多少”，他就是十足的昏君。

此句意思是：丧祭能用冰之家，即卿大夫以上的人家，他们有丰厚的俸禄，故不再用靠畜养牛羊的收入。

㉞百乘之家，不畜聚敛之臣。与其有聚敛之臣，宁有盗臣：郑注：“‘百乘之家’，有采地者也。鸡豚牛羊，民之所畜养以为财利者也。……盗臣，损财耳，聚敛之臣乃损义。《论语》曰：‘季氏富于周公，而求也为之聚敛，非吾徒也，小子鸣鼓而攻之可也。’”朱注：“百乘之家，有采地者也。君子宁亡己之财，而不忍伤民之力，故宁有盗臣，而不畜聚敛之臣。‘此谓’以下，释献子之言也。”

按：“乘”，四匹马一辆兵车，为“一乘”。“百乘之家”，一百辆兵车的大家族。

此句意思是：拥有一百辆兵车的大家族，不再畜养（需要）专门从生产者身上抠取一点一滴财富的臣下（因为家中已广有财产）。与其用这样的聚敛之臣，（往往引起与下属民众的矛盾），还不如养个家贼。虽然盗窃自己家的东西，但不会引起与民众的矛盾。

㉟此谓国不以利为利，以义为利也：郑注：“国家利义不利财。”

按：（总结以上三种情况，说明经济地位决定人们的政治态度）这就是说，作为治国者特别是为君者，不能被一点一滴的小利所迷惑，必须看到全局利益，以国家长治久安为根本利益。

此句意思是：国家不以小利（财富）为利，而以大义（仁义）为利。

㊱长国家而务财用者，必自小人矣：郑注：“言务聚财为己用者必忘义，是小人所为也。”朱注：“长，上声。”

按：“长”，君主，领导。“务”，致力于，一味追求。

“小人”一词本身有多种含义：一、道德卑劣者。二、对古代体力劳动者的卑称。处于社会上层、以劳心为主的称君子，与之相对而言的是处于社会底层、劳力为主的称小人。周初统治者亲眼看到了商朝灭亡的过程，因而感觉到“天命不唯常”，“小人难保”或“小民难保”，于是改变统治思想，提出了“敬天保民”，“明德慎罚”的思想。“小人”遂成为一个不得不重视的社会角色，因而“小人”有时兼有“道德卑劣者”与“体力者”的双重角色。但对“小人”的卑视并未改变。

此句意思是：掌握国家政权而又一味追求财利的君主，一定会从任用小人开始。

㊲彼为善之。小人之使为国家，菑害并至，虽有善者，亦无如之何矣：朱注：“‘彼为善之’，此句上下，疑有阙文误字。”

按：“为”，以为。“为”，治理。“菑”，同“灾”，自然灾害（具有不可抗性）。“害”，人为制造的灾害。

“善”，贤臣。《家语·贤君》载，子贡问于孔子曰：“今之人臣，孰为贤?”子曰：“吾未识也。往者齐有鲍叔，郑有子皮，则贤者矣。”子贡曰：“齐无管仲，郑无子产?”子曰：“赐，汝徒知其一，未知其二也。汝闻用力为贤乎？进贤为贤乎?”子贡曰：“进贤贤哉!”子曰：“然。吾闻鲍叔达管仲，子皮达子产，未闻二子之达贤己之才者也。”这是孔子及其弟子对“贤臣”的讨论。而孔子的“未闻二子之达贤己之才者”一语的确符合历史事实，但是否能“达贤己之才”，需要复杂的历史条件。首先，当世是否有“贤己之才”。其次，对“贤己之才”，你作为举荐者是否了解；第三，你作为举荐者是否能取得执政者的信任，有无举贤的资格，也就是你本人是否已进入执政者的“圈子”内。在一个等级森严的社会中，这几点如果不解决，举贤特别是“达贤己之才”，几乎是不可能的事。因此，在历史上能“达贤己之才”的人总是极少数，许多被公认的“仁人”“贤人”，如颜回等并未有推举“贤己之才”的事迹，甚至连孔子本人也缺乏推举“贤己之才”的实例，他虽推举了若干子弟出仕列国，但这些人无一可与其老师相提并论。由此可见，不能把能否推举“贤己之才”作为判断是否“为贤”的唯一标准，“用力为贤”与“进贤为贤”都应该受到肯定。从《论语》《家语》等典籍看，孔子对于“用力为贤”的管仲、子产、晏婴等都曾“以兄事之，而加爱敬”（参看《家语·辩政》）

此句意思是：国君如果对小人友善，认为他很好，就会任用小人管理国家，必然是各种灾害一齐发生。虽然有贤能之士出来挽救，但也没有什么好办法了。

㊳此谓国不以利为利，以义为利也：

按：“义”“利”，《论语》之《卫灵公》载，子曰：“君子义以为质，礼以行之，孙以出之，信以成之。君子哉！”此处的“义以为质，礼以行之”，是摄礼归义的精髓。礼依于义而成立，“义”是“礼”之所以为礼之本，“礼”是“义”的呈现。“义”就是行其所当行，是合乎大道之行。《里仁》载，子曰：“君子喻于义，小人喻于利。”（《论语新编新释》1.4.1.5）实际上，“义”与“利”是密切联系在一起的，无法截然分开的。

《孔丛子·杂训》载，孟轲问：“牧民何先？”子思曰：“先利之。”孟轲曰：“君子之所以教民，亦仁义而已，何必曰利？”子思曰：“仁义者，固所以利之也。上不仁，则不得其所；上不义，则乐为诈。此为不利大矣。故《易》曰：‘利者，义之和也。’又曰：‘利用安身，以崇德也。’此皆利之大者。”（马端临：《文献通考》，卷二百八）子思认为“仁义，利之大者”，其义利观与传统儒家的重义轻利不同，但和《大学》中的义利观十分相似。

此句意思是：“此谓国不以利为利，以义为利也”一句总结上文，强调国家不以具体的小利为国家之利，而以大义为国家之利。

【译文】

所说的平天下的前提在于治理好本国：为君者尊敬老人，庶民就会兴起孝道；为君者尊重长者，庶民就会兴起“弟”（悌）道；为君者怜恤孤儿，庶民就不会与此相背离。所以，君子的絜矩之道就是用同样的标准去要求人，尤其是自己起自我示范的作用。

在上已感到厌恶之事，就不要迫使下人去做；在下面已感到厌恶之事，就不要用来侍奉上面；对前人所做感到厌恶之事，就不要推行到后人身上；后面感到厌恶之事，就不要盲从前面的推行；在右面已感到厌恶之事，就不要原封不动地交到左边继续实行；在左面感到厌恶的事，就不要原封不动地交到右边继续实行。这就是絜矩之道，即自我示范的原则。

《诗·小雅·南山有台》曰：“乐只君子，民之父母。（《诗·小雅·南山有台》说：‘令人快乐的国君啊！民之父母官。’）”民众喜爱的就去喜爱，民众厌恶的就去厌恶，这就叫作民众的父母啊！《诗·小雅·节南山》曰：“节彼南山，维石岩岩。赫赫师尹（太师尹氏），民具尔瞻。（《诗·小雅·节南山》说：‘巍巍终南山，层峦石岩岩。威名显赫尹太师，民众景仰万目瞻。’）”掌握国家大权的人，真是不可以不慎重啊！一出现偏差，就会遭受天下人的杀戮。

《诗·大雅·文王》曰：“殷之未丧师，克配上帝。仪监于殷，峻命不易。（《诗·大雅·文王》说：‘殷朝未失国之时，尚能合乎上帝之意。今天应该以殷朝为鉴，遵行天命真不容易。’）”这就是说，统治国家的规律就是：如果能得到民众之心就能得到国家，失掉民心则会失去国家。

所以，君子要首先慎重保持德行。有德行，就有人，就会有国土；有国土，就会有财富，有财富就会发挥应有的作用。德行是根本，财富是末节。如果对根本不重视（不把德当成内部的而当作外面的），而偏重于末节（把财当作内部的），就会引起民众的争夺。所以，为君者把财聚于自己之手，人民就会离散；如果把财散于民间，民众就会聚合于君周围。（正像人讲话一样）不遵守礼仪，胡乱地把话讲出去，这些话就会被人胡乱地相信；财货也是一样，如果胡乱地收上来，那也会被迫再胡乱地放出去。

《康诰》说：“天命是不会永远不变的。”治理天下的办法如果仁善，那就会得到天命；如果不善，便会失去天命。《楚书》说：“楚国没有什么可以为宝，只有以善为宝。”舅犯曾说，“逃亡在外的人没有什么是宝，只有仁亲是宝。”

《秦誓》中说：“如果有一位臣子，忠诚专一但没有其他技能，他心无邪念，能容纳各种意见。其他人有某种特长，他感到就像他自己拥有一样。别人杰出如圣贤，他就会满心欢喜。（别人提出正确意见），他就感到不异于自己提出的，他能容纳一切。这样的臣子，是能保我子孙黎民，对国家是有利的。（如果不是这样，而是）别人有什么特长，他就十分妒嫉厌恶，别人杰出如圣贤，他就阻拦打击，不使君上知道，这样不能容纳他人。这样的人，是不能保我子孙黎民，也可以说是危险的。”只有仁人能放流这样的人，把他们驱逐到四夷去，不准与中原人在一起。这就是唯有仁人能正确地爱护某些人，能厌恶痛恨某些人。

如果发现贤才而不能荐举他们，或者虽然荐举但不能早早任用，这就是怠慢：发现不善者不能斥退，或者虽斥退，但不能使之远离朝廷，这就是过错。喜欢人们所厌恶的，厌恶人们所喜欢的，这就叫违背人性，灾害必定会落到他身上。所以，君子有大的原则，就是一定要坚守忠贞诚信以赢得民心；如果骄傲侈肆，就会失去民心。

国家增加财富有重要的原则；能制造财富的人多，而消费财富的人少；生产财富的速度快，消费财富的速度慢。这样财富就会经常富足。有仁德的人利用财富，扩大影响，争取民心；无仁德的人利用自己的能力去发财。没有君上仁德而属下不好道义的；没有好讲求道义而其事业得不到善终的；没有府库的财货不是国家的财货。孟献子说：“畜积马匹车乘的大夫不会去细察养鸡养猪的事；祭祀用冰的卿大夫之家不畜养牛羊；有采邑的百乘之家，不任用聚敛者为家臣。与其有聚敛之臣，还不如有善于盗窃的家臣。（言君子宁可被盗窃，也不愿去聚敛于民。）”这意思是说，国家不以小利（财富）为利，而以大义（仁义）为利。

掌握国家大权而又专门去聚敛财富的君主，必然从任用小人开始。他对小人友善，任用小人管理国家，必然是灾害并至。虽然有仁善之士，但也没有什么办法去改变了。这就叫作国家不以聚敛财货为利，而以大义为利。（以上一段中间可能有阙文）

【评论】

本章主要是对“欲明明德于天下者，先治其国”（要弘扬光明的德行于天下的，要首先治理好自己的国家）。即“平天下在治其国”（这里的“国”就是诸侯国，当时中华大地各诸侯国林立，所以，才产生了治理诸侯国，就是统一天下的基础这样的认识）的诠释。

本章包括六个层次：

一、作者认为欲治其国，然后平天下，为君者处事必须既以身作则，又能推己及人，这就是絜矩之道（用同样的标准去要求人，尤其是自己起自我示范的作用）。在敬老，长长，恤孤等方面都要为民众带头，作民众的示范。在处理上、下、左、右、前、后的各种关系时，不论在哪一方面发现了问题，就应该本着推己及人的恕道原则去处理，即：“所恶于上，毋以使下；所恶于下，毋以事上；所恶于前，毋以先后；所恶于后，毋以从前；所恶于右，毋以交于左；所恶于左，毋以交于右。”

二、为君者必须做“民之父母”（民众的父母），重视民心。因为“道得众则得国，失众则失国”（如果能得到民众之心就能得到国家，失掉民心则会失去国家），这也就是人们常说的民心向背决定天下的得失。为此，为君者必须“先慎乎德”，行善道，这样才能得到民众的支持和得天命。本部分先后引用了《诗》中的《小雅·南山有台》《小雅·节南山》和《文王》三首诗，来说明这一问题。

三、为君者要想不失民心，不失国，必须首先注重修德。“有德此有人，有人此有土，有土此有财，有才此有用。”（有德行，就有人，就会有国土；有国土，就会有财富，有财富就会发挥应有的作用）本部分又说明了德、财、民三者间的关系。德为本，财为末，如果不是这样，而是以德为末，以财为本，那就会引起争夺。如果过分聚敛，就会使民心散失。

四、“天命不常，唯仁得之。”（天命是不会永远不变的。治理天下的办法如果仁善，那就会得到天命）作者强调治国用仁人的重要。唯仁人能爱人，能恶人。“惟命不于常”，失掉民心，也就会失去“天命”，所以君子应谨行善道，以善为宝，仁亲为宝。

五、为君者要善于分辨人才之优劣，敢于重用贤能，斥退不善。《秦誓》“若有一介臣，断断兮无他技，其心休休焉，其如有容焉。人之有技，若己有之；人之彦圣，其心好之，不啻若自其口出，寔能容之。以能保我子孙黎民，尚亦有利哉。人之有技，媢疾以恶之；人之彦圣，而违之俾不通，寔不能容。以不能保我子孙黎民，亦曰殆哉”一段，见于今本《尚书》，文字略有不同。该段是秦穆公在遭遇失败后，对自己在用人上的不当而作的总结。所以，《大学》评曰：“见贤而不能举，举而不能先，命也；见不善而不能退，退而不能远，过也。”“好人之所恶，恶人之所好，是谓拂人之性，菑必逮夫身。”治国必须选拔贤能，坚持任用贤能。

六、正确处理“义”与“利”的关系。肯定财利的作用。同时，引用孟献子的话，国家应该注重“义”，以义为利，以德为本，以财为末，但也要注重生财、理财，府库之财才会为国所用。在上位者只有好仁，下面才会好义。国家不应注重小利，以利为利，而以“义”为利。

关于“义”“利”关系，《大学》作者由于受到时代的限制，不可能完全弄清楚。

荀子（约公元前313—前213年），名况，字卿，战国末期赵国（今山西省西南部）人。西汉因避汉宣帝刘询名讳，改称孙卿或孙卿子。韩非子认为他是儒家八派之一的“孙氏之儒”的创立者。他后来长期在沂蒙地区出仕、讲学、授徒并终老其地。

荀子的著作很多，西汉刘向校定为《孙卿子》32篇。今本《荀子》为唐代杨倞据刘向本重新编排，亦为32篇，并为之作注。其中《君子》《大略》《宥坐》《子道》《法行》《哀公》《尧问》7篇，或系门人弟子所著，或后人附益，其它皆为荀子自著。荀子尊崇孔子，又广泛吸取各家学说的精华，成为先秦百家之学的总结者。《荀子》即是代表了当时认识高度的一部治国的百科全书。凡治国中的重要问题，如天、地、君、臣、兵、民、修身、治学等或今人所谓政治、经济、生态环境、思想文化诸方面在治国中的地位及其相互关系，荀子皆作精心阐述（于联凯等：《沂蒙文化研究》，吉林人民出版社2002年版，第271页）。

《荀子·大略》曰：“义与利者，人之所以两有也。虽尧、舜不能去人之欲利……虽桀、纣不能去民之好义。”荀子不像孔子那样，把“义”与“利”二者完全分开，而是承认人们的物质欲望的合理性。如何正确处理“义”与“利”的关系呢？荀子接着提出了“以义制利”的理念并设计了一整套策略，以治理国家。

马克思、恩格斯曾指出：“我们首先应当确定一切人类生存的第一个前提，也就是一切历史的第一个前提，这个前提是：人们为了能够‘创造历史’，必须能够生活。但是为了生活，首先就需要衣、食、住以及其他东西。”（《马克思恩格斯选集》第一卷，人民出版社2012年版，第158页）

后来，恩格斯又以更明确的语言指出：“人们首先必须吃、喝、住、穿，然后才能从事政治、科学、艺术、宗教等等。”（《马克思恩格斯选集》第三卷，人民出版社2012年版，第1002页）因此，“义”都是建立在一定的“利”之上的，“义”与“利”无法完全分开。

《老子》曰：“修之于身，其德乃真。修之于家，其德乃徐。修之于乡，其德乃长。修之于邦，其德乃丰。修之于天下，其德乃普。故以身观身，以家观家，以乡观乡，以邦观邦，以天下观天下。吾何以知天下然哉？以此。”从以上所引可知《大学》所提出的“修身、齐家、治国、平天下”与老子的思想是一致的。

《论语·宪问》载，子路问君子，子曰：“修己以敬。”曰：“如斯而已乎?”曰：“修己以安人。”曰：“如斯而已乎?”曰：“修己以安百姓。修己以安百姓，尧舜其犹病诸!”据此可知，《大学》所提出的“修身、齐家、治国、平天下”是对《论语》中孔子思想的丰富和发展。

《孟子·离娄上》载，孟子曰：“人有恒言，皆曰‘天下国家’。天下之本在国，国之本在家，家之本在身。”这说明，孟子的这种思想显然受到了《大学》“修身、齐家、治国、平天下”思想的影响。

从文字上看，《大学》总体上比较好，但由于错简阙文等原因，个别章文字的严密性不够。阅读时，不要纠缠于个别地方文字的疏漏，而要把主要精力集中到对全文的理解和其对现实意义的探讨上。

本章对于今天人们的启发也是多方面的。如君子必须有“絜矩之道”的问题。“絜矩之道”大体包括今天说的以身作则和推己及人两个方面。这是人生修养中的重要内容。关于为政者与民众的关系，本章亦提供了多方面的借鉴，如：“道得众则得国，失众则失国。”做“民之父母”，为君者必须注重修德，“天命不常，唯仁得之”，“天下之大，惟德者居之”。为政要重用贤人及正确处理“义”“利”关系等问题，都对今天的为政者具有启发与借鉴的作用。

还有孟献子“伐冰之家，不畜牛羊”的认识，也是符合社会存在决定人们的意识这一原理的，这也具有方法论的意义，值得重视与借鉴。

参考文献

一、著作

[1]《老子》，上海古籍出版社 1991 年版。

[2]《管子》，《诸子集成》，中华书局 1954 年版。

[3]（战国）荀况撰，（唐）杨倞注：《荀子》，《四部丛刊初编》本，上海涵芬楼据《古逸丛书》本影印，上海书店印行 1989 年版。

[4]（战国）吕不韦：《吕氏春秋》，《四部丛刊初编》本，上海涵芬楼据宋本影印，上海书店印行 1989 年版。

[5]（汉）赵岐注：《孟子》，《四部丛刊初编》本，上海涵芬楼据宋本影印，上海书店印行 1989 年版。

[6]（汉）韩婴：《韩诗外传》，《四部丛刊初编》本，上海涵芬楼据明本影印，上海书店印行 1989 年版。

[7]（汉）司马迁：《史记》，中华书局 1982 年版。

[8]（汉）刘安撰，高诱注：《淮南鸿烈解》，《四部丛刊初编》本，上海涵芬楼据宋本影印，上海书店印行 1989 年版。

[9]（汉）刘向：《说苑》，《四部丛刊初编》本，上海涵芬楼据明本影印，上海书店印行 1989 年版。

[10]（汉）郑玄注，（唐）孔颖达正义：《礼记正义》，《十三经注疏》本，上海古籍出版社 1990 年版。

[11]（汉）许慎撰，（清）段玉裁注：《说文解字》，浙江古籍出版社 2006 年版。

[12]（汉）班固撰，（唐）颜师古注：《汉书》，中华书局 1979 年版。

[13]（三国）何晏：《论语集解》，元盱郡覆宋本《论语集解》本。

[14]（南朝·梁）皇侃：《论语集解义疏》，《知不足斋丛书》本，商务印书版 1937 年版。

[15]（唐）陆德明：《经典释文》，中华书局 1983 年版。

[16]（宋）周敦颐撰，徐洪兴导读：《周子通书》，上海古籍出版社 2000 年

版。

［17］（宋）程颢、程颐：《二程集·遗书》（卷二），中华书局 1981 年版。

［18］（宋）朱熹：《四书章句集注·大学章句》，《新编诸子集成》本，中华书局 1983 年版。

［19］（宋）黎靖德：《朱子语类》，中华书局 1994 年版。

［20］（宋）黎靖德编，王星贤点校：《朱子语类》第一册，中华书局 1986 年版。

［21］（宋）王柏：《大学沿革论》，见《鲁斋集》，《四库全书》影印本，上海古籍出版社 1987 年版。

［22］《元丰己未吕与叔东见二先生语》，见《二程集》（卷一），中华书局 1981 年版。

［23］（元）脱脱：《宋史》，中华书局 1977 年版。

［24］（明）王守仁撰：《王阳明全集》卷二十六，《续编一》，上海古籍出版社 1992 年版。

［25］（明）王夫之：《四书稗疏》卷一，《续修四库全书》本中华书局 1975 年版。

［26］（清）陈士珂辑：《孔子家语疏证》，上海书店影印，商务印书馆 1937 年版。

［27］（清）崔述：《洙泗考信余录》卷一，中华书局 1985 年版。

［28］梁启超：《要籍解题及其读法》，北京清华周刊丛刊社 1925 年版。

［29］杨伯峻：《论语译注》，中华书局 1980 年版。

［30］王春华：《论语新编新释》，江西人民出版社 2016 年版。

［31］蒋伯潜：《诸子通考》，浙江古籍出版社 1984 年版。

［32］顾颉刚，刘起釪：《尚书校释译论》第三册，中华书局 2005 年版。

［33］郭沫若：《十批判书》，东方出版社 1996 年版。

［34］郭沫若：《儒家八派的批判·郭沫若全集》，人民出版社 1982 年版。

［35］冯友兰：《中学哲学史》（上册），华东师范大学出版社 2000 年版。

［36］徐复观：《中国人性论史·先秦篇》，九州出版社 2013 年版。

［37］牟宗三：《心体与性体》第一部，上海古籍出版社 1999 年版。

［38］张心澂：《伪书通考》，商务印书馆 1939 年版。

［39］吴树平，赖长扬：《白话四书五经》，国际文化出版公司 1992 年版。

［40］安作璋：《论语辞典》，上海古籍出版社 2004 年版。

［41］曾振宇、傅永聚：《春秋繁露新注》，商务印书馆 2010 年版。

［42］慕平译注：《尚书》，中华书局 2010 年版。

[43] 刘建国:《先秦伪书辨正》,山西人民出版社2004年版。

[44] 黄怀信:《大学中庸讲义》,清华大学出版社2013年版。

[45] 南怀瑾:《原本大学微言》,世界知识出版社1998年版。

[46] 朱汉民、肖永明:《宋代〈四书学〉与理学》,中华书局2009年版。

[47] 刘又铭:《〈大学〉思想的历史变迁》,见黄俊杰编:《东亚儒者的〈四书〉诠释》,华东师范大学出版社2008年版。

[48] 彭浩、刘祖信等整理注译:《郭店楚墓竹简》,文物出版社1998年版。

[49] 陈来:《古代宗教与伦理:儒家思想的根源》,生活·读书·新知三联书店2009年版。

[50] 梁涛:《郭店竹简与思孟学派》,中国人民大学出版社2008年版。

[51] 国家文物局古文献研究室:《马王堆汉墓帛书》(一),文物出版社1980年版。

[52] 杨泽波:《孟子性善论研究》,中国社会科学出版社1995年版。

[53] 黄克剑、林少敏:《徐复观集》,群言出版社1993年版。

[54] 费孝通:《费孝通九十新语》,重庆出版社2005年版。

[55] 马克思、恩格斯:《马克思恩格斯选集》第一、三卷,人民出版社2012年版。

[56] [日] 武内义雄:《大学篇成立年代考》,见江侠庵编译:《先秦经籍考》(中),商务印书馆1931年版。

二、论文

[1] 梁涛:《〈大学〉早出新证》,《中国哲学史》2000年第3期。

[2] 郭沂:《子思书再探讨——兼论〈大学〉作于子思》,《中国哲学史》2003年第4期。

《中庸》校释译论

导 言

《中庸》和《大学》一样，本来是《礼记》中的一篇，位次第三十一位。《中庸》是一部言性命之理的儒家经典。中华文化源远流长。在长期的发展过程中，形成了自己的特质。梁漱溟说："中国文化是以意欲自为、调和、持中为其基本精神的。"（梁漱溟：《东西文化及其哲学》，《自序梁漱溟全集》第一卷，山东人民出版社 1990 年版，第 544 页）这里说的"调和""持中"，就是中庸思想。而《中庸》一书主要就是论述中庸思想的。研究中庸思想必然涉及天人关系等问题，颜师古认为《中庸》"本以阐天人之奥"（《中庸辑略》四库馆臣提要引颜师古注），为后人正确理解《中庸》的主旨提供了带有方向性的指导意见。

关于《中庸》的作者和成书年代，目前学术界说法不一，莫衷一是。

一是子思（后世称述圣）作《中庸》说。西汉司马迁《史记·孔子世家》云："孔子生鲤，字伯鱼。伯鱼生伋，字子思，年六十二。尝困于宋。子思作《中庸》。"（参看司马迁撰，张守节正义：《史记》中册，中华书局 2006 年版，第 1566 页）东汉郑玄在《礼记目录》中有对《中庸》一书及其作者的解释："名曰《中庸》者，以其记中和之为用也。庸，用也。孔子之孙子思伋作之，以昭明圣祖之德。"孔鲋《孔丛子·居卫》云："（子思）曰：文王困于羑里作《周易》。祖君屈于陈、蔡作《春秋》。吾困于宋可无作乎？于是撰《中庸之书》四十九篇。"唐孔颖达《礼记正义》引郑玄《目录》云："孔子之孙子思作之（指《中庸》），以昭明圣祖之德。"汉郑玄认为子思作《中庸》，在此孔颖达没有提出反对意见。唐魏征《隋书·音乐志》曰："散骑常侍、尚书仆射沈约奏答曰：'……《中庸》《表记》《防记》《缁衣》，皆取《子思子》。'"唐陆德明《经典释文·序录》曰："《礼记》者本孔子门徒共撰所闻以为此记，后人通儒各有损益。故《中庸》是子思伋所作。"（陆德明《经典释文》卷第一，四部丛刊本）李翱《复性书》云：

"子思著《中庸》四十七篇，传于孟轲。"这些都是说《中庸》的作者为子思。宋程颐、程颢、陈襄、朱熹、胡广、刘宗周等持此观点。1993 年湖北荆门出土了一批与子思有关的竹简，冯达文研究后对"子思作《中庸》说"给予肯定。李学勤研究郭店楚简后，提出了自己的看法："这些儒书的发现不仅证实了《中庸》出于子思，而且可以推论《大学》确可能与曾子有关。"（李学勤：《先秦儒家著作的重大发现》，辽宁教育出版社 1999 年版，第 14 页）张祥龙说："现代的考古发现已经基本上可以证明，《中庸》是子思作的。"（张祥龙：《先秦儒家哲学九讲：从春秋到荀子》，广西师范大学出版社 2010 年版，第 132 页）

二是非子思作《中庸》说。宋代欧阳修、叶适，清代袁枚、叶酉、俞樾、崔述，近代蒋伯潜、钱穆、冯友兰（晚年）、唐君毅、劳思光等持此观点。

其中，欧阳修说："问：礼乐之书散亡，而杂出于诸儒之说，独《中庸》出于子思。子思，圣人之后也。其所传宜得其真，而其说有异乎圣人者，何也？《论语》云：'吾十有五而志于学，三十而立，四十而不惑，五十而知天命。'盖孔子自年十五而学，学十五年而后有立，其道又须十年而一进。孔子之圣，必学而后至，久而后成，而《中庸》曰：'自诚明谓之性，自明诚谓之教。'自诚明，生而知之也；自明诚，学而知之也。若孔子者，可谓学而知之者，孔子必须学，则《中庸》所谓自诚而明、不学而知之者，谁可以当之欤？……而《中庸》曰'诚者不勉而中，不思而得'。夫尧之思虑常有失，舜、禹常待人之助，汤与孔子常有过。此五君子者，皆上古圣人之明者，其勉而思之犹有不及，则《中庸》所谓'不勉而中、不思而得'者，谁可以当之欤？……若《中庸》之诚明不可及，则怠人而中止，无用之空言也。故予疑其传之谬也，吾子以为如何？"据此，欧阳修怀疑《中庸》非子思所作。

《中庸》云："载华岳而不重。""车同轨、书同文。"袁枚、叶酉、俞樾据此判断《中庸》晚出，应为秦统一以后乃至西汉时期的作品。

崔述曰："《中庸》必非子思所作。盖子思以后，宗子思者之所为书，故托之于子思；或传之久而误以为子思也。"（崔述：《洙泗考信录》，中华书局 1985 年版，第 56 页）"孔子、孟子之言皆平实切于日用，无高深广远之言。《中庸》独探赜索隐，欲极微妙之致，与孔、孟之言皆不类。其可疑一也。《论语》之文简而明，《孟子》之文曲而尽。《论语》者，有子、曾子门人所记，正与子思同时，何以《中庸》之文独繁而晦，上去《论语》绝远，下犹不逮《孟子》？其可疑二也。'在下位'以下十六句见于《孟子》，其文小异，说者谓子思传之孟子者。然孔子、子思之言多矣，孟子何以独述此语？孟子述孔子之言皆称'孔子曰'，又不当掠之为己语也。其可疑三也。"（崔述：《洙泗考信余录》，收入《崔东壁遗书》，上海古籍出版社 1983 年版，第 397 页）曰："然则是中庸袭孟子，非孟子袭中庸，明矣。"（参看崔述撰，顾颉刚编订：《崔东壁遗书》，上海古籍出版社 1983 年版，第 437 页）曰："孔子、孟子之言皆平实切于日用，无高深广远之言。《中庸》独探赜索隐，欲极微妙之致，与孔、孟之言皆不类。"（崔述：《崔东壁先生遗书（中）·洙泗考信余录卷之三》，北京图书馆出版社 2007 年版，第 9 页）总之，崔述主张《中庸》并非子思所作。

郭沫若、杨荣国认为《中庸》是先秦思孟学派的著作。

冯友兰认为《中庸》是秦汉时期孟子学派的作品，并且《中庸》是在孟子之后（参看冯友兰：《三松堂全集》第八卷，河南人民出版社 2001 年版，第 109 页）。但冯友兰晚年时认为："《中庸》所反映的社会情况，有些明显的是秦朝统一以后的景象。《中庸》所论命、性、诚、明诸点，也都比孟轲所讲的更为详细，似乎是孟轲思想的发挥。《汉书·艺文志》于《诸子略》儒家著录《子思》23 篇；又于《六艺略》礼类著录《中庸说》2 篇。可能《子思》中有《中庸》1 篇，但《礼记》中的《中庸》显然是礼类的《中庸说》。它可能是发挥《子思》中的《中庸》的思想，但并非一个人的著作，也不是一个时期的著作。"（冯友兰：《中国哲学史新编》第三册，中华书局 1988 年版，第 113—114 页）

唐君毅说："其列《中庸》为四书之末，正是自其为《大学》《论语》《孟子》之义之汇归综结处而言；则《中庸》之成书，亦宜在孔孟之后。""其成书，固宜亦在庄荀之后也。"（唐君毅：《中国哲学原论原性篇》，中国社会科学出版社 2005 年版，第 38 页）台湾吴怡说："其实《中庸》之文何以写得繁而晦，又何以见得一定在《孟子》之后？文体的繁简，多半由于作者的表达方式及描写的对象的不同而异。岂能凭此以论断成书的年代？"同时指出《中庸》很明显是引述孔子的话（吴怡：《中庸诚字的研究》，华冈出版部印行，1974 年，第 4—5 页）。

钱穆说："《中庸》与《易传》，同为晚出书，两书作者乃染有道家庄老思想之影响，而求汇通儒道以别辟一新境。"（钱穆：《中国学术思想史论丛（卷二）》，

安徽教育出版社 2004 年版，第 62 页）

劳思光认为：“《中庸》作为《礼记》之一篇，其时代及作者亦均不可确定，但非子思所作，则可断言。”在这里，劳思光从文体、文辞及思想特色三个方面论证了自己的观点（参看劳思光：《新编中国哲学史》第二卷，广西师范大学出版社 2005 年版，第 44—48 页）。

三是认为今本《中庸》分为两部分，一部分为子思所作、一部分为后人所增，目前，这种说法在学术界占主流地位。

最早提出此说的是宋人王柏。王柏说：“因见汉志有‘《中庸说》二篇’五字，心颇异之，求于诸子之列，已有子思二十三篇，窃意《大学》《中庸》当在二十三篇之《中庸》内矣。”（王柏《鲁斋集》卷十《中庸论上》，四库影印本。）“偶见西汉《艺文志》有曰《中庸说》二篇，颜师古注曰：‘今《礼记》有《中庸》一篇，而不言亡其一也。’惕然有感，然后知班固时尚见其初为二也。合而乱之，其出于小戴氏之手乎？彼不知古人著书未尝自名其篇目，凡题辞皆后人之所分识。徒见两篇之词义不同，遂从而参伍错综，成就总其义。”（王柏《鲁斋集》卷十三《古中庸跋》。）清王鸣盛认为《中庸》为《艺文志》“《记》百三十一篇”中的一篇，而《中庸说》在《艺文志》中另列一条，二者不应该是同一篇文献，而且性质也不相同，后者是前者的“说”，也即“解诂”。（清王鸣盛《蛾术编·蛾篇说录》，续修四库本。）

另外，王柏还认为“文势时有断续，语脉时有交互”，且《汉书·艺文志》中也有“《中庸说》二篇”的记载。所以，他以今本《中庸》第二十一章为界将之分为《中庸》与《诚明》两部分。持此说者还有冯友兰、武内义雄［参看武内义雄：《中庸考》，收入江侠庵编译《先秦经籍考》（中），商务印书馆 1931 年版，第 106—131 页］、徐复观。徐复观的观点是：“上篇可以推定出于子思，其中或杂有他的门人的话。下篇则是上篇思想的发展，它系出于子思之门人，即将现中庸编定成书之人”（徐复观：《中国人性论史·先秦篇》，九州出版社 2013 年版，第 93 页）。又，他在《中庸的地位问题》中一文证明了《中庸》一书出于子思，也就是它的成书是在孟子之前（参看徐复观：《学术与政治之间》，台湾学生书局 1985 年版，第 397 页）。而在《中国人性论史》一书中也表明了《中庸》在孟子之前的意思。

郭沂研究郭店楚简后，发现：“包括原本《中庸》（今本《中庸》）基本上由两部分构成，以孔子语单独成章的部分为本来的《中庸》，另一部分为子思的一篇佚文。”（郭沂：《出土文献背景下的儒家核心经典系统之重构》，载郭齐勇主编《儒家文化研究》第一辑，生活·读书·新知三联书店 2007 年版，第 78 页）许抗生把出土的楚简《性自命出》篇与《中庸》作了比较，发现《性自命出》与《中庸》首章之间有不少的思想相同之处，以之解读《中庸》，较宋代理学家要更符合《中庸》原义（许抗生：《〈性自命出〉〈中庸〉〈孟子〉思想的比较研究》，《孔子研究》2002 年第 1 期）。

另外，如《中庸》第二十八章中竟有“今天下车同轨，书同文，行同伦”的字样，这绝不可能是子思的话，肯定是秦统一之后学者的表述，所以后人欧阳修、叶适、崔述等认为《中庸》成书于秦汉之际。袁枚、叶西、俞樾等提出了《中庸》一书应晚出于子思的观点，理由是：《中庸》“车同轨、书同文”一语应是秦统一以后乃至西汉时期的事件，说明《中庸》应是秦乃至西汉时期的作品。

又，文中有“载华岳而不重”一句，也不像出生于鲁地的子思等人行文之习惯。若子思作，此处应为“载岱岳而不重”，才比较合乎事理。今人徐复观则认为是《汉志》中的《中庸说》。其实，就如同《论语》中不都是孔子讲的话一样（仅占 92% 左右），今天我们所见到的《中庸》也非成于子思一人之手，而是由子思及其学派传承子弟接续完成的。

所以，我们今天看到的《中庸》，其成书过程实际上经历了从战国后期一直到汉初长达至少有 300 多年的时间，分为上、下两篇。子思所作《中庸》部分为上篇，其中也并不排除杂有其门人的话。著名哲学家冯友兰先生认为子思原作是从第二章“仲尼曰：君子中庸，小人反中庸”至第二十章“道前定则不穷”为止；而第一章“天命之谓性”以及第二十章余下部分为子思学派传承弟子所作之下篇。冯先生所说大致可依，不过第二十章“哀公问政”与《孔子家语》（以下简称《家语》）中第十七篇完全相同，那么其中“道前定则不穷”与后面的“在下位不获于上，民不可得而治矣”就不易再分割开。

至于上文之“今天下车同轨，书同文，行同伦”。“车同轨”，《左传·隐公元年》载：“天子七月而葬，同轨毕至。”说明在孔子以前就有“车同轨”。关于“今天下车同轨，书同文，行同伦”这一问题，李启谦说：“《管子·君臣上》有记载曰衡石一称，斗斛一量，丈尺一綧制，戈兵一度，书同名，车同轨，此至正也。而《管子》是战国时代的作品，既然《管子》能说出‘书同名，车同轨’的话，那么《中庸》有此话，就不奇怪了。”（李启谦：《子思学派的中庸思想》，儒学国际学术讨论会论文集，齐鲁书社1989年版）接着又在《子思及中庸研究》一文中说：“谁能保证《管子》书中没有掺上一句秦汉人的文字呢：据郭沫若考证，《管子》中的《侈糜篇》整篇就是汉代人的作品。可见，不能以《管子》一书中的‘书同名，车同轨’的话，就认为《中庸》中有这样的话就没问题。另外，这里还有一个口气的问题，即《中庸》说的是今天下已经‘书同名，车同轨’，而《管子》则有向往将来‘书同名，车同轨’之意。战国时代的人们能说出希望‘书同名、车同轨’的话来，而说不出天下已经‘车同轨，书同文’的话来。”对此问题，李学勤则有自己的看法：“孔子生当春秋晚年，周室衰微，在政治上、文化上趋于分裂，已经没有‘车同轨，书同文，行同伦’的实际。按《中庸》此句‘今’应训为‘若’，《经传释词》曾列举许多古书中的例子……”（李学勤：《对古书的反思·简帛佚籍与学术史》，江西教育出版社2001年版，第32页）显然包括“车同轨，书同文”（秦政）和“行同伦”（汉政。《史记·儒林传》载汉武帝时公孙弘语：“今陛下昭至德，开大明，配天地，本人伦，劝学修礼，崇化厉贤，以风四方，太平之原也。”重视“行同伦”为汉武帝时事）。

而我们所见今本《中庸》作者很可能是子思门人，生活于汉代初年。而《汉书·艺文志》中所记之《中庸说》，显然是对《中庸》进行解读的书，徐说不妥。

《周易·象传》在解释《乾卦》时，提出了“天行健，君子以自强不息”（意思是：天体运行刚强劲健，君子应自我奋发，永不停息）的著名理念。后来，这一理念得到全民族的认同而成为民族基本精神之一，同时也是中国奋发图强，自立于世界的强大精神动力。

《史记·自序》云：“昔西伯拘羑里，演《周易》；孔子厄陈蔡，作《春秋》；屈原放逐，著《离骚》；左丘失明，厥有《国语》；孙子膑脚，而论兵法；不韦迁蜀，世传《吕览》；韩非囚秦，《说难》《孤愤》；《诗》三百篇，大抵贤圣发愤之所为作也。”因此，我们说《中庸》为子思所作，但其中不乏后人编入的成分。

至于《中庸》的成书问题。李学勤说：“古书的形成，每每要有很长的过程。除了少数书籍立于学官，或有官本，一般都要经过改动变化。很多书在写定之前，还有一段口传的过程。尤其在民间流传的，变动尤甚。”（《对古书的反思·简帛佚籍与学术史》）所以说，一般认为，《中庸》一书成于秦汉之际。

《孔丛子·居卫》曰：“子思年十六适宋，宋大夫乐朔与之言学焉。朔曰：‘《尚书》虞、夏数四篇，善也。下此以讫于秦、费，效尧舜之言耳，殊不如也。’子思答曰：‘事变有极，正自当耳。假令周公、尧、舜不更时异处，其书同矣。’乐朔曰：‘凡书之作，欲以喻民也，简易为上。而乃故作难知之辞，不亦繁乎？’子思曰：‘《书》之意兼复深奥，训诂成义，古人所以为典雅也。’曰：‘昔鲁委巷亦有似君之言者，伋答之曰：“道为知者传，苟非其人，道不传矣。”今君何似之甚也！’乐朔不悦而退，曰：‘孺子辱吾。’其徒曰：‘鲁虽以宋为旧，然世有仇焉，请攻之。’遂围子思。宋君闻之，不待驾而救子思。子思既免，曰：‘文王困于羑里作《周易》，祖君屈于陈蔡作《春秋》，吾困于宋，可无作乎？’于是撰《中庸》之书四十九篇。”这里说明了子思的写书风格：深奥、典雅。近年来出土的郭店简中发现的《性自命出》《五行》《六德》《唐虞之道》《缁衣》《穷达以时》《求己》（原题《成之闻之》前半部）《鲁穆公问子思》等与子思有关的作品，其风格也是深奥、典雅。

朱熹说：“学问须以《大学》为先，次《论语》，次《孟子》，次《中庸》。《中庸》功夫密，规模大。”（黎靖德编，王星贤点校：《朱子语类》卷十四《大学一》，中华书局 1994 年版，第 249 页）又说：“某要人先读《大学》，以定其规模；次读《论语》，以立其根本；次读《孟子》，以观其发越；次读《中庸》，以求古人之微妙处。《大学》一篇有等级次第，总作一处，易晓，宜先看。《论语》却实，但言语散见，初看亦难。《孟子》有感激兴发人心处。《中庸》亦难读，看三书后，方宜读之。”（同上）“《中庸》，初学者未当理会。”“《中庸》之书难看。”（《朱子语类》卷六十二《中庸一》，中华书局 1994 年版，第 1479 页）

所以说，古今研究《中庸》者颇多。班固《汉书·艺文志》中有《中庸说》。《隋书·经籍志》记载，在礼部典籍中有《礼记·中庸传》二卷，为宋代散骑常侍戴颙撰；《中庸讲疏》一卷，为梁武帝撰；《私记制旨中庸义》五卷，未著作者。

据《新唐书·艺文志》记载，唐时新增加了数部研究《礼记》的著作，如孔颖达《礼记正义》、贾公彦《礼记正义》、李翱《中庸说》（一卷）等。同时，欧阳詹、柳宗元和刘禹锡也大力推崇《中庸》。这其中也包括了对《中庸》的研究。

唐代，《中庸》进于经列，但还未独立成篇。

陈寅恪说："华夏民族之文化，历数千载之演进，造极于赵宋之世。"（陈寅恪：《邓广铭〈宋史职官志考证〉序》，收入《金明馆丛稿二编》，上海古籍出版社 1980 年版，第 245 页）宋代研究《中庸》的著作更多，如胡瑗《中庸义》（一卷）、陈襄《中庸讲义》（一卷）、程颢《中庸解》、程颐《中庸解义》、乔执中《中庸义》（一卷）、司马光《中庸广义》（一卷）。程颐、吕大临、游酢、杨时撰《四先生中庸解义》（一卷）、张九成《中庸说》（一卷）、晁公武《中庸大传》（一卷）而程颢、程颐兄弟清除了《中庸》传播中因受佛教、道教影响而产生的一些似是而非的错误，恢复了《中庸》的真传。仁宗天圣五年（1027 年）四月二十一日，赐新及第《中庸》一篇。

程颢、程颐认为："表章《大学》《中庸》二篇，与《语》《孟》并行。"（元脱脱等《宋史》卷四二七《程颢程颐传》中华书局点校本），始合称《四书》。朱熹承二程传播之绪，作《中庸章句序》、《中庸章句》（一卷），《中庸辑略》（二卷）。朱熹把《中庸》与《大学》《论语》《孟子》提高到前所未有的地位，并称为"四书"（《四书章句集注》《四书或问》）。对此，黎立武称："《中庸》者，群经之统会枢要也。"（黎立武：《中庸指归》，中华书局 1998 年版，第 129 页）牟宗三说："《论》《孟》《中庸》《易传》是孔子成德之教（仁教）中其独特生命智慧方向之一根而发，此中实见出其师弟相承之生命智慧之存在的相呼应。"（牟宗三：《心体与性体》第一部，台湾中正书局 1968 年版，第 21 页）

元、明、清三代以朱熹的《四书章句》为科考的根据和答案标准，使《中庸》成为士人必读之书，"中庸""中和""至诚"等观念深入人心。其中，清代为《中庸》作注者有多人，如李塨《中庸传注》、戴震《中庸补注》（一卷）、李光地《中庸章段》（一卷）、《中庸余论》（一卷）、毛奇龄《中庸说》（五卷）、惠栋《中庸注》（一卷）、王夫之《中庸衍》等。而阮元《十三经注疏》校刻本，为通行本。

至近代，亦有很多思想家重视《中庸》注释，比如康有为《中庸注》、马其昶《中庸谊诂》、胡怀琛《中庸浅说》等。

郭店楚简中的《性自命出》篇与《中庸》思想颇为接近。

《中庸》的价值与意义：

综观《中庸》，可以发现“诚”的思想贯穿始终，“诚”是《中庸》的核心范畴。中庸之道是道德修养和处世的基本原则和方法。

《中庸》的上篇为子思原作，完整阐述了中庸作为人间“至德”的思想价值；下篇虽然是由子思门人接续完成，但其立意高远，编创巧妙，整体上逻辑严谨，其对“中和”“中庸”“至诚”“时中”“道不远人”“诚则明、明则诚”“赞天地之化育”“尊德性而道问学、极高明而道中庸”等观念的诠释阐述，是对子思、孟子一派思想的完善与提高，是对儒家伦理思想哲学化的过程，也是历代先贤养性修德、自律成人强大的内生动力。此后经过宋代理学家的进一步发挥，成为中国人精神世界的DNA。

中庸本质上就是一个度，其价值观念主张人们处世治事一定要合理、适当，把握好行为的度，取不偏不倚之道，无过无不及，通过“用中”达到“中和”的效果和目的，即恰到好处的最佳状态，这显然是科学的方法论。

长期以来，尤其是在二元对立思维盛行、阶级斗争理论为纲的年代，《中庸》思想一直被诬为“抹稀泥”“折中主义”。其实这是对中庸思想极大的误读。孔子中庸思想中虽然有调和矛盾的一面，但绝不是无原则地抹稀泥和折中主义，而是在事物发展的不平衡中尽力追求平衡，以促成社会的和谐。一方面，《中庸》的作者着力诠释“诚”“至诚”“中和”“中庸”等道德观念，对今日人们加强道德修养、做君子而不做小人有着重要的启发、借鉴作用；另一方面，历史的发展已经证明：“中和”“中庸”等理念用于治国理政，与马克思主义哲学关于矛盾统一性的原理也是相契合的，这对于当前“中国式发展道路”的选择和长期保持国家的安定局面也具有重要的理论与现实意义。

目前，研究《中庸》的著述比较多。如：陈赟的《中庸的思想》，杜维明的《〈中庸〉洞见》，伍晓明的《“天命：之谓性!”——片读〈中庸〉》，李广良的《中庸的智慧深度——〈中庸〉和中庸研究的新动向》，姚淦铭的《大学智慧》《中庸智慧》，李世忠等的《〈大学〉〈中庸〉新论》，林存光的《孔子新论》，杨润根的《发现中庸》，王岳川的《大学中庸讲演录》，萧兵的《中庸的文化省察》，孟耕合的《北宋〈中庸〉之“诚”思想研究》等。

其中，伍晓明的《“天命：之谓性!”——片读中庸》一书将《中庸》分上下两篇，上篇分析“命”的意义结构以重读《中庸》首句“天命之谓性”，下篇则从“诚”这一概念来重读《中庸》中对“诚”的系统论述。

在这里，我们仍采用传统的分章方法。

《中庸》全篇共三十三章，可分为四部分去理解。第一部分即第一章。第二部分是从第二章至第十一章。第三部分是从第十二章至第二十章，第四部分是从第二十一章至第三十三章。

第一部分（第一章），是全篇的引言和总纲。

第二部分（第二章——第十一章），是《中庸》作者引用孔子的十段语录，诠释中庸之道的。

第三部分（第十二章——第二十章），主要内容是《中庸》作者并引用孔子的有关论述，对第一章所提出的“道也者，不可须臾离也”的诠释。实际上，是从不同角度进一步阐述中庸之道。

第四部分（第二十一章——第三十三章），主要是《中庸》的作者自己围绕“道”（又分为天道与人道）进行的论述，其中引用了孔子的少量语录。

第一章

【原文】

天命之谓性①，率性之谓道②，修道之谓教③。道也者，不可须臾离也，可离非道也④。是故君子戒慎乎其所不睹，恐惧乎其所不闻⑤。莫见乎隐，莫显乎微，故君子慎其独也⑥。喜怒哀乐之未发，谓之中；发而皆中节，谓之和⑦。中也者，天下之大本也；和也者，天下之达道也⑧。致中和，天地位焉，万物育焉⑨。

【注释】

①天命之谓性：郑玄《礼记注疏》（以下简称郑注）云："天命，谓天所命生人者也，是谓性命。木神则仁，金神则义，火神则礼，水神则信，土神则知。《孝经说》曰：'性者，生之质命，人所禀受度也。'"朱熹《四书章句集注》（以下简称朱注）："命，犹令也。性，即理也。天以阴阳五行化生万物，气以成形，而理亦赋焉，犹命令也。于是人物之生，因各得其所赋之理，以为健顺五常之德，所谓性也。"

按："天命之谓性"讲的是天、命（天命）与性。

"天"，早期"天"字的各种写法见于《甲骨文编》《续甲骨文编》《金文编》。《说文解字》云："天，颠也。至高无上，从一大。"

"天"字见于《诗经》《左传》中。《诗经·大雅·烝民》云："天生烝民云，有物有则，民之秉彝，好是懿德。"《左传·成公十三年》曰："刘康公曰：'吾闻之，民之受天地之中以生，所谓命也。是以有动作礼仪威仪之则，以定命也。能者养之以福，不能者败之以祸。'"

邓文涛说："任何道德规范，尤其是那些基本的道德规范，无不需要寻找一种超越自身存在的形上本体作为其合理性与现实性存在的终极依据，只有通过对这个形上本体和终极存在的确认，人的生命活力才能在意义世界中找到安身立命之所，并在终极意义的追求中体现出伦理精神的理性自觉。”（邓文涛：《论〈中庸〉“诚”的形上意义及道德价值》，《柳州师专学报》2006 年第 9 期）本章中的“天命”“性”“道”这些哲学范畴的提出就说明了这一点。

“天”，上天。“之”，相当于“者”，通假字。“谓”，叫。

“命”，《说文》：“命，使也。从口，从令。”“命”，不同于《论语》中的“命”，如《雍也》载，伯牛有疾，子问之，自牖执其手，曰：“亡之，命矣夫！斯人也而有斯疾也！斯人也而有斯疾也！”《子罕》载，子罕言利，与命，与仁。《颜渊》载，司马牛忧曰：“人皆有兄弟，我独亡。”子夏曰：“商闻之矣：死生有命，富贵在天。君子敬而无失，与人恭而有礼。四海之内皆兄弟也。”《宪问》载，子曰：“道之将行也与？命也。道之将废也与？命也。公伯寮其如命何！”《尧曰》载，子曰：“不知命，无以为君子也。不知礼，无以立也。不知言，无以知人也。”以上这些“命”都是指命运或运命（命运、机遇，即客观事物发展过程中，在一定的时刻给人带来的发展条件与机会，有些人就遇到，有些人遇不到。遇到时有的人能抓住，充分利用、发展自己；有的人则抓不住，白白失去发展的机会，他们会抱怨说“命不好”“命运不好”云云）。

“天命”在这里是一个主谓结构的词组，即“上天所生就的”。

《季氏》载，子曰：“君子有三畏：畏天命，畏大人，畏圣人之言。”这是说孔子受夏商以来“天命论”的影响，认为“天”能左右人间祸福，特别是在遭遇厄运时，就更倾向求助于天命的护佑了，所以会有“畏天命”“天命不可违”的思想。但同时又承认天有自然属性的一面。对于“天命”，孔子一方面认为“可畏”，另一方面认为“可知”，要与之抗争，“知其不可为而为之”，因而孔子在“天命”面前，从总体上看，是采取了积极进取的人生态度。《家语》中亦多次提到孔子谈论“天命”的问题。

《泰伯》载，子曰：“大哉，尧之为君也！巍巍乎！唯天为大，唯尧则之。荡荡乎！民无能名焉。巍巍乎！其有成功也；焕乎，其有文章！”这里虽然说的是尧，但也表现了孔子对天的尊敬。又，《八佾》载，子曰：“获罪于天，无所祷也。”这里仍然说的是孔子对天的敬畏。

“性”，《尚书·太甲上》云：“习与性成。”《论语·阳货》曰：“性相近，习相远。”

“诚”是人的德性。

“性”的含义有三：一是同“生”。如《诗经·卷阿》曰：“弥尔性。”二是欲望。如《左传·襄公十四年》曰：“天生民而立之君，使司牧之，弗使失性。有君而为之贰，使司保之，毋使过度。”三是生来就有的本性。《左传·襄公二十六年》载，子产曰：“晋楚将平，诸侯将和，楚王是故昧于一来。不如使逞而归，乃易成也。夫小人之性衅于勇，啬于祸，以足其性而求名焉者，非国家之利也；若合从之。”

上天自然生就的，叫作“性”。“性”，清代徐灏《说文解字注笺》：“生，古性字。书传往往互用。”如，《荀子·劝学》曰：“君子生非异也，善假于物也。”王念孙《读书杂志》云：“生，读为性。《大戴记》作‘性’。”“生”，通“性”。

《孟子·告子下》载，告子曰：“生之谓性。”孟子曰：“生之谓性也，犹白之谓白与?”曰：“然。”《荀子·正名》曰：“散名之在人者：生之所以然者谓之性；性之和所生，精合感应，不事而自然谓之性。”《淮南子·缪称训》曰：“性者，所受于天也；命者，所遭于时也。”可参考。

马克思主义哲学认为：人的“性”是由生物性与社会性两个方面构成的（自然界所赋予的是生物性，各种社会关系的总和是社会性。人生来具有的只能是生物性，社会性是后天形成的）。就生物性而言，“天命之谓性”是正确的。而社会性的形成则是一个复杂的问题。因为它不是上天自然生成的。

《孟子·尽心上》载，孟子曰：“尽其心者，知其性也。知其性，则知天矣。存其心，养其性，所以事天也。夭寿不贰，修身以俟之，所以立命也。”又在《孟子·尽心下》中曰：“口之于味也，目之于色也，耳之于声也，鼻之于臭也，四肢之于安佚也，性也，有命焉，君子不谓性也。仁之于父子也，义之于君臣也，礼之于宾主也，智之于贤者也，圣人之于天道也，命也，有性焉，君子不谓命也。”在这里，孟子从天人关系的角度论述天命，试图把天、天命、性统一起来讨论。“天命之谓性”，“性”自“天”出，这和《郭店楚简》之“性自命出”篇中“性自命出，命自天降”如出一辙。

“天命之谓性，率性之谓道，修道之谓教”是《中庸》的总纲和核心。天命下贯即为性（人之性，物之性）。其中，“天”“性”“道”“教”四字说明了天道人道的统一与差异，以及修道的何以能和所以能。

“天命之谓性”，构建起人与天之间的桥梁。性由天所命，命亦由天所生。天人合一，天下万物生生不息。“天人合一”是《中庸》追求的最高境界。

此句意思是：上天自然生就的，叫作性。

②率性之谓道：郑注：“率，循也。循性行之，是谓道。”朱注：“率，循也。道，犹路也。人物各循其性之自然，则其日用事物之间，莫不各有当行之路，是则所谓道也。”

按：“率性之谓道”讲的是性与道的关系。

“率”，即遵循、沿着之意。“率性”，遵循着天性而行。

“道”的含义有很多：

一是道路。《说文·辵部》曰：“道，所行道也。”《尔雅·释宫》曰：“路，旅途也。”郭璞注：“途，即道也。”《说文·足部》曰：“路，道也。”如《易经》曰：“履道坦坦。”《诗经》曰：“道阻且长。”

二是引导。如，《论语·为政》曰：“道之以政，齐之以刑。”

三是治理。如《周礼》曰：“道国之政事。”

四是主张。如《论语·宪问》曰：“道之将行也与，命也；道之将废也与，命也。”

五是道义。如《穀梁传》曰：“道义不外公也。”

六是谈论说道。如《国语·晋语九》曰：“道之以文，行之以顺。”

七是伦理。如《礼记》曰：“道也者，不可须臾离也。”

除此之外，还有“方法、职能、宗旨、原则……”之意。

“道”是中国哲学最基本的范畴。“道”概念的形成与上古时期的宗教、伦理，与天、命等观念息息相关。“道”字见于金文（如商器《貉子卣》）。

有的学者认为“率性之谓道”之“道”是方法论意义的修养之道，是性体之道。

此句意思是：遵循着天性而行，就是道。（或说遵循天性而形成的，就是道。）《中庸》作者在这里实际上是把“仁”“义”“礼”“智”“信”和“诚”“明”“中庸”“中和”等理解为天性，所以才提出了“率性之谓道”的命题。

这也就是说，在《中庸》作者看来，上天所生就的人性中，已包含了仁、义、礼、知（智）、信等各种美德，只要坚守和发掘这些美德就可以形成人生的道路和处世包括治国平天下的方略方法，所以才说“率性之谓道”。而实际上，显然这种认识是不正确的。如上所说，天（自然）给予人的只是生物性，能认识世界与改造世界（包括改造自己）的本领主要是后天学习实践而得来的。所以，“率性”（只发扬人的生物性）是成不了“道”的。

③修道之谓教：郑注：“修，治也。治而广之，人放效之是曰教。”朱注：“修，品节之也。性道虽同，而气禀或异，故不能无过不及之差，圣人因人物之所当行者而品节之，以为法于天下，则谓之教，若礼、乐、刑、政之属是也。盖人之所以为人，道之所以为道，圣人之所以为教，原其所自，无一不本于天而备于我。学者知之，则其于学知所用力而自不能已矣。故子思于此首发明之，读者所宜深体而默识也。”

按：“修道之谓教”讲的是道与教。叶秀山说：“天道通过人的率性而实现其具体内容，因为气质的障蔽，人不能维道而行，所以须先要明道，而使人能明道的，便是教化的作用，一般人要通过修道明善的工夫，才能使本有之性实现出来。”（叶秀山：《试读〈中庸〉》，《中国哲学史》2000 年第 3 期）只有明善，“诚”才能得以实现。

“修”，治，修正。“修道”，修治、沿天性而行那一套的。“教”是为“修道”，“道”遵“性”而行。“教”，教育，教化。要教人修道，就需要从养性开始。

在本句中，《中庸》作者已承认，遵循天性而行，未必完全正确，因为人的性有善恶之分。人性问题是中国哲学史上一个备受关注的问题。《论语·阳货》载，子曰：“性相近也，习相远也。”这说明孔子开创了先秦儒家人性论的先河。孟子将孔子的“性相近”加以发挥之后提出了著名的“人性善”论。他认为人性本善，人人皆有恻隐之心、羞恶之心、辞让之心、是非之心，若没有则非人也。而《孟子·公孙丑上》曰：“恻隐之心，仁之端也；羞恶之心，义之端也；辞让之心，礼之端也；是非之心，智之端也。”这四端也就是人的四体，是做人、成人（指在道德修养方面成熟的人）的基础。又，《孟子·告子上》曰：“人性之善也，犹水之就下也。人无有不善，水无有不下。”《孟子·离娄下》曰：“今天下之言性也，则故而已矣；故者，以利为本。”这就是说，现在谈论人性的都是从人的行为上着眼，人的行为当然是以利为出发点的。这也就是说，人的本性是唯利是图的。所以，孟子一方面高调提倡“人性善”，另一方面，也承认了“人性恶”的。

荀子将孔子的“习相远”加以发挥之后提出了著名的“人性恶”论。《荀子·性恶》曰：“人之性恶，其善者伪也。”这里的“性”是指人生来就有的。《荀子·儒效》曰：“性也者，吾所不能为也。”这说明荀子的人性论是自然人性论。荀子认为：在人的本性中，包含着恶的因素，人的本性顺其自然发展，就成了恶。情欲的发动就会引起“争夺”“淫乱”“残贼”等邪恶现象，从而导致“忠信”“辞让”“礼义文理”等道德秩序的丧失。因此，在荀子看来，人性是恶的。由于人性恶，所以荀子强调后天的学习。“其善者伪也”，也就是说，只有通过后天学习，才能达到善。这恰恰说明学习礼义道德的重要性。《荀子·性恶》又云：“今之人，化师法，积文学，道礼义者为君子。”说的就是这个意思。

无论孟子还是荀子，他们的终极目的是提倡修身，进而达到“成圣、成贤”。在人性论问题上，张载受孟子、荀子的影响认为人性是善的，但还潜藏着某种恶的因素，由此，他提出了“天地之性”与“气质之性”的问题，认为：“形而后有气质之性，善反之，则天地之性存焉。故气质之性，君子有弗性者焉。”（《正蒙·诚明》）

“天命之谓性，率性之谓道，修道之谓教”，王夫之曰：“‘命’，犹令也。‘性’，即理也。天以阴阳五行化生万物，气以成形，而理亦赋焉，犹命令也。于是人物之生，因各得其所赋之理，以为健顺五常之德，所谓性也。‘率’，循也。‘道’，犹路也。人物各循其性之自然，则其日用事物之间，莫不各有当行之路，是则所谓道也。‘修’，品节之也。性道虽同，而气禀或异，故不能无过不及之差，圣人因人物之所当行者而品节之，以为法于天下，则谓之教，若礼、乐、刑、政之属是也。盖人知己之有性，而不知其出于天；知事之有道，而不知其由于性；知圣人之有教，而不知其因吾之所固有者裁之也。”（王夫之：《船山全书·四书训义上》，岳麓书社1980年版，第102页）可见“天命之谓性，率性之谓道，修道之谓教”这就是《中庸》一书的主线，即“天、命（天命）—性—道—教”，全书围绕这条主线展开。

“天命之谓性，率性之谓道，修道之谓教。”在这里，人性是上天赋予的，人性的本原是天道，人道即是天道。修道立教，于是就有了教化。（或：天命下贯即为人之性，遵循性（天命）而行即是道，修道即是教化。）

此句意思是：修治、沿天性而行那一套的就叫作教化。

④道也者，不可须臾离也，可离非道也：郑注："道，犹道路也，出入动作由之，离之恶乎从也？"朱注："道者，日用事物当行之理，皆性之德而具于心，无物不有，无时不然，所以不可须臾离也。若其可离，则为外物而非道矣。"

按："道"，正确的思想主张。也就是后面所说的"致中和""中庸""君子之道"等。

"须臾"，一会儿，不久。

"道也者，不可须臾离也，可离非道也"，这体现了儒家在人伦日用之间体现终极关怀的价值取向。

此句意思是：道这个事物，是不可以须臾离开的。如果能离开，那就不叫道了。为什么呢？因为如上所述，在《中庸》作者看来，道就是遵循"仁""义""礼""智""信"和"诚""明""中庸""中和"等修养要素而践行，所以不能须臾离开。离开的话只能是离经叛道。

⑤是故君子戒慎乎其所不睹，恐惧乎其所不闻：郑注："小人闲居为不善，无所不至也。君子则不然，虽视之无人，听之无声，犹戒慎恐惧自修正，是其不须臾离道。"朱注："是以君子之心常存敬畏，虽不见闻，亦不敢忽，所以存天理之本然，而不使离于须臾之顷也。"

按："戒"，警戒。"慎"，谨慎，小心翼翼。"乎"，于。"其"，已。"睹"，看见，看到。"恐惧"，害怕的样子。"闻"，听到，听见。

此句有二解：一是由于君子惧怕离了道，所以君子对自己未看见未听到的事采取"慎戒""恐惧"的态度，即努力探求、学习之意；二是所以君子在他人看不到的时候也保持谨慎警惕，在他人听不到时也保持敬畏的心态，以防止出错而离开道，两解皆可通。

⑥莫见乎隐，莫显乎微，故君子慎其独也：郑注："慎独者，慎其间居之所为。小人于隐者动作言语自以为不见睹不见闻，则必肆尽其情也。若有占听之者，是为显见，甚于众人之中为之。"孔颖达《礼记正义》疏（以下简称孔疏）曰："'故君子慎其独'者，以其隐微之处，恐其罪恶彰显，故君子之人恒慎其独居言。言虽曰独居，能谨慎守道也。"朱注："隐，暗处也。微，细事也。独者，人所不知而己所独知之地也。言幽暗之中，细微之事，迹虽未形而几则已动，人虽

不知而己独知之，则是天下之事无有著见明显而过于此者。是以君子既常戒惧，而于此尤加谨焉，所以遏人欲于将萌，而不使其滋长于隐微之中，以至离道之远也。”

按：“莫”，没有。“见”，同“现”，显露，显现。“隐”，隐蔽处，暗处，看不见的地方。“显”，显著，明显。“微”，微小，细小，细微。

“慎”，谨慎，慎重。《左传》将“慎”理解为守一，《周书》则将“慎”理解为对德的固守。“独”，一人独处。

“慎独”，冯友兰说：“如果有虚假而自以为没有虚假，那就是自欺。诚需要不欺人也不自欺。不自欺比不欺人更难。……究竟自欺不自欺，只有你自己知道。就是在这些地方要特别注意，这就叫‘慎独。’”（冯友兰：《三松堂全集》第八卷，河南人民出版社 2001 年版，第 115 页）徐复观说：“所谓‘独’，实际有如《大学》上所谓诚意的‘意’，即是‘动机’；动机未现于外，此乃人所不知，而只有自己才知的，所以便称之为‘独’。‘慎’是戒慎谨慎，这是深刻省察，并加以操运时的心理状态。‘慎独’，是在意念初动的时候，省察其是否出于性？抑是出于生理的欲望？出于性的，并非即是否定生理的欲望，而只是使欲望从属于性，从属于性的欲望也是道。一个人的行为动机，到底‘率性’不是‘率性’，一定要通过慎独的工夫，才可得到保证。”（徐复观：《中国人性论史·先秦篇》，九州出版社 2013 年版，第 109 页）

“慎独”，《伦理学大辞典》指出，慎独指在没有人觉察的闲居独处的时候，尤其要谨慎地对待自身的行为，自觉的遵循道德要求（朱贻庭主编：《伦理学大辞典》，上海辞书出版社 2002 年版，第 327 页）。

“慎独”“致中和”是“修道之谓教”的修养途径。

“故君子慎其独也”，本是后人对“莫见乎隐，莫显乎微”作的注释，误窜入正文。

《家语·儒行解》载，孔子曰：“儒有博学而不穷，笃行而不倦，幽居而不淫，上通而不困。礼必以和……”这里的“幽居”即是“独处”之意。“儒者”（或说德行高尚者）坚持德行而不厌倦，独处时不放纵自己，也就是谨慎小心。施礼一定要按中和的原则。

曾子强调“慎独”，重视践行。“慎独”思想见于《大学》。如《大学》曰：

“所谓诚其意者，毋自欺也。……故君子必慎其独也。”关于《大学》的作者，宋代程颐、朱熹等认为是“孔子之言，而曾子述之”。故可视为代表孔子、曾子的著述。对此观点，宋代以后有的反对，有的赞同。郭沫若认为《大学》“实是‘孟学’”。冯友兰则认为，《大学》是“荀学”。我们认为，儒学的观点存在着前后相继的关系，在《论语》等典籍中虽然找不出曾子关于慎独的典型论述，但他是具有这种意识的。《论语·学而》载，曾子曰：“吾日三省吾身：为人谋而不忠乎？与朋友交而不信乎？传不习乎？”虽然主要表现了他重视践履笃行的思想，但也表现了他严于律己，勤于自省的精神，这与慎独精神是一致的。

“君子慎其独也”，亦见于《荀子·不苟》。其文曰：“君子养心莫善于诚，致诚则无它事矣。……君子至德，嘿然而喻，未施而亲，不怒而威：夫此顺命，以慎其独者也。”《文子》、郭店楚简《五行篇》、马王堆汉墓帛书《五行篇》等亦有“君子慎其独”之说。

“君子戒慎乎其所不睹，恐惧乎其所不闻。莫见乎隐，莫显乎微，故君子慎其独也”这就是说君子谨言慎行。

此句意思是：不在隐蔽处表现自己，不在微小之处显示自己。所以，君子在独处时仍然谨慎小心。

⑦喜怒哀乐之未发，谓之中；发而皆中节，谓之和：朱注：“喜、怒、哀、乐，情也。其未发，则性也，无所偏倚，故谓之中。发皆中节，情之正也，无所乖戾，故谓之和。”

按：“喜怒哀乐之未发”即是性，情性。

《家语·礼运》谓人有七情：“喜、怒、哀、惧、爱、恶、欲。”

《礼记·礼运》曰：“喜、怒、哀、惧、爱、恶、欲，七者弗学而能。何谓人义？父慈、子孝、兄良、弟弟、夫义、妇听、长惠、幼顺、君仁、臣忠、十者谓之人义。”又曰：“故圣王修义之柄、礼之序，以治人情。故人情者，圣王之田也，修礼以耕之，陈义以种之，讲学以褥之，本仁以聚之，播乐以安之。”这也就是说，人有七情。人情是田地，需要圣人耕耘之。

《荀子·性恶》曰：“凡性者，天之就也，不可学，不可事。礼义者，圣人之所生也，人之所学而能，所事而成者也。不可学，不可事，而在人者，谓之性。”天然生就的就是性。《荀子·正名》曰：“散名之在人者：生之所以然者谓之性；

性之和所生，精合感应，不事而自然谓之性。性之好、恶、喜、怒、哀、乐谓之情。”

喜、怒、哀、乐是人之情。徐复观说：“若喜怒哀乐，预藏于精神之内，则精神常偏于一边。当其向外发时，亦因而会偏于一边。这里的所谓喜怒哀乐之未发的‘未发’，指的是因上面所说的慎独工夫，得以使精神完全成为一片纯白之姿。……此种纯白的精神状态，在《论语》，即是‘子绝四，毋意、毋必、毋固、毋我’；在这里便谓之中。”（徐复观：《中国人性论史·先秦篇》，九州出版社 2013 年版，第 110 页）

“发”，发生。

“中”，读（zhòng），符合，中节。《说文解字》：“中，内也。从口。丨，上下通。”

《老子》曰：“多言数穷，不若守于中。”

“中”字见于《易》。如：“尚中正。”“大观在上，顺而巽，中正以观天下。”“说以行险，当位以节，中正以通。”“大君之宜，行中之谓也。”“其来复吉，乃得中也。”“刚健中正。”“以中正也。”“文明以健，中正而应。”“柔丽乎中正。”等等。

“中”，《尚书》中多次出现“中”字。如《尚书·吕刑》曰：“士制百姓，于刑之中”，“故乃明于刑之中”，“惟良折狱，罔非在中。”“明启刑书相占，咸庶中正。”这里的“中”有标准之意。而《尚书·盘庚》曰：“汝分猷念以相从，各设中于乃心。”此处“中”即是中正、不偏不倚之义。《尚书·酒诰》曰：“丕惟曰：尔克永观省，作稽中德。”这里的“中”即“中德”，中正之德。

《左传·成公十三年》：“民受天地之中以生。”

王夫之说：“唯常从事于存养者，则心已习于善，而一念之发为善。”“在中则谓之中，见放外则谓之和。在中则谓之善，见于外则谓之节。”（王夫之：《读四书大全说》，中华书局 1975 年版，第 74 页）

“节”，节度。“中节”，符合节度。

“喜怒哀乐之未发”即是“性”，“性”为“己之性”，所以“中”是成己。“发而皆中节”这就是说与人交往时，心态平和；人亦循性而行，所以“和”即成人。简言之，“中和”就是由内在的“中”向外在的“和”转化，即成己成人，从而实现共赢。

“和”，和谐。“和”是社会学和美学特别是中国哲学的重要范畴。春秋时期许多思想家曾对“和”作过探讨。《左传·昭公二十年》记晏子曰：“和如羹焉，水火醯醢盐梅以烹鱼肉，之以薪。宰夫和之，齐之以味，济其不及，以泄其过，君子食之，以平其心。君臣亦然。”这说明“和”是多种事物的谐和统一。

“喜怒哀乐之未发，谓之中；发而皆中节，谓之和”是作者对“中”与“和”的解释。作者在这里以人的感情及其表现为例，说明什么是“中”，说明是“和”。推而广之，各种矛盾，共居于一个统一体中，矛盾未激化时，各方和平共处，这就叫“中”。当矛盾激化时，但都未超出一定范围，或曰：皆在可控范围之内，而原来的统一体未遭到破坏，这就叫“和”。

此句意思是：当人心平静，喜怒哀乐尚未激发出来时，就叫“中”；激发出来，皆符合节度的，就叫“和”。

⑧*中也者，天下之大本也；和也者，天下之达道也*：郑注：“中为大本者，以其含喜、怒、哀、乐，礼之所由生，政教自此出也。”朱注：“大本者，天命之性，天下之理皆由此出，道之体也。达道者，循性之谓，天下古今之所共由，道之用也。此言性情之德，以明道不可离之意。”

按：“中”，适中，恰到好处。“本”，根本，本原。

“中也者，天下之大本也；和也者，天下之达道也”，这里的“中”“和”二字互误。当作：“和也者，天下之大本也；中也者，天下之达道也。”黄怀信此说，可供参考。

张居正对“中和”作过专门探讨，他说：“中固为天下之大本，然使其所存者少有偏倚，则其中犹有所未至也；和固为天下之达道，然使其所发者少有乖戾，则其和犹有所未至也。”（张居正《四书直解》）。

《周易》集中体现了周人尚“中”贵“和”的精神（于建福：《孔子的中庸教育哲学》，中央编译出版社2004年版，第16页）。古今中外研究《易》者颇多，大多视“中”为根本。郭沫若认为：“中之义为《易》所摄取，作《易》者的基本认识，是以为宇宙万物均在变化之中……人乘此变化，当处于中正之地位，使对立物无过无不及，使在人事界的变化，可以不至于走到极端（‘亢’），因而变化便可以镇定下来，地位便可以长久安定（‘永贞’）下去。这样便有百利而无一

害。”（郭沫若：《十批判书》，科学出版社 1956 年版，第 150 页）

《左传·昭公二十年》载，晏子对曰：“君子食之，以平其心。君臣亦然，君所谓可而有否焉，臣献其否以成其可。君所谓否而有可焉，臣献其可以去其否。是以政平而不干，民无争心。故《诗》曰：‘亦有和羹，既戒既平。奏假无言，时靡有争。’先王之济五味、和五声也，以平其心，成其政也。”“声亦如味，一气，二体，三类，四物，五声，六律，七音，八风，九歌，以相成也；清浊、小大，短长、疾徐，哀乐、刚柔，迟速、高下，出入、周疏，以相济也。君子听之，以平其心。心平。德和。故《诗》曰：‘德音不瑕。’”其中，“济其不及，以泄其过”是晏子提出的“中庸”理念。晏子的“和与同异”说、“贵和”理念得到了齐景公的赞同。

“和”，《国语·郑语》记史伯曰：“今王去和而取同，和实生物，同则不继。以他平他谓之和，故能丰长而物归之；若以同裨同，尽乃弃矣。”这说明“和”是产生新生事物的基础，单纯地堆积相同的事物，就不会有新生力量的产生，时间久了就会完结。张立文、杨庆存认为“中和”是孔子思想的核心。

孔子主张君王应坚持“和”的原则，而反对一味地追求“同”。这是孔子从其实际生活中得出的结论。一是，社会是由多种力量造成的，而每一种力量都是相对独立的，不是随便就能使之消失的。一是，孔子创立的儒家学派，要保持高尚的道德，坚守自己努力恢复“天下有道”的目标，也就必须与其他势力保持“和谐”而又“独立”的关系，而不能与他们“以同裨同”。这种客观状况决定了孔子在“和”“同”问题上的态度。必须指出的是，孔子特别主张“君子和而不同，小人同而不和”，与他的“大同理想”并不矛盾。“大同”，也是一种“和”，而不是单纯的“以同裨同”。

《论语·学而》载，有子曰：“礼之用，和为贵。”这说明礼的功用，以达到和谐最为可贵。孔子谈礼，其目的在于追求在一个“和”字。

《孟子·公孙丑下》载，孟子曰：“天时不如地利，地利不如人和。”如果“人和”出现，就会产生：“得道者多助，失道者寡助。”

中国传统文化认为，“中”“和”是最高的境界，即诸事适度，各方经过磨合而达到融而为一。这样统一自然不是毫无矛盾的一团和气或死水一潭，而是相对独立的各种事物在大方向上的一致。

“达”，通达。“道”，道路。

此句意思是：“中”，是天下是大本原；“和”，是天下通达之路。

⑨致中和，天地位焉，万物育焉：郑注：“致，行之至也。位，犹正也。育，生也，长也。”朱注：“致，推而极之也。位者，安其所也。育者，遂其生也。自戒惧而约之，以至于至静之中，无少偏倚，而其守不失，则极其中而天地位矣。自谨独而精之，以至于应物之处，无少差谬，而无适不然，则极其和而万物育矣。盖天地万物本吾一体，吾之心正，则天地之心亦正矣，吾之气顺，则天地之气亦顺矣。故其效验至于如此。此学问之极功、圣人之能事，初非有待于外，而修道之教亦在其中矣。是其一体一用虽有动静之殊，然必其体立而后用有以行，则其实亦非有两事也。故于此合而言之，以结上文之意。”

按：朱注对“中”的解释汲取了二程、吕大临之说。

“致”，达到。“中”，中正不倚、无过无不及。“和”，平和。“中和”是“天下之大本”。

“位”，动词，谓有其位置，正。“天地位”，天高地低，各有定所。天在上，地在下，人在中间。赞助天地的化育，天、地、人并列为三。

“育”，发育、生长。

中、和是儒家的基本理念之一。“中和”是万物运行的最佳状态。

“中”，首见于《尚书·大禹谟》曰：“允执厥中。”《二程遗书》云：（程伊川）曰：“中字最难识，须是默识心通。”

最早的“和”字出现于金文中，大约产生于战国时代（王玖莉：《“和”字源考》，《思想战线》2008年第3期）。

“和”，有三种不同写法：“咊”“盉”“龢”。

“和”字在《尚书》《论语》中出现的次数比较多。如《尚书·尧典》曰：“协和万邦。”“神人以和。”《尚书·皋陶谟》曰：“和衷哉。”《论语·学而》载，有子曰：“礼之用，和为贵。先王之道斯为美，小大由之。有所不行，知和而和，不以礼节之，亦不可行也。”《子路》载，子曰：“君子和而不同，小人同而不和。（意思是：君子在重大问题上讲究和谐一致，同时保持自己独立的见解；小人则相反。）”《季氏》载，孔子曰：“丘也闻有国有家者，不患寡而患不均，不患贫而患不安。盖均无贫，和无寡，安无倾。夫如是，故远人不服，则修文德以来之。既来之，则安之。”《子张》载，陈子禽谓子贡曰：“子为恭也，仲尼岂贤于子乎？”子贡曰：“君子一言以为知，一言以为不知，言不可不慎也。夫子之不可及也，犹天之不可阶而升也。夫子之得邦家者，所谓立之斯立，道之斯行，绥之斯来，动之斯和。其生也荣，其死也哀，如之何其可及也。”孔门弟子主张“和为贵”，受到孔子的肯定。

晏子则提出“和与同异”说。

习总书记讲话中多次提到“和”。如：“有着5000多年历史的中华文明，始终崇尚和平，和平、和睦、和谐的追求深深植根于中华民族的精神世界之中，深深溶化在中国人民的血脉之中。”“以儒家为主要代表的中国传统文化中的文明观的基础是‘和’，核心是‘和而不同’。”“这种‘贵和尚中、善解能容、厚德载物、和而不同’的宽容品格，是我们民族所追求的一种文化理念。自然与社会的和谐，个体与群体的和谐，我们民族的理想正在于此，我们民族的凝聚力、创造力也正基于此，甚至还可以毫不夸张地说，我们中华民族传统文化的精髓也正是在于这种伟大的和谐思想。”

“中和”连用始见于《中庸》。

《朱子语类》卷六十二载：“若不能致中和，则山崩川竭者有矣，天地安得而位？胎夭失所者有矣，万物安得而育？”（黎靖德：《朱子语类》，中华书局1994年版）

“敬以直内，而喜怒哀乐无所偏倚，所以致夫中也。义以方外，而喜怒哀乐各得其正，所以致夫和也。”（《朱熹集》卷六十七，《中庸首章论》）

董根洪言：“儒家的中和哲学在一定意义上蕴含着破译中华文化的关键密码，儒家中和哲学构成了中国传统哲学的大纲。”（见董根洪：《儒家中和哲学通论》，齐鲁书社2001年版，第5页）

《论语·述而》曰：“子温而厉，威而不猛，恭而安。”朱注：“人之德性本无不备，而气质所赋，鲜有不偏，惟圣人全体浑然，阴阳合德，故其中和之气见于容貌之间者如此。”这里呈现的是孔子的“中和”之气。《为政》载，子曰：“学而不思则罔，思而不学则殆。”这也是讲的“中和”。

“中”是事物处于一种量变的状态，而“和”则是一种“度”，由“中”而“和”，就会发生质变。所以，只有达到“中和”的境界，才能“天地位焉，万物育焉”。在这里，“中和”既是人道，也是天道。人道即是天道。“万物育焉”即是说心性之和。

“天地位焉万物育焉”彰显了天人合一的思想。只有坚持中和，才能有效践行“忠恕”“仁”“义”之道。

此句意思是：达到“中和”，天地就会各在其相应的位置上，万物就会正常地发育。

【译文】

天赋予人的就叫作“性”，遵循人的本性而形成的就叫作“道”，修行习练“道”的就叫作“教”。“道”是不可以须臾离的，能离开的就不是“道”了。所以，君子在他人看不到时也保持谨慎警惕，在他人听不到时也保持敬畏的心态。不在应该隐蔽之处表现自己，不在微小之处显示自己。所以，君子在独处时仍然谨慎小心。喜、怒、哀、乐尚未激发出来时，就叫“中”；激发出来，皆符合节度的，就叫“和”。这种态势，就是天下的根本。“和”，这种态势，是天下的通达之道。达到中和，天下就各安其位，各行其是，万物就会生长发育。

【评论】

宋代大儒朱熹说：“第一章。子思述所传之意以立言。首明道之本原出于天而不可易，其实体备于己而不可离，次言存养省察之要，终言圣神功化之极。盖欲学者于此反求诸身而自得之，以去夫外诱之私，而充其本然之善，杨氏所谓一篇之体要是也。其下十章，盖子思引夫子之言，以终此章之义。”本章是全篇的引言和总纲。它提出和重申了性、道、教、中、和等儒学概念，并进行了诠释［如：（人心当中）由天赋予、与生俱来的就叫作“性”，循此人性而形成的就叫作“道”，修行习练此“道”的就叫作“教”。“道”是一刻也不可以离开的，能离开就不是“道”了］，为“中庸”的提出做了铺垫。其中对于中、和的诠释尤有启发意义。如称：“喜怒哀乐之未发，谓之中；发而皆中节，谓之和。”意思是喜怒哀乐这些感情未激发而存于人心时，就叫“中”；激发出来，皆符合节度的，就叫“和”。这里对的中、和的阐发都是从一种人性的角度出发的。实际上，从社会发展道路的方向着眼，“执中”的哲学指导意义尤为重要。《尚书·虞书·大禹谟》“人心惟危，道心惟微；惟精惟一，允执厥中。”这十六个字源于尧、舜、禹禅让的故事。起初尧把“允执厥中”（《论语·尧曰》作“允执其中”，厥即其）四个字的心法传给舜时，叮嘱舜要用“中道”治国。尧当时所托付的不仅仅是一个“帝”位，而是关系到华夏文明的道路，中华文脉的传承和天下苍生的福祉。

后来，当舜传帝位给治水有功的禹时，又加上了“人心惟危，道心惟微，惟精惟一”这12个字，告诫禹为什么要用中道治理国家，如何做才能做到“允执厥中”；并谆谆嘱咐他切莫相忘、代代相传。可见这16字心法之重要！

“中”为天下之正道。对一个民族，一个执政党来说，道路问题至关重要，决定着发展的兴衰。而“执中”就是坚定不移地走自己的路。鸦片战争以来170多年的历史，尤其是新中国成立近70年的历史，生动地证明了习近平总书记所说的“既不走封闭僵化的老路，也不走改旗易帜的邪路”的正确性。而走自己的路，民族文化是自信——传承而不是抛弃，接续而不是断裂，否则就会成为无根之木，无源之水。中国传统文化的最大价值就是为当代中国道路的选择提供了文化支撑和文化自信！

“抛尽自家无尽藏，沿门托钵效贫儿。”丢掉自己民族的宝贵文化传统，中国人就不成其为中国人。而文化无根的民族是走不远的。站立在960万平方公里的广袤土地上，吸吮着中华民族漫长奋斗积累的文化养分（即自己的传统），拥有13亿中国人民聚合的磅礴之力，我们走自己的路，具有无比广阔的舞台，具有无比深厚的历史底蕴，具有无比强大的前进定力。中国人民应该有这个信心，每一个中国人都应该有这个信心。

欲亡其国，先灭其史。凡是要否定一个民族，总是要先否定其历史和文化，否定其长期形成的传统文化中的美德。日本侵占台湾50年和“九一八”后侵占东北时期，用刺刀强迫推行奴化教育，严厉禁止中国人讲汉语，旨在从文化的根上“去中国”。冷战时期，美国国务卿杜勒斯曾经主持制定过瓦解以苏联为首的社会主义阵营的战略，其中在道德领域就有“在社会主义国家中灌输对一切不道德行为的崇拜”，“把（其）精神道德的基础庸俗化”，“要从青少年抓起，把他们变成无耻之徒”。尼克松就曾经直言不讳地预期：“当中国人民开始抛弃了他们的文化，他们的传统，他们的信仰，他们的价值观并普遍接受我们的文化和价值观，我们就不战而胜了。”

事实上，西方敌对势力一直企图殖民中国文化，阻止中国走自己的路，把中国引向他们的发展模式，从而彻底控制中国。西方锲而不舍地持续着与我们争夺一代代青少年、把中国改变颜色的努力。他们采取双重价值观的欺骗手段，一方面他们强势灌输其霸权主义的思想意识形态和价值观，如亨廷顿的文明冲突论，是在宣扬西方价值观至上（所谓“西方中心论”），为美国霸权制造理论依据。美国新保守主义理论的代表人物福山则宣称：美国的民主制度是人类历史的终结，人类社会最终都要建立美国制度（所谓“历史终结论”）。另一方面又蓄意营造出一种虚假的、软弱的、奴性的、冷漠的价值观来欺骗我们，尤其是青少年。试图让青少年一代丧失是非、荣辱、羞耻观，恭顺地听从他们的安排，走向文化殖民的黑暗。西方敌对势力针对中国的“颜色革命”渗透活动紧锣密鼓，甚至越来越猖狂：美国驻华大使馆在中国境内竟然公开进行“培训新型公民社会领袖”活动，打造中国未来“颜色革命”的带头人；美国支持的“民运分子”遥相呼应，对外发布“反对党行动指南”，主张在中国境内挑起事端，制造流血事件，撕裂民心，扰乱正常社会秩序，颠覆现政权。

中国传统文化中“中”“执中”“用中”的思想蕴藏着治国理政道路方向的丰厚智慧。把前人的哲学智慧转化为当今治国理政的政治智慧，知行合一，也赋予了传统文化新的生命。在多元文化、多元意识形态激烈交锋的今天，我们强调中国道路、中国精神、中国梦、中国话语权、中国发展模式、中国文化安全等一系列具有中国特色、中国文化自信标识的发展战略，是事关民族、国家生死存亡的头等大事。

“致中和”思想对国际秩序的建构和维护也有重要的启迪。儒家文明主张的“仇必和而后解”“和为贵”“协和万邦”“和而不同”和“己所不欲勿施于人”等全球伦理对国家和地区的安宁和平秩序有着重要的生存意义。世界上原本有四大文明古国，唯有中国的发展没有中断。那些曾经领先于世界文明的中亚、北非、两河流域等地区，后来却遭遇到严重的文明危机。极端组织十分猖獗，暴力冲突不断升级，血腥恐怖事件屡屡发生，无辜的人们惨遭屠杀，人性被践踏，家园被焚毁，人们无法正常生活。原因一是霸权势力的渗透，二是对自己民族文明传统的抛弃。

中、和用现代哲学的语言来讲就是：矛盾的各个方面虽然已经形成，但还没有激化，各方面共居一个统一体中，也就是没有打破原来的平衡，这就叫作“中”。矛盾激化了也爆发出来了，但仍然控制在一定范围之内，所以，原来的统一体仍然存在，这就叫作“和”。所以，“中和”的主要意义在于保持事物的正常秩序。因此，既要对自己看不到的事情保持谨慎警惕，也要对自己听不到的事情保持敬戒的心态，这就是“慎独”。本部分又称：“中也者，天下之大本也；和也者，天下之达道也。致中和，天地位焉万物育焉。”这就是说，“中”是天下的根本；“和”是天下的通达之道。只有达到“中和”，天地才会安于其位，万物才会生长发育。从人的修养来看，致中和就是思维不走极端，做事中规中矩，方能达到自己身心和谐，人际关系和谐、国际关系和平的真善美的境界。

既明确了“中和”的重要意义，也就明确了第二部分所说的“中庸”的重要意义。因为所谓的“中庸之道”，就是指能够使某事物保持中、和状态的规则、道路。朱熹解释说：“中者，不偏不倚，无过不及之名。庸，平常。”引程子曰：“不偏之谓中，不易之谓庸。中者，天下之正道，庸者，天下之定理。此篇乃孔门传授心法，子思恐其久而差也，故笔之于书，以授孟子。其书始言一理，中散为万事，末复合为一理，放之则弥六合，卷之则退藏于密，其味无穷，皆实学也。善读者玩索而有得焉，则终身用之，有不能尽者矣。”这就是说，中就是正，不偏不斜；不过头也不欠火，使事物保持正常的运行状态和原有的面貌，就是中庸。因而，“中庸”实质上就是以中、和之义为基本内核的。可见，全篇一开始谈中、和，实际上是为后面谈中庸之道做了铺垫。

第二章

【原文】

仲尼[①]曰："君子中庸[②]，小人反中庸[③]。君子之中庸也[④]，君子而时中[⑤]；小人之中庸也[⑥]，小人而无忌惮也[⑦]。"

【注释】

①仲尼：

按：仲尼，孔子的字。孔子（公元前551—前479年），春秋时期鲁国人，伟大的政治家、思想家、教育家。他创立儒家学说，是我国优秀传统文化的主要代表人物之一。

他在教育方面的贡献尤大。

《论语》是研究孔子教育的基本材料。其中谈到了教育对象，教育方法，教学内容。

在教育对象方面，孔子实行"有教无类"（《论语·卫灵公》，《论语新编新释》3.2.0.1），即进行全民教育，"自行束脩以上，吾未尝无诲焉"（《论语·述而》，《论语新编新释》3.2.0.2）。

在教育方法上，《论语·先进》载，子路问："闻斯行诸？"子曰："有父兄在，如之何其闻斯行之？"冉有问："闻斯行诸？"子曰："闻斯行之。"公西华曰："由也问闻斯行诸，子曰'有父兄在'；求也问闻斯行诸，子曰'闻斯行之'。赤也惑，敢问。"子曰："求也退，故进之；由也兼人，故退之。"（《论语新编新释》3.5.1.9）《论语·雍也》载，子曰："中人以上，可以语上也；中人以下，不可以语上也。"（《论语新编新释》3.1.0.2），即孔子注重因材施教的教育方法。

在教育内容方面，《论语·述而》载，子以四教："文，行，忠，信。"（《论语新编新释》3.3.1.1）这说明孔子以文、行、忠、信或曰以六经、六艺教育弟子。

党的十八大以来，习近平总书记发表了一系列重要讲话。其中讲到孔子时说："孔子集中代表中国传统文化重要部分，在历史上发挥了重要作用。历史上尊孔、反孔、贬孔的很多，争辩很多，现在我们看得很清楚了，对孔子精华思想形成了一致的共识，对人类进步思想，马克思主义中国化，孔子影响很大。"其中，中国传统文化的最大价值，就是为当代中国道路的选择提供了文化支撑和文化自信。

②君子中庸：郑注："庸，常也。用中为常，道也。"朱注："中庸者，不偏不倚、无过不及而平常之理，乃天命所当然，精微之极致也。惟君子为能体之，小人反是。"

按：《尔雅·释诂上》："典、彝、法、则、刑、范、矩、庸、恒、律、戛、职、秩，常也。"刘宝楠在《论语正义》一书中释"庸"作"恒常"。《孟子·告子上》曰："庸敬在兄，斯须之敬在乡人。"这里的"庸"之义是"恒常"。

"庸"字的含义有"用""平常"等义。

《周礼·春官宗伯》曰："典庸器下士四人，府四人，史二人，胥八人，徒八十人。""典庸器掌藏乐器、庸器。及祭祀。帅其属而设笋虡、陈庸器。飨食、宾射亦如之。大丧，廞笋虡。"可以看出，周代设有"典庸器"一职。《经典释文》："庸，依字作镛，大钟也。"《尔雅·释乐》云："大钟谓之镛，其中谓之剽，小者谓之栈。"《毛传》云："大钟曰庸。"也就是说，"庸"是一种大钟。杨福泉、陈致二人则认为"庸"是商朝王室和贵族祭祀用的一种乐器。

《说文解字》曰："庸，用也。从用从庚。庚，更事也"《尚书·舜典》曰："明试以功，车服为庸。"《康浩》曰："勿庸以次汝封。"《诗·国风·南山》："齐子庸止，既曰庸止。"《诗·王风·兔爰》云："我生之初，尚无庸。"《左传·僖公二十四年》："庸勳亲亲。"《左传·昭公二十五年》云："不能庸先君之庙。"《左传·文公十八年》云："靖潜庸回。"《国语·越语上》曰："请始无庸战。"《荀子·王制》曰："庸则宽惠。"《庄子·齐物论》云："为是不用而寓诸庸，庸也者用也。"以上所列文献中的"庸"，即"用"。"庸"，通"用"。

故前人解释"中庸"，一种是"中庸"即"用中"，用中和之道处事；另一种是朱熹的解释："中庸者，不偏不倚，无过无不及，而平常之理。"这些可供参考。

"中庸"一词见于《论语·雍也》。其文如下：子曰："中庸之为德也，其至矣乎！民鲜久矣。”

《中庸》在谈及中庸之道时，一处用“仲尼曰”，其余用“子曰”。“子”为尊称。如《论语》中的“子曰”是孔子的弟子对孔子的敬称。

中庸，也就是中和之道，既是事物发展过程中的一种状态，也是处世的一种方法和道德。当事物处于量变阶段时，呈现出平常的稳定的发展状态，既不偏左，也不偏右，内部矛盾没有激化，双方共处于一个统一体中，这就是中庸之态。由此形成了观察问题、处理问题的方法，甚至上升为一种道德规范。这就是，处事要把握中和之道，不偏不倚，重视事物正常状态的保持，一般不去打破原来的稳定局面。这对于事物的发展是很重要的。孔子认为，这也是一种道德，而且是最高的道德。

此句意思是：君子坚持中庸之道。

③小人反中庸：朱注：“王肃本作‘小人之反中庸也’，程子亦以为然。今从之。”

按：“小人”含义有三：一是道德卑劣者。二是对古代体力劳动者的卑称。三是自谦之词，譬如《孔子家语》载，孔子见鲁哀公，自称：“丘者，小人也”，但第三种用得较少。处于社会上层、以劳心为主的称君子，与之相对而言的是处于社会底层、劳力为主的称小人。周初统治者亲眼看到了商朝灭亡的过程，因而感觉到“天命不唯常”，“小人难保”或“小民难保”，于是改变统治思想，提出了“敬天保民”“明德慎罚”的思想。“小人”遂成为一个不得不重视的社会角色，因而“小人”有时兼有“道德卑劣者”与“体力者”的双重角色。但这两种用法对“小人”的卑视之情并未改变。

孔子将人分为“君子”与“小人”。《论语》《家语》中的“君子”指怀德抱义，仁民爱物者。如《五仪篇》中的君子是“言必忠信而心不怨，仁义在身而色无伐，思虑通明而辞不专。笃行信道，自强不息。油然若将可越而终不可及者”。“君子”都是与“小人”对立的。

“小人”，此处指道德卑污者。“反中庸”，违反中庸之道。君子是能够“中庸”的典型，而小人则是“反中庸”的典范。

此句意思是：小人违反中庸之道。

④君子而时中：郑注：“君子而时中者，其容貌君子而又时节其中也。”孔疏：

"言君子之为中庸，容貌为君子，心行而时节其中，谓喜怒不过节也。"朱注："君子之所以为中庸者，以其有君子之德，而又能随时以处中也。"

按："君子"，指有高尚道德修养的士人。"时"，时刻，经常。"而"，犹能。"中"，恰到好处，符合节度。

惠栋曰："时中者，《易》之大要也。""《易》道深矣，一言以蔽之曰：时中。"这就是说，《周易》的思想核心是"时中"。如果能把握"时中"，事情就会处理得当，达到和谐状态。把握"时中"是中国古代圣贤处事的原则之一。《孟子·万章下》载，孟子曰："伯夷，圣之清者也；伊尹，圣之任者也；柳下惠，圣之和者也；孔子，圣之时者也。"这里的"孔子，圣之时者也"即是说孔子在圣人之中是最注意把握时事特点，注重"时中"的人。《论语·子罕》载，子在川上，曰："逝者如斯夫！不舍昼夜。"这是孔子本人感叹时间流逝之快。《论语·乡党》载：山梁雌雉，色斯举矣，翔而后集。曰："时哉！时哉！"是孔子看到山梁雌雉对飞翔与回飞时机的准确把握（因子路拱之）而发出的感叹。三国时期的诸葛亮曾十分惜时，重视时中。他曾说，《兵要》曰："不爱尺璧而爱寸阴者，时难遭而易失也。故良将之趋时也，衣不解带，足不塌地，履遗不蹑。"（《兵要》，载《太平御览》卷二百七十三）

古代圣贤的惜时与重视"时中"的意识值得今人重视。人们常说机不可失，时不再来，这是有道理的。我们应该树立"时中"观念，抓住机遇，奋发向前。

"时中"，时刻保持用中庸之道，不断调整修改偏离中庸之道的失误。

此句意思是：君子时刻坚持用'中'的原则去做事，所以符合节度。

⑤小人之中庸也：郑注："反中庸者，所行非中庸，然亦自以为中庸也。"

按：前句言"小人反中庸"，故此句可对应为："小人之反中庸也。"

此句意思是：小人违反中庸之道。

⑥小人而无忌惮也：郑注："小人而无忌惮，其容貌小人，又以无畏难为常行，是其反中庸也。"朱注："小人之所以反中庸者，以其有小人之心，而又无所忌惮也。盖中无定体，随时而在，是乃平常之理也。君子知其在我，故能戒谨不睹、恐惧不闻，而无时不中。小人不知有此，则肆欲妄行，而无所忌惮矣。"

按："忌"，顾忌，畏惧。"惮"，畏惧，害怕。

此句意思是：小人不知用'中'的原则，做事肆无忌惮。

“仲尼曰：‘君子中庸，小人反中庸。君子之中庸也，君子而时中；小人之中庸也，小人而无忌惮也。’”这是说君子和小人在“知”上存在偏差，君子中庸，小人违反中庸。君子用‘中’的原则去做事，小人则相反。

【译文】

孔子说：“君子坚持中庸之道，小人违反中庸之道。君子坚持中庸之道，就是君子时刻坚持用‘中’的原则去做事，所以符合节度；小人违反中庸之道，是因为小人不知用‘中’的原则做事从而肆无忌惮。”

【评论】

第二章，朱熹称之为：“第二章。此下十章，皆论中庸以释首章之义。文虽不属，而意实相承也。变和言庸者，游氏曰：‘以性情言之，则曰中和，以德行言之，则曰中庸是也。’然中庸之中，实兼中和之义。”本章是说君子与小人对中庸的不同态度，君子时刻保持中庸，坚持用“中”的原则去做事，所以符合节度；小人反对中庸，是因为小人不知用“中”的原则做事，从而肆无忌惮。所以，中庸是君子之道。为了强调中庸之道的重要，孔子把“中庸”归之于君子，而把“反对中庸”归之于小人。虽然这样做，未必恰当。但是，孔子重视中庸之道的思想，还是可以理解的。

第三章

【原文】

子曰：“中庸其至矣乎！民鲜能久矣！”

【注释】

①子曰：

按：“子”，是孔子弟子对孔子的尊称。“子曰”即孔子说。孔子是伟大的思想家。其思想主要有：一、礼治思想。《论语·里仁》载，子曰：“能以礼让为国乎？何有？不能以礼让为国，如礼何？”（《论语新编新释》1.2.2.6）孔子看到“礼”在治国中的重要作用。曾与弟子习礼大树下（见《史记·孔子世家》）。《论语·季氏》曰：“不学礼，无以立。”（《论语新编新释》1.2.2.12）这就是说，不学习礼，就无法在社会上立足。《论语·颜渊》载，齐景公问政于孔子。孔子对曰：“君君，臣臣，父父，子子。”（《论语新编新释》2.3.0.5）孔子认为国君要遵君礼，臣下要守臣礼，天下要有道就应该做到君君、臣臣、父父、子子，自上至下，全国井然有序，君臣父子，各安其位，各行其是，进而实现社会的和谐，天下太平。二、仁的思想。《论语·颜渊》载，仲弓问仁。子曰：“出门如见大宾，使民如承大祭。己所不欲，勿施于人。在邦无怨，在家无怨。”这里说仁者处事应该以敬、恕、无怨为原则。《论语·子路》载，樊迟问仁，子曰：“居处恭，执事敬，与人忠。虽之夷狄，不可弃也。”关爱他人，社会才能和谐。孔子追求天下“大同”，实现的途径是“礼治”和“德治”。

当然，只有内在的“仁”与外在“礼”合而为一，道德实践才能完成。

孔子的思想还有很多，这里不再一一列举。

至于孔子思想的核心问题，目前学术界意见不一。简而言之，至少有五种：一、匡亚明等认为“仁”或“礼”是孔子思想的核心。二、蔡尚思认为“礼”为孔子思想的核心。三、张立文、杨庆存认为“和”或“中和”是孔子思想的核心。四、金景芳认为孔子思想有两个核心：“时”和“仁义”。五、认为孔子思想的核心是不断变化发展的，与时俱进。

②中庸其至矣乎：

按：“中庸”，孔子在《论语》中多次赞扬“中庸”。如《八佾》载，子曰：“《关雎》，乐而不淫，哀而不伤。”《雍也》载，子曰：“质胜文则野，文胜质则史。文质彬彬，然后君子。”《先进》载，子贡问：“师与商也孰贤？”子曰：“师也过，商也不及。”曰：“然则师愈与？”子曰：“过犹不及。”《颜渊》载，子曰：“君子博学于文，约之以礼，亦可以弗畔矣夫！”《子路》载，子曰：“不得中行而与之，必也狂狷乎！狂者进取，狷者有所不为也。”

而《雍也》载，子曰：“中庸之为德也，其至矣乎！民鲜久矣。”在这里孔子称“中庸”为“至德”。据此，可以说，孔子对“中庸”之德的赞扬不可谓不高。孔子虽然提倡“中庸”，但是也主张权变。《子罕》载，子曰：“可与共学，未可与适道；可与适道，未可与立；可与立，未可与权。”善于权变，方能与天地、万物和谐共处，达到天人合一的境界。

《荀子·王制》曰：“中庸，民不待政而化。”宋代程颐在《二程遗书·伊川先生语录》中专门对“庸”作了解释：“庸中只是常……庸是定理也。定理者……天下不易之理也。”这也就是说“庸”是常理、常规，处事要按常理、常规。

毛泽东同志讲过：“中庸观念是孔子的一大发现，一大功绩，是哲学的重要范畴。”（《毛泽东书信选集》，人民出版社1983年版，第147页）以中庸为处事原则，对于保持社会的稳定性（亦即正常的秩序）是具有重要意义的。

“至”，顶点，最高点。“乎”，感叹词。孔子率先提出中庸之道，为儒家中庸思想的发端。

此句意思是：（中庸作为道德规范）它达到了最高境界啊！《论语》之原编本《雍也篇》，《论语新编新释》1.4.1.20记（孔）子曰：“中庸之为德也，其至矣乎！民鲜久矣。”可与此则相参照。

③民鲜能久矣：郑注：“鲜，罕也。言中庸为道至美，顾人罕能久行。”朱注：“过则失中，不及则未至，故惟中庸之德为至。然亦人所同得，初无难事，但世教

衰，民不兴行，故鲜能之，今已久矣。”

按：“民”，民众。“鲜”，《说文·鱼部》曰：“鲜，鱼名，出貉国。”“鲜”即稀少。“稀少”是假借义。“鲜能”，很少能够达到。

此句意思是：民众已经很少能够达到它，这种状况已有很长时间了。参看上一条。

【译文】

孔子说：“中庸是道德中最高的了！民众很少能运用它已经很久了！”

【评论】

本章指出中庸是很高的道德，但很难做到。中庸，也就是中和之道，既是事物发展过程中的一种状态，也是处世的一种方法和道德。当事物处于量变阶段时，呈现出平常的稳定的发展状态，既不偏左，也不偏右，内部矛盾没有激化，双方共处于一个统一体中，这就是中庸之态。由此形成了观察问题、处理问题的方法，甚至上升为一种道德规范。这就是，处事要把握中和之道，不偏不倚，重视事物正常状态的保持，一般不去打破原来的稳定局面。这对于事物的发展是很重要的。

从方法论的角度看，既然“极高明而道中庸”，那么中庸应该是处理人际关系、化解矛盾的最佳境界和途径。但是，近代以来，随着传统文化普遍地被“污名化”，中庸也被曲解为“和稀泥”“折中主义”“无原则”，斥之为消极的负能量。这是明显的误读。事实上，中庸之本意并非如此。

一、中在衡量事物的标准上是好、正、合乎、适中的意思。中原官话，中即是好；山东许多地方，普遍流行“正中”的说法；《论语·微子》中提到的“言中伦、行中虑、行中清、废中权”中的“中”全是合乎的意思；《论语·子路》提到的“不得中行而与之，必也，狂狷乎”的“中”就是适中。世间芸芸众生，所做的事情被称为恰到好处，被认为合乎规律、道理，正当正确、行为适中，怎么却成了“和稀泥”“无原则”呢？况且，庸者，用也，常也。中庸即中用的日用之理、平常之理。道不远人，日用即道。先贤深邃的人生道理就潜藏在平常生活的日用智慧中，这里的“庸”与平庸的“庸”毫无共同之处。

二、中是在事物动态发展中去追求最佳效果的努力和目标。比如射箭。《孟子·公孙丑上》曰:“仁者如射。射者正己而后发,发而不中,不怨胜己者,反求诸己而已矣。”射中的是目标,即人们常说的“中的”,反应的是射这一过程,包括方向和力度。在今天体育比赛中能射中移动靶就更加深刻地说明这一点。再如座钟的钟摆,总是不断地在重复过中的动作。在国民经济发展的速度上也是如此,发展太快带来了问题,就适度调整地慢一点;发展太慢,就适度调整地快一点。在过中的摇摆过程中不断地调整寻求适度的增长。另外,事物都有两端,矛盾都有两面,知其一不知其二,肯定做不到公平合理。换位思考,妥协让步,往往也就是寻找中点的过程。那种仅仅把中理解成静态不偏不倚、不前不后、不左不右的观点,是一种将“中”作静态化思考的结果。

三、中庸是道,是德,掌握了中庸的原则,君子就会言行举止合乎规矩,体现道德;社会发展才能少一些畸形,多一些平稳。“中者天下之正道,庸者天下之定理。”能做到中庸,做事情就会合情合理。执政者熟练地运用中庸原则,社会治理就会平稳平安。孔子高度评价中庸之德:“中庸之为德也,其至矣乎!民鲜久矣!”由于受私欲的影响,一般人在事情的处理上往往是要么过头,要么不及,而“过犹不及”,执迷于左右两端就很难掌握恰到好处的火候,所以孔子才发出世间普遍缺乏中庸之德的慨叹。

四、中庸作为一种“至德”,深植于人心之中,培育“中庸”之德必须从正心入手。德的造字是(人)直视所行之路的方向,遵循本性、本心,顺乎自然地前行、攀登。哲学的表述就是(人)通过心性感知而遵循正确的方向不断前行,不断地有所作为。人的德性可以从多个维度去剖析,但“中庸”既被称为“至德”,即无上之德,肯定比一般道德范畴难于养成。“心也者,智之舍也”(《管子·心术上》),“心之官则思”(《孟子·告子上》),人心决定着中庸之德的形成;一个人言行的中庸来自于心的中正。《大学》谓“心正而后身修”,“欲修其身者先正其心”;程颐说:“进修之术,莫先于正心诚意”;朱熹说:“正心为万事学者之准绳。”可见,一颗正心,决定着中庸之德的养成。人有中庸之心,方有中庸之行,心在正中,身便不会有邪行;心正一切正;心若失正,认识和行为就一定走偏。

第四章

【原文】

子曰："道①之不行也，我知之矣，知者②过之，愚者③不及也④；道之不明也⑤，我知之矣，贤者过之，不肖者不及也⑥。人莫不饮食也，鲜能知味也⑦。"

【注释】

①道：

按："道"有多种含义：一、道德；二、正确的思想主张、学术。三、原则。四、道路。五、职能。这里指中庸之道。

"道之不行也"，见《论语·微子》。其文曰："子路从而后，遇丈人，以杖荷蓧。子路问曰：'子见夫子乎？'丈人曰：'四体不勤，五谷不分。孰为夫子？'植其杖而耘。子路拱而立。止子路宿，杀鸡为黍而食之，见其二子焉。明日，子路行以告。子曰：'隐者也。'使子路反见之。至，则行矣。子路曰：'不仕无义。长幼之节，不可废也；君臣之义，如之何其废之？欲洁其身，而乱大伦。君子之仕也，行其义也。道之不行，已知之矣。'"孔子与子路师徒，明知"道之不行"，自己的理想不能实现，前面有更多的曲折与风雨，却仍要摩顶放踵，四处奔忙。这种知其不可而为之的践行与精神是令人敬佩的。

而"大道之行"，《家语·礼运篇》载，孔子曰："昔大道之行，与三代之英，吾未之逮也，而有记焉。大道之行，天下为公，选贤与能，讲信修睦。故人不独亲其亲，不独子其子，老有所终，壮有所用，矜寡孤疾，皆有所养。货恶其弃于地，不必藏于己；力恶其不出于身，不必为人。是以奸谋闭而不兴，盗窃乱贼不作，故外户而不闭。谓之大同。"这后面一段显然就是孔子"大同"思想的表述。

"大道之行"的时代具体是不是指禹、汤、文、武、成王、周公时期呢？首先，“禹、汤、文、武、成王、周公时期”就是一个模糊不清的概念，这一时期是指自禹开始至周公这一连续不断的历史过程呢？还是仅指“禹在位时期”＋“汤在位时期”＋“文、武、成王、周公时期”这几个不连续的历史过程呢？若指前面，即禹到周公这一千余年的时间里，那些“奸谋”“盗窃”“乱谋”之事实在是接连不断，层出不穷，特别是禹死之后，夏朝内部争夺王位的斗争，之后长期的夏夷战争，而夏朝末年，桀的暴虐，实在是无法算是“大同”之世。之后，除商汤时期外，商与东夷战争连年不断，而至商末，帝辛的统治又以暴虐著称。之后，武王伐纣，全国震动。周初虽然全国渐趋稳定，但武庚之乱（又称“三监之乱”）、周公东征，接连而至，西北之猃狁等少数民族又不断侵扰，弄得国人“靡室靡家”。因而这一过程与“大同”理想所描写的美好社会蓝图相去甚远。

如果单指“禹、汤、文、武、成王、周公”各自统治时代时期，无论从《家语·礼运篇》的有关论述上，还是从实际上也都说不通。孔子在《家语·礼运篇》中，说得十分明确：“今大道既隐，天下为家，各亲其亲，各子其子。货则为己，力则为人。大人世及以为常，城郭沟池以为固。禹、汤、文、武、成王、周公，由此而选，未有不谨于礼。”这里说得再明白不过了，禹、汤、文、武、成王、周公就是在“大道既隐，天下为家”的时代，用“礼”治理天下的“选锋”（杰出人物），他们没有一个是“不谨于礼”的。而“礼”并不是“大同”时代的产物。所以，从《家语·礼运篇》的有关论述文字上看，禹、汤、文、武、成王、周公的时代并非“大同”时代。

从有关史实来看，禹、汤、文、武、成王、周公统治的时期，自禹开始，已是一个社会矛盾不断发展的时期，虽然这些“圣王”对各种矛盾的调整取得了比较好的效果，但是那种“天下为公”的局面已不再现。

所以，孔子所谓“大同”，按马克思主义历史科学的观点来看，它只能是指无阶级的原始共产主义社会，而不是指任何阶级社会。

②知者：

按：“知”，同“智”。“知者”，聪明的人，有智慧的人。

“知者”二字见于《论语》中。《颜渊》载，樊迟问仁，子曰：“爱人。”问知。子曰：“知人。”这里的“智者知人”与《荀子·子道》同。其文如下：子曰：“由，知者若何？仁者若何？”子路对曰：“知者使人知己，仁者使人爱己。”……子贡对曰："知者知人，仁者爱人。"……颜渊对曰："知者自知，仁者自爱。"其中的"智者使人知己""智者自知"，与孔子"智者知人"的思想的着重点不同。

《雍也》载，子曰："知者乐水，仁者乐山；知者动，仁者静；知者乐，仁者寿。"

在这里，头两句言知者、仁者各自的特点（前人谓之"性"）：一乐水，一乐山；三、四句言知（智）者、仁者的不同气质表现，前人谓之"用"：一动，一静；五六句言智、仁各自的结果，前人谓之"功"或"效"：一乐，一寿。

《宪问》载，子曰："君子道者三，我无能焉：仁者不忧，知者不惑，勇者不惧。"子贡曰："夫子自道也。"这就是说，有智慧的人不被迷惑。

这是《论语》中使用"知者"的例证。

《家语·王言解》载，孔子曰："是故仁者莫大乎爱人，智者莫大乎知贤，贤政者莫大乎官能。"这里主要是从用人的角度，使用"知者"一词的。

③愚者：

按：愚蠢的人，与"知者"相对而言。

《论语》中亦多次使用"愚"字。如《为政》载，子曰："吾与回言终日，不违如愚。退而省其私，亦足以发。回也不愚。"在这里，孔子谓颜回"不违如愚""回也不愚"。《先进》载："柴也愚，参也鲁，师也辟，由也喭。"这是说高柴愚笨。《阳货》载，子曰："唯上知与下愚不移。"又，子曰："由也，女闻六言六蔽矣乎？"对曰："未也。""居！吾语女。好仁不好学，其蔽也愚；好知不好学，其蔽也荡；好信不好学，其蔽也贼；好直不好学，其蔽也绞；好勇不好学，其蔽也乱；好刚不好学，其蔽也狂。"……子曰："古者民有三疾，今也或是之亡也。古之狂也肆，今之狂也荡；古之矜也廉，今之矜也忿戾；古之愚也直，今之愚也诈而已矣。"等等。总之，"愚"是与"智"相反的，即愚蠢笨拙之意。

④过之，不及：

按："过之"，超过了中庸之道的要求。"不及"，达不到中庸的要求。

《论语·先进》载，子贡问："师与商也孰贤？"子曰："师也过，商也不及。"曰："然则师愈与？"子曰："过犹不及。"

⑤道之不明也：

按："明"，明白，理解。"也"，表示原因。"道之不明也"，中庸之道不为人明。

此句意思是：中庸之道不为人们所看清与理解。

⑥贤者过之，不肖者不及也：

按：“贤”，有才能。“贤者”与“知（智）者”有相同之处，亦有不同。“贤者”是善良而又聪明的人，智者虽聪明，但未必善良。“不肖者”与愚者有相同之处，亦有不同。“不肖者”无善良之德，但愚者未必不善良。

“过”，超过、过度。“不及”，达不到。

“过犹不及”见《论语·先进》。其文载，子贡问：“师与商也孰贤？”子曰：“师也过，商也不及。”曰：“然则师愈与？”子曰：“过犹不及。”（《论语新编新释》5.12.1.5）

“贤者过之，不肖者不及也”（贤能之士往往做过了头，不贤者又达不到中）是中庸之道不为人明的原因，孔子这样说道。

元代胡炳文《四书通》曰：“知者知之过，以为道不足行，是不仁也；贤者行之过，以为道不足知，是不知也。”

此句意思是：品德善良而又有才能的人往往超过中庸之道的要求了，品德不端的人又达不到中庸的要求。

在这里，把不能实现“中庸”的原因，仅仅归咎于个人的品德，这是不够全面和客观的。“中庸”是社会生活中的一种“度”，之所以超过或达不到它，有执政者个人的品德、素质原因，还有更复杂更深刻的社会历史的原因。例如，人人都耳熟能详的招生录取问题。从古代的科举考试到今天的高考，就没有人能够划出一条全国各地都能遵守的录取线。这主要原因是由各地发展的不平衡性决定的。而这种不平衡性对中庸之道的推行，也是一个巨大的反对力量，它往往会造成“过头”或“不及”等问题的出现，再加上执政者本人的品德、素质的影响，就很难迅速达到统一的标准。

⑦人莫不饮食也，鲜能知味也：孔疏：“‘人莫不饮食也，鲜能知味也’者，言饮食，易也；知味，难也。犹言人莫不行中庸，但鲜能久行之。言知之者易，行之者难，所谓愚者不能及中庸也。案《异义》云：张华辨鲊，师旷别薪，符朗为青州刺史，善能知味，食鸡知栖半露，食鹅知其黑白。此皆《晋书》文也。”

按：“莫”，没有。“鲜”，少，很少。

此句意思是：人没有不吃饭的，一日三餐不能离开；但对饮食的意义并不真正理解。（中庸之道正是如此，人人都不能离开它，离开之后就会出现偏颇，但人们并不真正理解它，所以才出现了过或不及的问题。）

【译文】

孔子说："中庸之道不能推行，我已经知道了。智者做事往往超过了它（过度）；愚者又做不到（不及）；中庸之道，不能够为人们所看清与理解，我已经知道了。贤能之士往往做过了头，不贤者又达不到中。人没有不吃不喝的，但是很少人能知道其中滋味。"（中庸之道亦是如此，人们不能离开它，否则就会出现偏颇，但人们并不真正理解它而知其奥妙。）

【评论】

关于中庸之道之所以不能推行，孔子认为这是因为知（智）者、贤者皆"过之"，而愚者、不肖者皆"不及"的缘故，实际上这不是主要原因。

中庸之道既然是事物发展中的一种状态，又是思想与行为的方法，又可列入道德范畴，所以，其"不行"的主要原因应到客观历史中去寻找。这是孔子所处的时代——春秋晚期，是一个革命和变革的时代，从哲学上看这是一个质变时期，而属于量变时期的中庸状态并由此形成的思想、行为方法及道德规范，必然不适应这一时代的需求，这一点从根本上决定了"中庸"是不受欢迎的，因而在大多数人那里，是无法通行的。中庸之道只有到了新的社会制度的发展，进入量变以后，才会迎来通行的时代。

关于这一问题，还可仔细研究，因为这只是就总的趋势而言，实际情况当然要复杂得多。

第五章

【原文】

子曰："道其不行矣夫①！"

【注释】

①道其不行矣夫：郑注："闵无明君教之。"孔疏："'子曰：道其不行久矣夫'者，夫子既伤道之不行，又哀闵伤之，云时无明君，其道不复行也。"朱注："夫，音扶。由不明，故不行。"

按：中庸之道大概不能推行了。这是孔子看到社会上许多人不理解不接受中庸之道之后的喟叹。本章紧接上章而来，上章说明了"道之不行"和"道之不明"的原因："知者过之，愚者不及也；贤者过之，不肖者不及。"因而人们不理解道，就像人们只知吃饭而不知其滋味一样，因而引起了孔子的深深喟叹。

《论语·公冶长》载，子曰："道不行，乘桴浮于海。从我者，其由与？"子路闻之喜。子曰："由也好勇过我，无所取材。"据此可知孔子推行其道的艰难，亦彰显了孔子推行其道的决心，若中原大地，其道不行，则乘桴去海外推行。

此句意思是：（中庸）之道，大概不能通行了吧！

【译文】

孔子说："（中庸）之道，大概不能通行了吧！"

【评论】

第五章，朱熹称之为："第五章。此章承上章而举其不行之端，以起下章之意。"本章是孔子对不能实行中庸之道的慨叹。中庸之道大概不能推行了。这是孔子看到社会上许多人不理解不接受中庸之道之后的喟叹。上两章谓道之不行、不明，因而元代胡炳文《四书通》曰：“此章分道之不行、不明，而下章即舜之知，言道之所以行；即回之贤，言道之所以明。”这说明第四、五两章具有承上启下的作用。

第六章

【原文】

子曰："舜[1]其大知[2]也与！舜好问而好察迩言[3]，隐恶而扬善[4]，执其两端，用其中于民[5]，其斯以为舜乎[6]！"

【注释】

①舜：

按："舜"，又称虞舜，继尧而立的古代帝王，名重华，号有虞氏。据传为颛顼之六世孙。《孟子·离娄下》载，孟子曰："舜生于诸冯，迁于负夏，卒于鸣条，东夷之人也。"孟子认为舜为东夷之人。

《史记·五帝本纪》记载，舜年幼母丧，父再娶后妻，又生弟象。而父顽，母嚚（音 yín，愚蠢、奸诈之意）、弟傲。舜父瞽叟宠爱后妻及其子，经常设法杀舜，但舜仍"顺事父及后母与弟，日以笃谨，匪有解。"（司马迁：《史记》，中华书局 1959 年版，第 32 页）因而"舜年二十以孝闻"（司马迁：《史记》，第 33 页）。

舜继承帝位后，受到娥皇、女英（帝尧的两个女儿）的帮助。舜治天下，"有臣五人"（说见《论语·泰伯》）辅佐。何晏《论语集解》（元盱郡覆宋本《论语集解》本）、皇侃《论语集解义疏》（《知不足斋丛书》本）、邢昺《论语注疏》（《十三经注疏》本，北京大学出版社 1999 年版）皆认为五人指：禹任司空，平水土之官；稷，名弃，舜命为后稷，布种百谷；契，佐禹治水，舜命禹为司徒，布五教之官；皋陶（陶音遥），陆德明《经典释文》（中华书局影印本）认为，舜命作士，理官也；伯益，皋陶子，舜命作虞官，掌山泽之官。

《尚书·尧典》称，舜"二十有八载，帝乃殂落"。这就是说，舜摄帝位 28 年后，尧舜逝世。《家语》称舜："三十年在位，嗣帝五十载。"《尧典》中亦有舜"三十在位"之说。这就是说，舜摄帝位总共是 30 年。"嗣帝五十载"即是说正式继承帝位五十年。

《孟子·滕文公上》载，颜渊曰："舜何人也？予何人也！有为者亦若是。"可见颜回十分推崇舜。《荀子·哀公》载，颜渊对曰："昔舜巧于使民，而造父巧于使马；舜不穷其民，造父不穷其马；是以舜无失民，造父无失马。"由此可见，舜具有重民爱民思想。《论语·卫灵公》载，子曰："无为而治者，其舜也与？夫何为哉，恭己正南面而已矣。""无为而治"是舜爱民、护民的表现。《管子·治国》曰："粟也者，民之所归也；粟也者，财之所归也；粟也者，地之所归也；粟多则天下之物尽至矣；故舜一徙成邑，二徙成都，三徙成国；舜非严刑罚重禁令，而民归之矣，去者必害，从者必利也。先王者善为民除害兴利，故天下之民归之。"（见《诸子集成》第五册，中华书局 1954 年版，第 262 页）这说明舜能组织民众发展农桑，生产粮食，解决人民的温饱问题。

②大知：

按："知"，同"智"。

此句意思是：有大智慧的人。这是孔子赞扬"舜"的"至德"。

③舜其大知也与！舜好问而好察迩言：郑注："迩，近也。近言而善，易以进人，察而行之也。"朱注："舜之所以为大知者，以其不自用而取诸人也。迩言者，浅近之言，犹必察焉，其无遗善可知。然于其言之未善者则隐而不宣，其善者则播而不匿，其广大光明又如此，则人孰不乐告以善哉？"

按："好"，喜欢，爱好。"察"，听取，采纳。"好察迩言"主要有两解：一是，"迩"，近处（的臣子）。二是，"迩"，浅近。"迩言"，即操浅近语言者，即民间之士。

《尚书·舜典》曰："畴若予工。"（谁能为我管理百工？）"畴若予上下草木鸟兽。"（谁能为我管理山林草木、鸟兽？）"有能典朕三礼。"（有能为我主持三礼的吗？）这些都是有舜"好察迩言"。

此句意思是：舜应该是具有大智慧的人，他喜欢询问并喜欢听取操浅近语言者的意见。

④隐恶而扬善：

按："隐"，隐藏，隐匿。"恶"，恶劣，不好的方面。"扬"，发扬。"善"，《说文·女部》曰："好，美也。"段玉裁注："好，本谓女子，引申为凡美之称"。

“善”即：好、善言，正确的主张、思想。“善”是一种美德，在生活中，善与恶是相对立而存在的。就人而论，有善人，有恶人；就行为而言，有善行有恶行。

《论语·述而》载，子曰：“善人，吾不得而见之矣；得见有恒者，斯可矣。”显然，孔子在这里说的“善人”，指的是虽然赶不上尧、舜、禹、汤、文、武、周公等圣君明王，但较一般国君都要有贡献的历史人物。

此句意思是：隐藏其错误之处，汲取发扬其正确之处。

⑤执其两端，用其中于民：郑注：“两端，过与不及也。用其中于民，贤与不肖皆能行之也。”朱注：“两端，谓众论不同之极致。盖凡物皆有两端，如小大、厚薄之类。于善之中又执其两端，而量度以取中，然后用之，则其择之审而行之至矣。然非在我之权度精切不差，何以与此？此知之所以无过不及，而道之所以行也。”

按：“执”，掌握，把握，摒弃，分析。“两端”，事物发展中相互对立的两种倾向，如左右、上下、善恶等。“中”，既不上，又不下；既不偏，又不倚之处，最合理、最恰当、最适合的意见，简言之，即中庸之道。

此句意思是：（舜）分析排除两种偏向，而采用最为合理与适当的中庸之道处理民事。又，《论语》原编本《尧曰》第二十，《论语新编新释》5.12.1.4。原文是，尧曰：“咨！尔舜！天之历数在尔躬。允执其中。”以上文中的“两端”都是指两极、两种相反的倾向。“中”，指中庸之道。

⑥其斯以为舜乎：郑注：“斯，此也。其德如此，乃号为舜，舜之言充也。”

按：“斯”，这。

“舜其大知也与！舜好问而好察迩言，隐恶而扬善，执其两端，用其中于民，其斯以为舜乎”这就是说，舜之所以能成为舜，其原因就在于能行中庸之道。

此句意思是：这就是舜之所以被称为舜的原因。

【译文】

孔子说：“舜应该是具有大智慧的人了！舜喜欢询问别人并且特别重视倾听那些操浅近语言者的意见。隐瞒他们的恶言，宣扬其善良之处。把握住（过与不及）两个极端，而用中庸之道去处理民事，这就是舜之为大舜的原因吧！”

【评论】

第六章，朱熹称之为："第六章。"本章指出舜是实行中庸之道的典范。舜喜欢询问别人并且特别重视倾听那些操浅近语言者的意见。隐瞒他们的恶言，宣扬其善良之处。把握住（过与不及）两个极端，而用中庸之道去处理民事。为了表明中庸之道的正确性，孔子在现实中找不到实际中庸之道的例证后，只好求之于历史，用舜的例子说明中庸之道的正确。从现有的有关文献看，舜的确在执政时重视对"中"的把握。

第七章

【原文】

子曰："人皆曰予知，驱而纳诸罟擭。陷阱之中，而莫之知辟也。[①]人皆曰予知，择乎中庸而不能期月守也。[②]"

【注释】

①人皆曰予知，驱而纳诸罟擭。陷阱之中，而莫之知辟也：郑注："予，我也。言凡人自谓有知，人使之入罟，不知辟也。"朱注："罟，音古，网也；擭，胡化反，机槛也。阱，才性反；陷阱，坑坎也。皆所以掩取禽兽者也。"

按："予"，我也。此处并非孔子自称，而是孔子列举世人之自谓，即"世人都以我聪明"自居之意。"知"，智也。"诸"，"之""于"二字的合音。"驱"，驱赶，驱逐。"纳"，纳入。使之入内。"罟"，音（gǔ），网。"擭"（huò），装有机关的捕兽的木笼。所谓"罟"、"擭"、陷阱实指世间的名、利、权、酒、色、财、爱等无形牢笼和诱惑。"莫"，没有人。"辟"，通"避"。"择"，选择。"期月"，一整月。

"驱而纳诸罟擭。陷阱之中，而莫之知辟也"，这些都说明"予不知（智）（我不聪明）"。

此句意思是：人们都说我聪明，但被驱赶进网罗、木笼、陷阱之中时，却不知道躲避。说明遇到诱惑时，不能坚持慎独的原则。

②人皆曰予知，择乎中庸而不能期月守也：郑注："自谓择中庸而为之，亦不能久行，言其实愚又无恒。"朱注："择乎中庸，辨别众理，以求所谓中庸，即上章'好问''用中'之事也。期月，匝一月也。言知祸而不知辟，以况能择而不能守，皆不得为知也。"

按："知"，同"智"。"择"，选择，抉择。"期"，读（jī），一周（年，月）。

“择乎中庸而不能期月守也”，说明坚守中庸之道之难。

《吕氏春秋·慎人》载：孔子穷于陈、蔡之间，七日不尝食，藜羹不糁。宰予备矣，孔子弦歌于室，颜回择菜于外。子路与子贡相与而言曰：“夫子逐于鲁，削迹于卫，伐树于宋，穷于陈、蔡，杀夫子者无罪，藉夫子者不禁，夫子弦歌鼓舞，未尝绝音，盖君子之无所丑也若此乎？”颜回无以对，入以告孔子。孔子�然推琴，喟然而叹曰：“由与赐，小人也。召，吾语之。”子路与子贡入。子贡曰：“如此者可谓穷矣。”孔子曰：“‘是何言也？君子达于道之谓达，穷于道之谓穷。今丘也拘（《庄子·让王》作“抱”）仁义之道，以遭乱世之患，其所也，何穷之谓？故内省而不疚于道，临难而不失其德。大寒既至，霜雪既降，吾是以知松柏之茂也。……陈、蔡之厄，于丘其幸乎！’孔子烈然返瑟而弦，子路抗然执干而舞。子贡曰：‘吾不知天之高也，不知地之下也。’古之得道者，穷亦乐，达亦乐。所乐非穷达也，道得于此，则穷达一也，为寒暑风雨之序矣。”（陈奇猷：《吕氏春秋校释》，学林出版社1984年版，第1066页）春秋末年，随着政治经济领域的深刻变化，思想领域也发生了深刻变化，表现之一就是所谓“礼崩乐坏”，社会动荡，周王室衰微、诸侯争霸、大夫擅权，在此种情况下坚守孔子之道何其难也。同样地，坚守中庸之道也不是一件容易的事。

孔子所说的“中庸”，当然有其具体内容与意义。从宏观上说，它基本上是在周礼范畴以内，社会发展中的一种稳定状态。孔子认为处于这种状态下的以士大夫为代表的人，皆恪守礼仪，上下有序，君臣父子，各安其位。天有十日，人有十等的局面稳定而无纷乱，这是最好的。如果人们承认这种状态的合理性并维持它，就是具有中庸之德。中庸既是一种事物发展中的状态，又是一种道德规范，同时也是一种思想方法与处事方法。这种方法要求人们思考与处事时，把握“适度”与“常态”两个关键。“度”本身是一个立体的范畴，包括上下、左右、前后、快慢、超过不足等多个侧面，对哪一个侧面超过了或达不到都不符合中庸的要求，常态本身也有一定的区间，超出了这个区间，就会破坏常态。思维与处事时，如果能保持适度，保持常态，就是坚持了中庸之道。

“子曰：‘人皆曰予知，驱而纳诸罟擭。陷阱之中，而莫之知辟也。人皆曰予知，择乎中庸而不能期月守也。’”这里的“中庸”，就是无“过”无“不及”。“过”与“不及”是“知”的问题。

此句意思是：人们都说我聪明，选择了中庸之道，却连一个月时间都坚持不住。说明遇到时间的延续时，缺乏毅力，因而也蒙蔽了聪明。此句亦非孔子自谓，而是孔子对世人不能坚守中庸之道的慨叹。

【译文】

孔子说："人们都说：'我聪明。'但被驱赶进入网罗、机槛和陷阱时，却没人知道躲避。人都说：'我明智。'但他们选择了中庸之道，却连一个月时间都不能坚持。"

【评论】

第七章，朱熹称之为："第七章。承上章大知而言，又举不明之端，以起下章也。"本章指出一般人难以坚守中庸之道。选择了中庸之道，却连一个月时间都坚持不住。这是孔子对世人不能坚守中庸之道的慨叹。

第八章

【原文】

子曰："回[①]之为人也，择乎中庸[②]，得一善[③]，则拳拳服膺而弗失之矣[④]。"

【注释】

①回之为人：

按："回"，即颜回（公元前522—前482年），姓颜，名回，字子渊。孔门第一弟子。《论语》之《先进》载："德行：颜渊，闵子骞，冉伯牛，仲弓。"《雍也》载："回也，其心三月不违仁，其余则日月至焉而已矣。"颜回为修德的典范。时人皆以为颜回有国相之才。可惜厄于短年，年仅41岁（早孔子二年）即病逝。

孔子给予颜回极高评价，如曾称颜回为"明君子"（《荀子·子道》）、"圣士"（《韩诗外传》卷七）、"大士"（《韩诗外传》卷九），认为"若回者，其至乎！虽上古圣人，亦如此而已"（《韩诗外传》卷十）。

自汉代开始，历代统治者对颜回尊崇有加。如汉高祖十二年（公元前195年）十一月至曲阜，以太牢之礼祀孔子，就以颜回配享（《陋巷志》）。东汉明帝十五年，"祠仲尼"及颜回等弟子（《后汉书·明帝纪》）。此后统治者不断地追加封号。如唐太宗时封为"先师"；唐高宗、睿宗时皆封为"太子少师"；唐玄宗时封颜回为"亚圣"等等。

颜回的为人大致表现在：

颜回聪明。《论语》之《为政》曰："子曰：'吾与回言终日，不违，如愚。退而省其私，亦足以发。回也不愚。'"这里说颜回特别聪明。又，《公冶长》曰："子谓子贡曰：'女与回也孰愈？'对曰：'赐也何敢望回？回也闻一以知十，赐也闻一以知二。’子曰：‘弗如也；吾与女弗如也。’”这里说颜回资质好，能“闻一知十”。

颜回好学。孔子曾多次称赞颜渊好学。《论语》之《雍也》载，孔子曰：“有颜回者好学……今也则亡，未闻好学者也。”又，《子罕》曰：“语之而不惰者，其回也与！”“吾见其进也，未见其止也。”

颜回有理想。《论语》之《公冶长》载，颜渊曰：“愿无伐善，无施劳。”《家语·致思》之“农山言志”章曰：“愿得明王圣主辅相之……”可见颜回之志：以德治国，使天下太平。

颜回善良、诚实。《淮南子·人间训》载，孔子曰：“（回）仁人也……丘能仁且忍。”这说明颜回单纯、善良，而孔子则不同，遇到奸邪之徒时能断然予以诛伐。

颜回坚持“和”的思想。《孔丛子·论书》曰：“自吾得回也，门人加亲。”《尚书大传·殷传》所记与此相同。类似的记载亦见于《家语》《史记》《东观汉记》。《家语·七十二弟子解》载，孔子曰：“自吾有回，门人日益亲。”《史记·仲尼弟子列传》曰：“自吾有回，门人益亲。”《东观汉记·邓禹》云：“自吾有回也，门人日以亲。”这显示了“和”在处理不同人际关系中的意义。

颜回能处贫乐道。《论语·雍也》载，子曰：“贤哉，回也！一箪食，一瓢饮，在陋巷，人不堪其忧，回也不改其乐。贤哉，回也！”这说明颜回志在弘道的坚定信仰和不畏穷困的阳光心态。

颜回能够长时间不间断行仁。《论语·雍也》载，子曰：“回也，其心三月不违仁，其余则日月至焉而已矣。”

颜回有“不迁怒，不贰过”的优良品德。《论语·雍也》载，哀公问：“弟子孰为好学？”孔子对曰：“有颜回者好学，不迁怒，不贰过。”

颜回有相国之才。《家语·弟子行》载，子贡对曰：“能夙兴夜寐，讽诵崇礼，行不贰过，夫称言不苟，是颜回之行也。孔子说之以《诗》曰：‘媚兹一人，应侯慎德。’‘永言孝思，孝思惟则。’若逢有德之君，世受显命，不失厥名。以御于天子，则王者之相也。”

《史记·孔子世家》亦有类似记载：楚昭王将以书社地七百里封孔子。楚令尹子西曰：“王之辅相有如颜回者乎？曰无有。”

当然，颜回的为人处世还有很多方面值得我们学习，此处不再列举。

“也”，表示时间。

颜回是儒家八派之一的“颜氏之儒”的开创者，在儒学发展的历史上乃至整个民族思想发展历史上都占有重要地位。

此句意思是：颜回的为人处世。

②择乎中庸：

按：选择了中庸之道。

《上海博物馆藏战国楚竹书》，是上海博物馆所藏 1994 年从香港购回的约 1700 枚（见该书第一册前言）战国竹简的整理汇编本。施宣圆《上博战国竹简解密》谓这批竹简共有 80 余篇（施宣圆：《上博战国竹简解密》，《文汇报》2000 年 8 月 16 日）。据分析，从内容上看，这些竹简全部是秦始皇“焚书坑儒”之前、原始的、第一手的战国古籍，内容涉及儒家、法家、兵家、阴阳家等，而以儒家类为主。其中史事记载，多与楚国有关，而且简文字体也是楚国文字。经研究，其竹简可能为楚国迁郢以前贵族墓中的随葬物。至今已陆续整理出版了 7 册，发布简文 46 篇。其中，《君子为礼》是《上海博物馆藏战国楚竹书》第五册中的一篇，共 16 支简。

第 9 简（本简长 47.8 厘米，上端平齐、下端残。现存 29 字）：

韋（回），蜀（独）智（知）人所亞（恶）也，蜀（独）贵人所亞（恶）也。蜀（独）　（富）人所亞（恶）也。贵而能壤（让），□斯人，欲其人（）□□贵□

此简是孔子对颜回的评价。《韩诗外传》卷九载颜回曰：“人善我，我亦善之；人不善我，我亦善之。”

“回蜀（独）智（知）人所亞（恶）也”，就是说，只有颜回能够了解人们所厌恶之事，故不为之，亦含“智者自知”之意。（回）“蜀（独）贵人所亞（恶）也”，即言人所厌恶的颜回以为贵（意即别人瞧不起的颜回瞧得起），也就是说，颜回独能重视人们所犯错误的原因，故能做到“不贰过”。所谓回“独（富）人所亞（恶）也”，意思是人所无的颜回富有（恶，同无），即只有颜回能够广泛把握人们所厌恶之事的因由与后果，故对各类人皆可做到“人善我，我亦善之；人不善我，我亦善之”。

③得一善：

按：“善”，好的思想、主张等。孔子提倡“仁”“礼”，以鼓励人们向上向善，进而实现社会和谐，天下大同。

此句意思是：得到一种善道，如好的道德规范、思想主张、处世方法等。此处指“中庸之道”。

④则拳拳服膺而弗失之矣：郑注：“拳拳，奉持之貌。”朱注：“服，犹著也。膺，胸也。奉持而著之心胸之间，言能守也。颜子盖真知之，故能择能守如此，此行之所以无过不及，而道之所以明也。”

按：“拳拳”，诚恳、恳切之意。“服”，奉持。“膺”，《说文·肉部》曰：“膺，匈也。”《说文·勹部》曰：“匈，膺也。”“匈”是“胸”的初文。“膺”即胸。

《论语·微子》载，逸民：伯夷、叔齐、虞仲、夷逸、朱张、柳下惠、少连。子曰：“不降其志，不辱其身，伯夷、叔齐与！”谓：“柳下惠、少连，降志辱身矣，言中伦，行中虑，其斯而已矣。”谓：“虞仲、夷逸，隐居放言，身中清，废中权。我则异于是，无可无不可。”《里仁》载，子曰：“君子之于天下也，无适也，无莫也，义之与比。”在这里表现了孔子提出的“中庸”理念。

子曰“人皆曰予知，择乎中庸而不能期月守也”，孔子认为“中庸”为“至德”。所以，“择乎中庸”就不是一件容易的事。“选择了中庸之道，却连一个月时间都坚持不住。”这是孔子自谓。而子曰“回之为人也，择乎中庸，得一善，则拳拳服膺而弗失之矣”这是孔子对颜回能以“中庸”处事的赞扬与肯定。中庸是一种重要的思想方法与处事方法。处事必须把握一定的“度”。“庸”就是常规，正如程颐所说：“庸中只是常……庸是定理也，定理者，天下不易之理也。”（《二程遗书·伊川先生语录一》，上海古籍出版社 1992 年版，第 123 页）

可见，“择乎中庸”就是思考问题、处理问题时能以“中庸”为原则，即能把握事物发展的“度”，遵循事物发展的规律。颜回的这种处事原则之所以受到孔子的赞扬与鼓励，这是与孔子具有强调事物发展的有序性（天下有道）的哲学思想、政治思想分不开的。

“得一善则拳拳服膺而弗失之”，表明颜回德行之佳，同时也可作为颜回好学之一证。这是说颜回深得中庸之道。颜回为人严守中庸之道，这可能是颜回做到

"自吾有回，门人日亲"的重要原因。颜回的高明处在于将"中庸"作为重要的处世方法。

此句意思是：恳切地奉持于胸中而决不失掉它。

在孔子看来，中庸是一种重要的思想方法与处事方法，也是人生所必须具备的一种美好德行。颜回"择乎中庸"，并对其拳拳服焉，时刻不忘，这无疑使孔子感到欣慰，也是对孔子推崇中庸、提倡中庸的有力支持。

本章谓颜回"择乎中庸"，又"拳拳服膺而弗失之"，这正表现了颜回性格的发展。据《家语·六本》记载，子夏曾问孔子："颜回之为人奚若?"子曰："回之信，贤于丘也。""夫回能信而不能反。"相同的记载亦见于《说苑·杂言》。这是说颜回讲信用，但遇到失信者时，不能以其人之道治其人之身。缺乏随机应变，权宜行事的能力。而此章谓颜回对中庸之道，"拳拳服膺而弗失之"，这说明颜回克服了"能信而不能反"的缺点，对周围不断变化的环境从不善应对已变为应付自如，从而使中庸之道得到很好的坚持。

【译文】

孔子说："颜回的为人，选择了中庸之道，得到了这个善道，他就牢牢保持在心中，十分佩服，而再也不丢掉它。"

【评论】

本章指出颜回是坚守中庸之道的典范。颜回选择了中庸之道，得到了这个善道，他就会牢牢保持在心中。在以质变（由奴隶制到封建制）为主的时代，仍然有人奉行中庸之道，这正体现了社会历史的复杂性。可以肯定的是，颜回的中庸只能表现在个人道德实践的范畴之内，而不可能推行到政治领域之中，这是由当时的时代特点决定的。但是，不管如何，有一个颜回奉持中庸之道，这对孔子而言，无疑是莫大的安慰。

第九章

【原文】

子曰："天下国家可均也①，爵禄可辞也②，白刃可蹈也③，中庸不可能也④。"⑤

【注释】

①天下国家可均也：

按："天下"，指全天下，与各封国相对而言。"国家"，指各个封国。"均"，平治、无风无浪，太平。

"天下国家可均也"是为君者的最高理想，很难实现。

此句意思是：全天下或每个诸侯国家都可以达到平治、使之风平浪静。

②爵禄可辞也：

按："爵"，爵位，官爵。"禄"，俸禄，禄位。"辞"，辞掉。

《家语·王言解》载，孔子曰："古者明王必尽知天下良士之名，既知其名，又知其实，又知其数及其所在焉。然后因天下之爵以尊之，此之谓至礼不让而天下治。因天下之禄以富天下之士，此之谓至赏不费而天下之士悦。如此则天下之名誉兴焉，此之谓至乐无声而天下之民和。"这就是说，一方面，"爵""禄"是古代的圣明君主笼络天下贤德士人的一种手段，是治国需要。另一方面，"爵""禄"是为臣者的奋斗目标。作为臣子，一般是很难辞"爵禄"的。《诗·小雅·角弓》曰："此令兄弟，绰绰有裕。不令兄弟，交相为愈。民之无良，相怨一方。受爵不让，至于已斯亡。"在这里，幽王父兄讽刺幽王不亲九族，喜好谗佞，以至于骨肉相怨。其中，"受爵不让，至于已斯亡"的意思是：受到爵位不相让，直到自己的死亡。

此句意思是：爵位与俸禄对士人而言是很重要的，但为了坚守仁道，也可以辞掉，这不是极难的事。

③白刃可蹈也：

按：“刃”，刀尖，刀的锋利部分。“蹈”，踏，踩。林立的尖刀，也可以踏上去。

《论语·卫灵公》载，子曰：“志士仁人，无求生以害仁，有杀身以成仁。”这是“为仁由己”的最高境界，即“杀身成仁”的境界。即在面临国家和民族危亡或其他大是大非时，为了祖国和人民的利益，宁可牺牲自己的生命，也不能让国家、民族遭受损失。为行仁道，君子能做到“白刃可蹈也”，而一般人是很难做到的。

此句意思是：为行仁道，君子可以置生死于度外，宁死不屈。

④中庸不可能也：

按：“中庸”，中庸之道。《家语·哀公问政》载，孔子曰：“……顺于亲有道，反诸身不诚，不顺于亲矣。诚身有道，不明于善，不诚于身矣。诚者，天之至道也。诚之者，人之道也。夫诚，弗勉而中，不思而得，从容中道，圣人之所以体定也；诚之者，择善而固执之者也。”这里的“从容中道”就是有能力从容推行中庸之道，只有圣人能做到。一般人需要“诚之”，即选择善道而使自己变得真诚，也能推行中庸之道。所以，对于一般人来说，执行和保持中庸之道是非常难的。

“能”，能够，能做到。“也”，句末语气词。

此句意思是：执行和保持中庸之道是非常难的。

⑤子曰天下国家可均也，爵禄可辞也，白刃可蹈也，中庸不可能也：郑注：“言中庸难，为之难。”朱注：“均，平治也。三者亦知、仁、勇之事，天下之至难也，然不必其合于中庸，则质之近似者皆能以力为之。若中庸，则虽不必皆如三者之难，然非义精仁熟而无一毫人欲之私者，不能及也。三者难而易，中庸易而难，此民之所以鲜能也。”

按：“爵禄”，官爵俸禄。

此句意思是：孔子说：“（有人）天下国家（那么难）都能治理好，爵位、俸禄（那么贵重）都能辞掉；锋利的白刃都能蹈上去。但却不能做到保持中庸之道。”

孔子用以上三件事说明坚守中庸之道比解决那些具体的困难，其难度要大得多。这也是对后之仁人、君子提出的期望，期望后世有更多的人能推行和坚守中庸之道。

【译文】

孔子说："（有人）天下国家（那么难）都可以治理好，爵位和俸禄（那么贵重）都可以辞掉；锋利凶险的白刃都可以蹈上去。但却不能做到保持中庸之道。"

【评论】

第九章，朱熹称之为："第九章。亦承上章以起下章。"本章指出，坚守中庸之道比处理一般政事要难。这也是对后之仁人、君子提出的期望，期望后世有更多的人能推行和坚守中庸之道。前面已经说明，由于孔子所处的时代是新旧制度更替的质变时期，故中庸之道不可能为大多数人所接受。所以，呈现在孔子面前的绝大部分是实行中庸之道的困难，故客观形势使孔子一再发出"实行中庸之道难"的喟叹。

第十章

【原文】

子路[①]问强[②]。子曰："南方之强与？北方之强与？抑而强与[③]？宽柔以教[④]，不报无道[⑤]，南方之强也，君子居之[⑥]。衽金革[⑦]，死而不厌[⑧]，北方之强也，而强者居之[⑨]。故君子和而不流[⑩]，强哉矫[⑪]！中立而不倚[⑫]，强哉矫！国有道，不变塞[⑬]焉，强哉矫！国无道，至死不变[⑭]，强哉矫！"

【注释】

①子路：

按：一字季路，名仲由，春秋时期鲁国卞人，孔子弟子，比孔子小九岁。以勇武和政事著称，后死于卫国内乱。

子路为孔子四友之一，孔子曾说："自吾得由也，恶言不入于门。"（《尚书大传》）子路善"政事"（《论语·先进》，《论语新编新释》2.1.2.7）。季康子问："'仲由可使从政也与？'子曰：'由也果，于从政乎何有？'"（《论语·雍也》，《论语新编新释》1.4.2.3）孟武伯问："'子路仁乎？'子曰：'不知也。'又问。子曰：'由也，千乘之国，可使治其赋也，不知其仁也。'"（《论语·公冶长》，《论语新编新释》2.1.2.5）因此，子路深受孔子称赞，为孔门十哲之一。子路善治戎，不避强御，在列国间享有盛名。《史记·孔子世家》记载："王之将率有如子路者乎？曰无有。"

又，孔子曾于鲁定公十二年（公元前498年）派子路为季氏家臣实行隳三都的计划，结果只拆毁了郈和费，郕宰因受到孟孙氏的支持，而未被毁。

另外，《家语·致思》载，子路见于孔子曰："负重涉远，不择地而休，家贫亲老，不择禄而仕。昔者由也，事二亲之时，常食藜藿之实，为亲负米百里之外。

亲殁之后，南游于楚，从车百乘，积粟万钟，累茵而坐，列鼎而食，愿欲食藜藿，为亲负米，不可复得也。枯鱼衔索，几何不蠹，二亲之寿，忽若过隙。”孔子曰：“由也事亲，可谓生事尽力，死事尽思者也。”子路是孝的典范，后世列子路入“二十四孝”。

《家语·好生》载，子路戎服见于孔子，拔剑而舞之……孔子曰：“古之君子，忠以为质，仁以为卫，不出环堵之室，而知千里之外，有不善则以忠化之，侵暴则以仁固之，何持剑乎？”子路曰：“由乃今闻此言。请摄齐以受教。”后来，子路成为孔门四科十哲之一。

《家语·弟子行》载，子贡对曰：“不畏强御，不侮矜寡，其言循性，其都以富，材任治戎，是仲由之行也。”

《论语·先进》子曰：“由之瑟奚为于丘之门？”门人不敬子路。子曰：“由也升堂矣，未入于室也。”《家语·辨乐》则称：“子路鼓瑟，有北鄙杀伐之声。”因而不合《雅》《颂》之音。孔子以雅“乐”教育弟子，所以门人不敬子路。孔子谓子路升堂而未入室，意在说明子路已经达到较高阶段，孔子此说亦用以教育不敬子路的门人。

《史记·孔子世家》云：“王之将率有如子路者乎？曰无有。”据此可知，子路善治戎，不避强御，在列国间皆享有盛名。

②强：郑注：“强，勇者所好也。”朱注：“子路好勇，故问强。”

按：“强”，指性格坚强。或释作：“勇。”关于“勇”，《孟子·公孙丑上》曰：“北宫黝之养勇也，不肤桡，不目逃，思以一毫挫于人，若挞之于市朝。不受于褐宽博，亦不受于万乘之君。视刺万乘之君，若刺褐夫。无严诸侯，恶声至，必反之。孟施舍之所养勇也，曰：‘视不胜犹胜也。量敌而后进，虑胜而后会，是畏三军者也。舍岂能为必胜哉？能无惧而已矣。’孟施舍似曾子，北宫黝似子夏。夫二子之勇，未知其孰贤，然而孟施舍守约也。昔者曾子谓子襄曰：‘子好勇乎？吾尝闻大勇于夫子矣：自反而不缩，虽褐宽博，吾不惴焉；自反而缩，虽千万人，吾往矣。’孟施舍之守气，又不如曾子之守约也。”在这里，孟子赞许的是曾子的勇。

钟肇鹏认为，《中庸》中“子路问强”一章，能当作是对中庸思想的注脚（钟肇鹏：《孔子研究》，中国社会科学出版社 1990 年版，第 219 页）。

③抑而强与：郑注："抑，辞也。'而'之言女也，谓中国也。"朱注："抑，语辞。而，汝也。"

按："抑"，表示选择的连词，可译为："……还是……"。"而"，借为"尔"，即"你"。"与"，同"欤"，语气词。

此句意思是：你问的是北方的强，还是南方的强？还是你自己所说的强呢？

④宽柔以教：朱注："宽柔以教，谓含容巽顺以诲人之不及也。"

按："宽"，宽厚。《论语》之《八佾》载，子曰："居上不宽，为礼不敬，临丧不哀，吾何以观之哉？"这是说居于上位不能宽厚待人。《阳货》载，子张问仁于孔子。孔子曰："能行五者于天下，为仁矣。"请问之。曰："恭、宽、信、敏、惠。恭则不侮，宽则得众，信则人任焉，敏则有功，惠则足以使人。"其中"宽则得众"就是（在上位者）待人宽厚就会得到民心。

"柔"，柔顺。宽厚、柔顺是一种美德。

此句意思是：教育人们宽厚柔顺。

⑤不报无道：郑注："不报无道，谓犯而不校也。"朱注："不报无道，谓横逆之来，直受之而不报也。"

按："报"，报复。"无道"，不讲道理，蛮横无理。

"无道"与"有道"相对。而"有道"在《论语》中有不同的含义：

一、《学而》载，子曰："君子食无求饱，居无求安，敏于事而慎于言，就有道而正焉，可谓好学也已。"这里的"有道"指有道之士，也就是学术造诣高深者。

《泰伯》载，子曰："笃信好学，守死善道。危邦不入，乱邦不居。天下有道则见，无道则隐。邦有道，贫且贱焉，耻也；邦无道，富且贵焉，耻也。"

《卫灵公》载，子曰："直哉史鱼！邦有道，如矢；邦无道，如矢。君子哉蘧伯玉！邦有道，则仕；邦无道，则可卷而怀之。"

《宪问》载，宪问耻。子曰："邦有道，穀；邦无道，穀，耻也。"又，子曰："邦有道，危言危行；邦无道，危行言孙。"

《公冶长》载，子谓南容："邦有道，不废；邦无道，免于刑戮。"以其兄之子妻之。

又，子曰："宁武子邦有道则知，邦无道则愚。其知可及也，其愚不可及也。"

以上句子中的"邦有（无）道"指的是国家政治清明（昏暗）。

二、《颜渊》载，季康子问政于孔子曰："如杀无道，以就有道，何如?"孔子对曰："子为政，焉用杀？子欲善而民善矣。君子之德风，小人之德草。草上之风，必偃。"这里的"无道"指民间无有道德的坏人。"有道"则指民间有道德的好人。

三、《季氏》载，孔子曰："天下有道，则礼乐征伐自天子出；天下无道，则礼乐征伐自诸侯出。自诸侯出，盖十世希不失矣；自大夫出，五世希不失矣；陪臣执国命，三世希不失矣。天下有道，则政不在大夫。天下有道，则庶人不议。"这是"天下有道"和"天下无道"的主要表现。"天下有道"是孔子的政治理想，也是他从政治国所要达到的根本目的。他对天下有道提出了几个标准：第一，天下有道，则礼乐征伐自天子出。即国家大权集中于君主之手，而不是王室衰微，大权旁落，权力中心林立。第二，天下有道，则政不在大夫。这一项与上一项的内容接近，但更进了一步。孔子反对则礼乐征伐自诸侯出。更反对自大夫出，就像鲁国的"三桓"一样，完全架空了鲁君，这是孔子不能接受的。第三，天下有道，则庶人不议。孔子重视最底层的民众，认为天下有道应该使庶人没有非议。这一点意见，十分难能可贵。第四，孔子认为天下有道应该做到君君、臣臣、父父、子子，自上至下，全国井然有序，君臣父子，各安其位。

四、《微子》载，长沮、桀溺耦而耕，孔子过之，使子路问津焉。……子路行以告。夫子怃然曰："鸟兽不可与同群，吾非斯人之徒与而谁与？天下有道，丘不与易也。"这里主要是说，人类基本的纲常秩序。

孟子亦论"有道""无道"。《孟子》之《尽心上》载，孟子曰："天下有道，以道殉身；天下无道，以身殉道；未闻以道殉乎人者也。"《离娄上》载，孟子曰："天下有道，小德役大德，小贤役大贤；天下无道，小役大，弱役强。斯二者，天也。顺天者存，逆天者亡。"其中"以道殉身"之"殉"字，意思是：自然顺从。

此句意思是：不报复蛮横无理的行为。

⑥*君子居之*：朱注："南方风气柔弱，故以含忍之力胜人为强，君子之道也。"**按：**"君子"，德行高尚者。"居"，具有，拥有。

此句意思是：君子拥有这种"强"。

⑦*衽金革*：郑注："衽，犹席也。北方以刚猛为强。"朱注："衽，席也。金，

戈兵之属。革，甲胄之属。”

按：“衽”，卧席，枕席。“金”，金属。“金革”，武器，甲胄。

此句意思是：枕着甲胄、武器睡觉，随时准备战斗。

⑧死而不厌：

按：“厌”，厌烦。

此句意思是：对“死”不害怕，不厌烦，“死”几次都行。

⑨而强者居之：朱注：“北方风气刚劲，故以果敢之力胜人为强，强者之事也。”

按：“居”，拥有。

此句意思是：强者拥有这种“强”。

⑩和而不流：郑注：“流，犹移也。”

按：“和”，和谐，和睦。“流”，随波逐流，人云亦云。

此句意思是：和谐而不随波逐流。

⑪强哉矫：郑注：“矫，强貌。”朱注：“矫，强貌。《诗》曰‘矫矫虎臣’，是也。”

按：“矫”，矫健。

此句意思是：真是坚强而矫健啊！

⑫中立而不倚：朱注：“倚，偏著也。”

按：“倚”，偏离，偏向，偏著。

“和而不流”“中立而不倚”，在这里《中庸》的作者认为是真正的“强”。

此句意思是：中立而不偏向一边。

⑬不变塞：郑注：“塞，或为‘色’。”朱注：“塞，未达也。”

此句意思是：不改变自己的内心主张。

⑭国无道，至死不变：郑注：“国有道，不变以趋时。国无道，不变以辟害。有道、无道一也。”朱注：“国有道，不变未达之所守；国无道，不变平生之所守也。此则所谓中庸之不可能者，非有以自胜其人欲之私，不能择而守也。君子之强，孰大于是？夫子以是告子路者，所以抑其血气之刚，而进之以德义之勇也。”

按：“无道”，统治黑暗。

《中庸》的作者认为，真正的“强”不受外在环境的制约：“国有道，不变塞……国无道，至死不变。”应善权变，“成己，仁也”，“成物，知也”。明善守善，方能与万物和谐共处。《论语·颜渊》载，颜渊问仁，子曰：“克己复礼为仁。一日克己复礼，天下归仁焉。为仁由己，而由人乎哉?”其中，“为仁由己”意思是：要达到仁，完全是由自己决定的。所以说，成己，仁也。

此句意思是：国家政治昏暗，一直到死也不能改变自己的主张。

【译文】

子路问怎样叫作“强”。孔子说：“你问的是南方的强？北方的强？还是你自己所说的强呢？教人以宽厚柔顺含忍，不报复横逆无道者，这是南方之强，君子拥有它。以兵戈甲胄为枕席，死而不厌，这是北方之强，强悍者拥有它。所以，君子和悦而不随波逐流，这才是强勇啊！坚持中立而不偏不倚，这才是强勇啊！国家有道，不中途改变自己的主张，这才是强勇啊！国家无道，直到死也不改变自己的主张，这才是强勇啊！”

【评论】

本章通过回答子路关于“强”的几种情形。说明坚守中庸之道就是强。教人以宽厚柔顺含忍，不报复横逆无道者，这是南方之强。以兵戈甲胄为枕席，死而不厌，这是北方之强。所以，君子和悦而不随波逐流，这是强勇。国家有道，不中途改变自己的主张，这是强勇。国家无道，直到死也不改变自己的主张，这是强勇。

第十一章

【原文】

子曰："素隐行怪①，后世有述焉②，吾弗为之矣③。君子遵道而行④，半涂而废⑤，吾弗能已矣⑥。君子依乎中庸，遯世不见知而不悔⑦，唯圣者能之⑧。"

【注释】

①素隐行怪：郑注："'素'，读如'攻城攻其所傃'之"傃"。傃，犹乡也。言方乡辟害，隐身而行佹谲以作后世名也。"朱注："素，按《汉书》当作'索'，盖字之误也。索隐行怪，言深求隐僻之理，而过为诡异之行也。"

按："素"，《汉书·艺文志》作"索"。《汉书·艺文志》曰："神仙者，所以保性命之真，而游求于其外者也。聊以荡意平心，同死生之域，而无怵惕于匈中。然而或者专以为务，则诞欺怪迂之文弥以益多，非圣王之所以教也。孔子曰：'索隐行怪，后世有述焉，吾不为之矣。'"

"索隐"，意为探索隐幽的事物（道理或物象）。"行怪"，即行为怪癖。

此句意思是：探索隐幽的道理而行为怪异。

②后世有述焉：朱注："然以其足以欺世而盗名，故后世或有称述之者。"

按："述"，记述，传述，称述。

此句意思是：后世对此有所传述。

③吾弗为之矣：郑注："弗为之矣，耻之也。"朱注："此知之过而不择乎善，行之过而不用其中，不当强而强者也，圣人岂为之哉！"

按："弗"，不。

此句意思是：我不愿意这样做，因为他们偏离了中庸之道。

④遵道而行：朱注："遵道而行，则能择乎善矣。"

按：“遵”，遵循，遵照。“道”有二解：一是可释为思想主张、策略等；二是可释为道路、正道。“行”，践行。

此句意思是：按照自己的思想主张去践行。或译为：遵循正道去行动。

⑤半涂而废：郑注：“废，犹罢止也。”朱注：“半涂而废，则力之不足也。”

按：“涂”，同“途”。“废”，停止。

此句意思是：半道（中途）停止。

⑥吾弗能已矣：郑注：“弗能已矣，汲汲行道，而为时人之隐行。”朱注：“此其知虽足以及之，而行有不逮，当强而不强者也。已，止也。圣人于此，非勉焉而不敢废，盖至诚无息，自有所不能止也。”

按：“吾”，我。“弗”，不。“能”，能够。“已”，停止。“矣”，语气词。

此句意思是：我是不能停止的。此表示孔子认为中庸之道应坚持下去，而不能半途而废。

⑦遯世不见知而不悔：郑注：“言隐者当如此也。”朱注：“不为索隐行怪，则依乎中庸而已。不能半涂而废，是以遁世不见知而不悔也。”

按：“遯”，同“遁”。“遁世”，隐居避世。“知”，知道，知晓，了解。“不见知”，不被人知道。“悔”，后悔。

此句意思是：隐居避世，不为统治者所见而不后悔。

⑧唯圣者能之：郑注：“唯舜为能如此。”朱注：“此中庸之成德，知之尽、仁之至、不赖勇而裕如者，正吾夫子之事，而犹不自居也。故曰‘唯圣者能之’而已。”

按：“圣”，指最高水平的智慧道德或技艺。《尚书·洪范》曰：“聪作谋，睿作圣。”《传》曰：“于事无不通谓之圣。”《抱朴子·辨问》云：“世人以人所尤长，众所不及者，便谓之圣。”

《论语·泰伯》载，子曰：“大哉，尧之为君也！巍巍乎！唯天为大，唯尧则之。”这是说，古代的明王圣君，如尧、舜、禹、汤、文、武、周公等，就是孔子心中的圣人。

此句意思是：只有圣人能做到这一点。

【译文】

孔子说：探索隐幽的道理而行为怪异，虽然后世可以称述，我也不愿去做。君子应该遵循正道而进行自己的事业，半途而废，我是不能这样做的。君子遵循中庸之道，隐于民间不被统治者知晓而不悔恨，（这种境界）只有圣人能够做到。

【评论】

第十一章，朱熹称之为："第十一章。子思所引夫子之言，以明首章之义者止此。盖此篇大旨，以知、仁、勇（智慧、仁爱、勇敢）三达德为入道之门。故于篇首，即以大舜、颜渊、子路之事明之。舜，知也；颜渊，仁也；子路，勇也：三者废其一，则无以造道而成德矣。余见第二十章。"本章说明"索隐行怪"和"半途而废"皆与坚守中庸之道的精神相违背。君子应该坚持中庸之道，而排除其他影响。这实际上是孔子向世人表明，他要以自己的方式坚守中庸之道。

第十二章

【原文】

君子之道费而隐[①]。夫妇之愚，可以与知焉[②]，及其至也，虽圣人亦有所不知焉[③]；夫妇之不肖，可以能行焉[④]，及其至也，虽圣人亦有所不能焉。[⑤]天地之大也，人犹有所憾[⑥]。故君子语大，天下莫能载焉；语小，天下莫能破焉[⑦]。《诗》云：‘鸢飞戾天，鱼跃于渊[⑧]。’言其上下察也。君子之道，造端乎夫妇；及其至也，察乎天地[⑨]。”

【注释】

①君子之道费而隐：郑注：“言可隐之节也。费，犹佹也。道不费则仕。”朱注：“费，符味反，用之广也。隐，体之微也。”

按：“君子之道”，君子的思想主张，包括行为的方式方法等。本处指中庸之道。如孔子的道就是恢复周礼，实现天下统一，使礼乐征伐自天子出。“费”，一作“拂”，功用广大之意。“隐”，隐幽、细微。

“君子之道”在《中庸》中出现七次。如，第十二章：“君子之道费而隐。夫妇之愚，可以与知焉，及其至也……故君子语大，天下莫能载焉；语小，天下莫能破焉。”“君子之道，造端乎夫妇；及其至也，察乎天地。”第十三章：“君子之道四，丘未能一焉：所求乎子，以事父未能也；所求乎臣，以事君未能也；所求乎弟，以事兄未能也；所求乎朋友；先施之未能也。”第十五章：“君子之道，辟如行远必自迩，辟（譬）如登高必自卑。”第二十九章：“故君子之道：本诸身，徵诸庶民，考诸三王而不缪，建诸天地而不悖，质诸鬼神而无疑，百世以俟圣人而不惑。质诸鬼神而无疑，知天也；百世以俟圣人而不惑，知人也。”第三十三章：“君子之道，暗然而日章；小人之道，的然而日亡。”“君子之道：淡而不厌，简而文，温而理，知远之近，知风之自，知微之显，可与入德矣。”

1973 年，河北定县八角廊 40 号汉墓出土了一批竹简，经整理定名为《儒家者言》。

墓主推定为西汉中期的中山怀王刘修。出土的竹简中的一部分，内容多谈及儒家的忠、孝、礼、信等道德。如：君子道四强于行弱于辞□（十三）（见定县汉墓竹简整理小组：《〈儒家者言〉释文》，《文物》1981 年第 8 期）此文当读为：“君子道四：强于行，弱于辞，□……”正与《家语·六本》之文对应。其文如下：孔子曰：“回有君子之道四焉：强于行义，弱于受谏，怵于待禄，慎于治身。”另外，亦见于《说苑·杂言》。其文如下：孔子曰：“回，若有君子之道四：强于行己，弱于受谏，怵于待禄，慎于持身。”

此句意思是：君子的思想主张既有功用广大的一面，又有隐幽、细微的一面。

②夫妇之愚，可以与知焉：郑注：“与，读为‘赞者皆与’之与。言匹夫匹妇愚耳，亦可以其与有所知。”朱注：“与，去声。”

按：“夫妇”，指村妇野老。“知”，了解。

此句意思是：最下层的村妇野老，也可以与之接触了解。“与”，参预，接触。这些由“道”之既广大又隐幽细微的特点决定的。这说明中庸之道并非远离民众，而是民众可以“与知”。

③及其至也，虽圣人亦有所不知焉：

按：“知”，知晓，知道。“至”，顶点，最高境界。

“圣人”，《论语》一书中有多处提到“圣”“圣人”。《季氏》载，孔子曰：“君子有三畏：畏天命，畏大人，畏圣人之言。小人不知天命而不畏也，狎大人，侮圣人之言。”（《论语新编新释》4. 1. 2. 5）《子张》载，子游曰：“子夏之门人小子，当洒扫、应对、进退，则可矣。抑末也，本之则无。如之何?”子夏闻之曰：“噫！言游过矣！君子之道，孰先传焉？孰后倦焉？譬诸草木，区以别矣。君子之道，焉可诬也？有始有卒者，其惟圣人乎！”（《论语新编新释》4. 6. 3. 5）《述而》载，子曰：“文，莫吾犹人也。躬行君子，则吾未之有得。”“若圣与仁，则吾岂敢？抑为之不厌，诲人不倦，则可谓云尔已矣。”又曰：“圣人，吾不得而见之矣；得见君子者，斯可矣。”（《论语新编新释》5. 9. 1. 1）这就是说孔子认为自己不是圣人，在现实生活中能见到君子也就不错了。

此句意思是：说到它的最高境界，即使圣人也有不知道之处。这里表现了宇宙（事物）的无限性与人的认识能力受到时代局限之间的矛盾。

④夫妇之不肖，可以能行焉：郑注：“可以其能有所行者。”朱注：“君子之道，近自夫妇居室之间，远而至于圣人天地之所不能尽，其大无外，其小无内，可谓费矣。然其理之所以然，则隐而莫之见也。”

按：“不肖”，即没有才能。“行”，践行，履行。

此句意思是：一般夫妇没有什么才能，但也可以践行君子之道。儒学与百姓日常所用密切相关，此可为一例。

⑤及其至也，虽圣人亦有所不能焉：郑注：“以其知行之极也，圣人有不能。如此舜好察迩言，由此故与？”朱注：“盖可知可能者，道中之一事，及其至而圣人不知不能。则举全体而言，圣人固有所不能尽也。侯氏曰：‘圣人所不知，如孔子问礼、问官之类；所不能，如孔子不得位、尧舜病博施之类。’”

按：“至”，极致，最高点。“圣人”，一般指古代的明王圣君，如尧、舜、禹、汤、文、武、周公等。

此句意思是：至于说到最高境界，即使圣人也有不能达到之处。

⑥天地之大也，人犹有所憾：郑注：“憾，恨也。天地至大，无不覆载，人尚有所恨焉，况于圣人，能尽备之乎？”朱注：“人所憾于天地，如覆载生成之偏，及寒暑灾祥之不得其正者。”

按：“憾”，恨，遗憾。

此句意思是：天地无限广大，但人对天仍有不满之处（如天灾的发生等）。因为自然界物资虽然极为丰富，但并不能完全满足人类的需要，人类必须对自然物资加以改造制作，才能基本满足自己的需要。另外，自然界灾害不断，也给人类带来无穷灾难和遗憾。

⑦故君子语大，天下莫能载焉；语小，天下莫能破焉：郑注：“语，犹说也。所说大事，谓先王之道也。所说小事，谓若愚、不肖夫妇之知行也。圣人尽兼行。”

按：“莫”，无，没有。“载”，承载。“焉”，语气词。

此句意思是：所以，君子说的大，天下没有能承载它的；所说的小，天下没有能破解它的。“天下之道”有多种，一方面，大者极大，小者极小。另一方面，大者亦有微小之处，小者亦有宏大之处，只是看问题的角度不同罢了。如中庸之道，从大的方面说关乎国家兴衰存亡；小的方面看，只关系个人仕途穷富等一时荣辱。人们只有从大小等多角度多侧面去观察，才能得到接近于实际的结论。

⑧鸢飞戾天，鱼跃于渊：郑注："言圣人之德至于天则鸢飞戾天，至于地则鱼跃于渊，是其著明于天地也。"朱注："鸢，余专反。《诗》，《大雅·旱麓》之篇。鸢，鸱类。戾，至也。察，著也。

按："鸢飞戾天，鱼跃于渊"，语出《诗·大雅·旱麓》。"鸢"，音（yuān），鹰鹞之类。"戾"，《说文》："戾，弯曲"。段注："弯曲的目的是要到达某地"。"戾"即至也。"渊"，深渊，深潭。子思（公元前483—前402年）引此诗以明化育流行，上下昭著，莫非此理之用，所谓费也。然其所以然者，则非见闻所及，所谓隐也。故程子曰：'此一节，子思吃紧为人处，活泼泼地，读者其致思焉。'"

此句意思是：鹰飞于昊天，鱼跃于深渊。

⑨君子之道，造端乎夫妇；及其至也，察乎天地：郑注："夫妇，谓匹夫匹妇之所知所行。"朱注："结上文。"

按："君子"，丁四新指出，君子既指五行皆形于内，又指能时行之的人。并认为君子是自我超越的内圣与淑化世人的外王的统一（丁四新：《郭店楚墓竹简思想研究》，东方出版社2000年版，第138页）。

"造端"，发端，开始。"察"，著。

此句意思是：君子之道，发端于普通夫妇的所知所行，而其最高境界，就要通过观察天地，才能理解。本章所论，颇多辩证思想，值得认真玩味。

"君子之道费而隐。夫妇之愚，可以与知焉，及其至也，虽圣人亦有所不知焉……故君子语大，天下莫能载焉；语小，天下莫能破焉。……君子之道，造端乎夫妇；及其至也，察乎天地。"君子之道博大精深，要求君臣上下相察。"夫妇之不肖，可以能行焉，及其至也，虽圣人亦有所不能焉"这是说君子之道无处不在，小到"普通夫妇"，大到"君子、圣人"。

【译文】

君子之道既广大又精微。（说它细微）即使最普通的愚昧无知的夫妇，也可以了解一点；而说到它的最高境界，即使圣人也会有不能把握的地方。即使不贤能的普通的夫妇，在最初也能够有所践行；而在达到最高境界时，即使圣人也有无法作为的时候。天地已经无限广大，还有人感觉其不够大。所以，君子所说的

“大”，天下没有能够承载它的；说的“小”，天下之人没有人能够破解它。《诗·大雅·旱麓》曰：“‘鸢飞戾天，鱼跃于渊。’（《诗·大雅·旱麓》说：“鹰鸱高飞于天，鱼儿跃于深渊。”）”这里说的是它们在上下观察。君子之道，发端于普通夫妇的所知所行；而其最高境界，就要观察天地才能了解。

【评论】

第十二章，朱熹称之为：“第十二章。子思之言，盖以申明首章道不可离之意也。其下八章，杂引孔子之言以明之。”本章说明“君子之道”的特点。“君子之道费而隐”就是说君子之道是既广大无边，又细小精微的。从低而言，愚蠢的夫妇对它在一定程度上可知可行；从高而言，即使圣人也不能完全了解和完全做到。应该说，《中庸》的作者对“道”的这种认识是包含了辩证法因素的，因而是符合客观实际的。道作为事物（包括思维、人的主观能动性）运行的法则或规律，既存在于宏观的宇宙之中，也存在于微观的细小事物中。因此，处于社会上不同档次的人，皆可认识之，利用之。《中庸》的作者在两千年前，即对此有一定程度的认识，这无疑彰显了《中庸》一书的理论价值。

第十三章

【原文】

子曰："道不远人，人之为道而远人，不可以为道[①]。《诗》云：'伐柯伐柯，其则不远[②]。'执柯以伐柯，睨而视之，犹以为远。故君子以人治人，改而止[③]。忠恕违道不远，施诸己而不愿，亦勿施于人[④]。君子之道四，丘未能一焉：所求乎子，以事父未能也；所求乎臣，以事君未能也；所求乎弟，以事兄未能也；所求乎朋友，先施之未能也[⑤]。庸德之行，庸言之谨，有所不足，不敢不勉，有余不敢尽[⑥]；言顾行，行顾言[⑦]，君子胡不慥慥尔[⑧]！

【注释】

①道不远人，人之为道而远人，不可以为道：郑注："言道即不远于人，人不能行也。"朱注："道者，率性而已，固众人之所能知能行者也，故常不远于人。若为道者厌其卑近，以为不足为，而反务为高远难行之事，则非所以为道矣。"

按："道"，此处指各种所行主张。"远"，远离，离开。

《论语·卫灵公》载，子曰："人能弘道，非道弘人。"由此可见，人与道的关系。但是，"人能弘道，非道弘人。"此话欠妥。正确的说法应是："人能弘道，道亦能弘人。"孔子从教数十年，弟子三千，实际所从事的就是以儒家之道而弘人的工作。广而言之，古今一切教育、宣传都是以道弘人的工作，即用知识、理论、技能等来开启、充实、扩大受教育者的头脑、体力。这样，才有可能使"人皆可以为尧舜"，使民族素质不断提高，社会不断前进。若"非道弘人"，学习有何用，知识特别是先进理论有何用？孔子所谓"非道弘人"，不知在何语境中产生。但这与他所谓"唯上智与下愚不移"，"困而不学，民斯为下矣"的认识有关。当然，对于这两句话不能作绝对化的理解。

无论是“道能弘人”还是“人能弘道”，都是需要发挥人的主观努力的。一个浑浑噩噩、无所事事的懒汉，既无法做到“人能弘道”，也无法做到“道能弘人”，只能是“人不能弘道，道亦不能弘人”。

此句意思是： 一种思想主张是不能离开人事人世的（如改善民生、改革社会风气等），如果人们所实行的思想主张反而远离人事人世，那就不可以再去实行这样的主张。以上为孔子的话。

②伐柯伐柯，其则不远：郑注：“则，法也。言持柯以伐木，将以为柯近，以柯为尺寸之法。”朱注：“《诗·豳风·伐柯》之篇。柯，斧柄。则，法也。”

按：“伐柯伐柯，其则不远”，语出《诗·豳风·伐柯》。“伐”，《说文·人部》：“伐，击也。”“伐”即砍伐。“柯”，斧柄。“则”，标准。

此句意思是： 用斧子去伐木以作斧柄，斧柄的标准就在不远处（就在伐木者的手中）。《中庸》作者借此诗意说明“道不远人”的道理。

③执柯以伐柯，睨而视之，犹以为远。故君子以人治人，改而止：郑注：“此法不远人，人尚远之，明为道不可以远。言人有罪过，君子以人道治之，其人改则止赦之，不责以人所不能。”朱注：“睨，研计反，邪视也。言人执柯伐木以为柯者，彼柯长短之法，在此柯耳。然犹有彼此之别，故伐者视之犹以为远也。若以人治人，则所以为人之道，各在当人之身，初无彼此之别。故君子之治人也，即以其人之道，还治其人之身。其人能改，即止不治。盖责之以其所能知能行，非欲其远人以为道也。张子所谓‘以众人望人则易从’，是也。”

按：“执”，持，拿。“睨”，斜视，不用正眼看。“治”，教化。“止”，停止。

此句意思是： 手持斧柄来伐取斧柄，斜眼一看就能看到，尚且嫌远。所以，君子用人的榜样来教育人，改正了错误也就行了。以上这一段，仍是《中庸》作者的话。

④忠恕违道不远，施诸己而不愿，亦勿施于人：郑注：“违，犹去也。”朱注：“尽己之心为忠，推己及人为恕。违，去也，如《春秋传》齐师‘违穀七里’之违，言自此至彼，相去不远，非背而去之之谓也。道，即其不远人者是也。‘施诸己而不愿，亦勿施于人’，忠恕之事也。以己之心度人之心，未尝不同，则道之不远于人者可见。故己之所不欲，则勿以施之于人，亦不远人以为道之事。张子所

谓‘以爱己之心爱人，则尽仁’，是也。”

按：“忠恕”，《说文解字》曰：“忠，敬也。”“恕，仁也。”

孔子思想的核心是“仁”。那么“恕”“仁”之间存在着什么样的关系呢？

《论语·雍也》载，子贡曰：“如有博施于民而能济众，何如？可谓仁乎？”子曰：“何事于仁！必也圣乎！尧、舜其犹病诸！夫仁者，己欲立而立人，己欲达而达人。能近取譬，可谓仁之方也已。”北宋程颐说：“恕者入仁之门。”（《二程集·河南程氏遗书》卷第十五，《伊川先生语一》）这就是说，恕之道即为行仁之方。

《大戴礼记·卫将军文子》载，孔子曰：“高柴执亲之丧则难能也；开蛰不杀，则天道也；方长不折，则恕也。恕则仁也，汤恭以恕，是以日跻也。”在这里，孔子认为“恕”就是仁。

除孔子本人认为“恕就是仁”，还有颜师古等人。颜师古注《汉书·杜周传》之“王者法天地，非仁无以广施，非义无以正身；克己就义，恕以及人，六经之所上也”一段时将“恕”释为：“仁也。言以仁爱为心，内省己志施之于人也。”另外，《管子·小问》载：“语曰：‘非其所欲，勿施于人’，仁也。”

“忠”，忠心，忠诚，就是为国家民族的发展尽心尽力。“恕”就是推己及人，将心比心，为他人着想。在践行忠恕之道时，也必须坚持中庸。

孔子学说的基本精神还可以用一个字来概括，那就是“仁”。“仁”即修己安人，修己以安百姓，以忠恕之道行天下，由亲亲发展为推己及人，仁民爱物，天下为公，天地人鬼神和谐相处。同时，“仁”表现为“忠”“恕”。什么是忠？什么是恕？《论语·雍也》载，子曰：“夫仁者，己欲立而立人，己欲达而达人。”孔子主要是从“修己”与“安人”的关系上加以阐发的。《论语·学而》载，曾子曰：“为人谋而不忠乎？”曾子则对“忠”作了进一步解释，就是说诚心为他人办事即为忠，这仍是从安人的角度讲的。

《论语》中多次提到“忠”字。《为政》载，季康子问：“使民敬、忠以劝，如之何？”子曰：“临之以庄则敬，孝慈则忠，举善而教不能，则劝。”孔子认为民众忠诚于国君的前提条件是国君用庄严的态度对待民众，如尊敬老人，慈爱晚辈。《八佾》载，定公问：“君使臣，臣事君，如之何？”孔子对曰：“君使臣以礼，臣事君以忠。”在古代社会中，处于下位的臣要对上位的国君忠诚，是“忠”

的主要表现之一。《里仁》载，子曰："参乎！吾道一以贯之。"曾子曰："唯。"子出。门人问曰："何谓也?"曾子曰："夫子之道，忠恕而已矣。"曾子用"忠恕"来解释孔子的一贯之道，随即把人们的思路引向"心""性"这一主观方面。从此由曾子而思孟学派，由思孟学派而程朱理学、陆王心学，使重视心性修养，重视主观作用的传统传之久远，在历史上产生了重要影响。《公冶长》载，子张问曰："令尹子文三仕为令尹，无喜色；三已之，无愠色。旧令尹之政，必以告新令尹。何如?"子曰："忠矣。"先后三次担任令尹之职，没有喜悦之色；又三次被罢免，也没有怨怒之色。他在离职前，一定把执政的有关情况告诉新令尹。这个人怎么样?"孔子对楚国令尹子文的评价是："够得上忠于国家。"忠国、忠君是儒家思想的重要内容。《述而》载："子以四教：文，行，忠，信。"这是孔子以"忠"教育弟子，要忠诚守信，忠于国家，对国君忠心。《子罕》载，子曰："主忠信，毋友不如己者，过则勿惮改。"孔子认为君子为人处世要庄重，要以忠信为主旨，要与同类人交友，犯了错误要勇于改正。《颜渊》载，子贡问友。子曰："忠告而善道之，不可则止，毋自辱焉。"这是说，交友时要保持忠诚的态度，朋友有了问题，要以忠言相告，以尽朋友之义。又，子张问崇德、辨惑。子曰："主忠信，徙义，崇德也。"子张问政。子曰："居之无倦，行之以忠。"在这里孔子告诉子张要具有高尚德行，就必须以忠诚守信为人生宗旨。用忠正无私的态度去推行政令。《子路》载，樊迟问仁。子曰："居处恭，执事敬，与人忠。"在与人交往时，应遵循忠诚无欺的原则。《宪问》载，子曰："爱之，能勿劳乎？忠焉，能勿诲乎？"此处"忠"为泛指，"忠于某人、某事"。《卫灵公》载，子张问行。子曰："言忠信，行笃敬，虽蛮貊之邦行矣；言不忠信，行不笃敬，虽州里行乎哉？立，则见其参于前也；在舆，则见其倚于衡也。夫然后行。"孔子教育子张说话要忠诚守信，行为要敦厚严肃。《季氏》载，孔子曰："君子有九思：视思明，听思聪，色思温，貌思恭，言思忠，事思敬，疑思问，忿思难，见得思义。"君子说话要考虑是否做到了忠诚。

《家语·儒行解》载："儒有居处齐难，其起坐恭敬，言必诚信，行必忠正，道涂不争险易之利，冬夏不争阴阳之和，爱其死以有待也，养其身以有为也。"这里的"忠"，是"忠正"之义。大意是说，（君子）儒者日常起居，严肃庄重而一般人难以做到，他们坐立都表现出恭敬之态，言必诚信，行必忠正。

《家语·子路初见》载，子曰："比干于纣，亲则诸父，官则少师，忠报之心在于宗庙而已，固必以死争之，冀身死之后，纣将悔寤，其本志情在于仁者也。"（比干对于纣来说，论亲情是叔父，论官职是少师，尽忠报答的心情是为了王室的延续罢了，所以必然要以死规劝，希望自己死后，纣王能反悔醒悟，他本来的心意和情感都是出于仁义。）其中"忠"是"尽忠"。

关于"恕"，《论语·卫灵公》载，子曰："其恕乎！己所不欲，勿施于人。"即对于那些不好的事，自己不愿意发生的，也就不要施与他人。《家语·颜回》载，颜回曰："一言而有益于智，莫如预；一言而有益于仁，莫如恕。夫知其所不可由，斯知所由矣。"颜回的意思是：如果说有一个字有益于仁德，什么也比不上'恕'字。可见"恕"在日常生活中的重要作用。

"违"，去，离。"道"，正确的主张、思想。"施"，加也。"己"，自己。"愿"，愿意。

此句意思是：忠恕离君子之道不远，凡是施加到自己身上而不愿意的，也就不要施加到别人身上。这里讲的主要是"恕"的内涵。《论语》之《雍也》载："夫仁者，己欲立而立人，己欲达而达人。"（《论语新编新释》1.2.1.18）可联系阅读。《颜渊》曰："己所不欲，勿施于人。"（《论语新编新释》1.2.1.20）

可联系阅读。

⑤君子之道四，丘未能一焉：所求乎子，以事父未能也；所求乎臣，以事君未能也；所求乎弟，以事兄未能也；所求乎朋友，先施之未能也：郑注："圣人而曰我未能，明人当勉之无已。"朱注："子、臣、弟、友，四字绝句。求，犹责也。道不远人，凡己之所以责人者，皆道之所当然也，故反之以自责而自修焉。"

按："君子"，指德行高尚而又具有一定社会地位者。

"君子之道四"的说法，旨在强调君子的塑造是在"事父""事君""事兄"与信于朋友四者而成。（见王国轩译注：《大学中庸》，中华书局 1998 年版，第 73 页）

"君子之道"，黄怀信在《论语汇校集释》中说："君子之道，君子兼人格，地位言。道谓立身行事之方。"因此，"君子之道"就是君子所本应遵循的以仁、义为准则的立身处世规范。"丘"，孔子。"弟"，通"悌"。

《论语》中两次提到"君子之道"。一是《论语·公冶长》载，子谓子产：

“有君子之道四焉：其行己也恭，其事上也敬，其养民也惠，其使民也义。”（《论语新编新释》1.10.1.4，江西人民出版社2016年版）这是孔子评价子产“有君子之道四：自己的行为态度谦恭认真，侍奉君上诚心尊敬，养护民众能给予实际利益，役使民众能适当合理。”二是《宪问》载，子曰：“君子道者三，我无能焉：仁者不忧，知者不惑，勇者不惧。”子贡曰：“夫子自道也。”（《论语新编新释》1.10.1.4）也就是说，孔子从子事父，臣事君，弟事兄，朋友之间四个方面说明自己在践行君子之道方面，都没有做好，表现仁者严于责己的精神。

《家语·六本》载，孔子曰：“回有君子之道四焉：强于行义，弱于受谏，怵于待禄，慎于治身。史鳝有君子之道三焉：不仕而敬上，不祀而敬鬼，直己而曲人。”在这里，孔子说：“颜回具备君子行事原则的四个方面：实行道义时很坚强。接受劝谏时很虚心。宁以清净自守，害怕得到官禄。立身行事时很谨慎。史鳝具备君子行事原则的三个方面：不做官却尊敬身居上位的人，不祭祀却能敬事鬼神，严格要求自己正直却能宽以待人。”

“故君子以人治人，改而止。忠恕违道不远，施诸己而不愿，亦勿施于人。……所求乎朋友；先施之未能也。”这一段彰显了人道、天道，天道的不充分需要人道来补充。

“朋”，邢昺谓包咸云：“同门曰朋。”（邢昺：《论语注疏》，《十三经注疏》本，北京大学出版社1999年版）

“朋友”，《论语·季氏》载，孔子曰：“益者三友，损者三友。友直，友谅，友多闻，益矣。友便辟，友善柔，友便佞，损矣。”在这里，孔子说朋友分为两种情况：有益与有损。其中，有益者有三种，有损者亦有三种。有益的朋友有三种：即友直，友谅，友多闻，益矣。有损害的朋友也有三种，即友便辟，友善柔，友便佞。这是交友时必须注意的。

此句意思是：君子之道有四个方面，我孔丘一条也没有做到：要求以儿子的标准侍奉父亲的，没有做到；要求以臣子的标准事奉君王的，没有做到；要求以弟弟的标准侍奉兄长的，没有做到；要求朋友做到的，自己没有先做到。

⑥庸德之行，庸言之谨，有所不足，不敢不勉，有馀不敢尽：郑注：“庸，犹常也，言德常行也，言常谨也。圣人之行实过于人，有馀不敢尽，常为人法，从礼也。”朱注：“庸，平常也。行者，践其实。谨者，择其可。德不足而勉，则行

益力；言有馀而讱，则谨益至。”

按： 对“庸”的理解，见仁见智。徐复观认为“所谓‘庸’者，乃至‘平常的行为’”而言。“庸”，即平常的。

“德”，会意字。金文写作：“悳。”《易》云：“不恒其德，或承之羞。”意思是：《易经》上说：“处事不能坚持应有的道德标准，有时就会受到羞辱。”

“庸德”，即平常的道德。

“谨”，谨慎，慎重。“勉”，勉励，努力。

此句意思是： 平常的道德践行，言语的谨慎方面，有不足之处，不敢不努力做好，有些多余的话不敢多说。

⑦言顾行，行顾言：朱注：“谨之至则言顾行矣；行之力则行顾言矣。”

按： “言”即言论。言论的内容则是对于“诚”的认识，这种认识就是“知”。“行”即行为、行动。

对于“知”“行”问题，宋代朱熹在《朱子语类》中说：“知与行，工夫须著并到。知之愈明，则行之愈笃；行之愈笃，则知之益明。二者皆不可偏废。”“知、行常相须，如目无足不行，足无目不见”且“圣贤说知，便说行”（《朱子语类》卷十四，第281页）其中的“须”，《正字通》云：“须，资也。”这都是讲的“知”与“行”密不可分的。

明代王阳明也探讨过“知”“行”问题。他说：“知是行的主意，行是知的功夫；知是行之始，行是知之成。”（王阳明撰，张怀承注释：《传习录》，岳麓出版社2004年版，第10页）“知之真切笃实处，即是行；行之明觉精察处，即是知，知行工夫本不可离。”（《传习录》，第127页）

同一时代的，还有罗钦顺的“知行并进论”、王廷相的“知行兼举论”、王夫之的“知行相资论”。

“顾”，反思，回头看。

此句意思是： 说话时反思（自己的）行动，行动时反思（自己的）说话（以做到言行一致）。

⑧君子胡不慥慥尔：郑注：“君子，谓众贤也。慥慥，守实，言行相应之貌。”朱注：“慥慥，笃实貌。言君子之言行如此，岂不慥慥乎？赞美之也。凡此皆不远人以为道之事。张子所谓‘以责人之心责己，则尽道’，是也。”

按：“胡”，怎么。“慥慥”，急切追求上进之貌。“尔”，语气词。全句言：君子怎么会不急切追求上进呢？另外，“慥”，《广韵·号部》：“慥，言行急。”“慥慥（zào）”有二解：一解为“笃实貌。”（见朱注）二解为王引之《经义述闻·广雅》：“‘慥’，言行急也。慥慥，犹蹙蹙，汲汲有黾勉不敢缓之意。”这里以“一解”为优。

此句意思是：君子怎么会不踏踏实实追求上进呢？亦可。

【译文】

孔子说：“道不能远离人（人世人事），如果道远离人（人不能行之），那就不可以称之为道了。”《诗·豳风·伐柯》曰：“伐柯伐柯，其则不远。”（《诗·豳风·伐柯》说：“砍斧柄啊砍斧柄，斧柄样子就在手中。”）手执斧柄来砍伐斧柄，斜眼一看，仍然会发现差得很远。所以，君子以人为楷模来教化人，改正了错误也就行了。忠恕就离道不远，凡是不愿意施加到自己身上的，也就不要施加到别人身上。君子之道有四个方面，我孔丘一条也没有做到：要求以儿子的标准侍奉父亲的，没有做到；要求以臣子的标准事奉君王的，没有做到；要求以弟弟的标准侍奉兄长的，没有做到；要求朋友做到的，自己没有先做到。（生活中）践行平常的德行，谨慎平常的言语，德行有不足之处，不敢不努力；言语说多了不敢再尽兴；说话时反思（自己的）行动，行动时反思（自己的）说话，（以做到言行一致），君子怎么能不笃实地去追求（言行一致）呢？”

【评论】

第十三章，朱熹称之为：“第十三章。道不远人者，夫妇所能，丘未能一者，圣人所不能，皆费也。而其所以然者，则至隐存焉。下章放此。”本章引用孔子关于道与人关系的一段话说明“道不远人”“道不可须臾离也”。强调人必须努力践行道。忠恕就离道不远，凡是不愿意施加到自己身上的，也就不要施加到别人身上。君子之道有四个方面：儿子侍奉父亲；臣子侍奉君王；弟弟侍奉兄长；朋友之交。

以上这三个方面对于今天的人们都具有明显的启发与借鉴意义。首先是“道不远人”，人亦不可须臾离开道的问题。我们现在的道就是搞好社会主义现代化建设和改革开放。这个道与每一个人的生活息息相关，我们一刻也不能离开它，我们要遵从这个道，实现这个道。其次是要用忠恕之道，修己安人。实现中国梦，需要千百万群众的共同努力，群众之间难免要发生各种摩擦、纠纷，这就需要以忠恕之道待之，严于律己、宽以待人，搞好团结。最后孔子说的君子之道的四个方面，亦为每个人平常处事所必须注意的，每个人都要做君子，不要做小人，才能和谐共赢。

第十四章

【原文】

君子素其位而行[①]，不愿乎其外[②]。素富贵，行乎富贵[③]；素贫贱，行乎贫贱[④]；素夷狄，行乎夷狄[⑤]；素患难，行乎患难[⑥]；君子无入而不自得焉[⑦]。在上位不陵下，在下位不援上[⑧]，正己而不求于人则无怨[⑨]。上不怨天，下不尤人[⑩]。故君子居易以俟命，小人行险以徼幸[⑪]。子曰："射有似乎君子，失诸正鹄，反求诸其身[⑫]。"

【注释】

①君子素其位而行：郑注："傃，皆读为'素'。不愿乎其外，谓思不出其位也。"朱注："素，犹见在也。言君子但因见在所居之位而为其所当为。"

按："素"，本色、本来的。"行"，行事，做事。

此句意思是：君子根据他本来的地位而行事。

②不愿乎其外：朱注："无慕乎其外之心也。"

按："愿"，贪求，愿望，想法，贪慕之心。

此句意思是：不抱有所处地位应享有的权利之外的企望。

③素富贵，行乎富贵：

按："素富贵"，处于富贵的地位。颜含的《靖侯成规》云："汝家书生门户，世无富贵；自今仕宦不可过二千石，婚姻勿贪势家。"颜之推在《颜氏家训·止足》中自称，对此"吾终身服膺，以为名言也"。为了说明问题，他指出历史上的一些帝王，如周穆王、秦始皇、汉武帝等，虽已富有四海、贵为天子，但因仍不知其极，贪欲无穷，结果都以失败告终。这说明，人如果不按照他本来的地位而行事是不行的。

此句意思是：本来处于富贵地位，就按富贵地位的权利行事。

④素贫贱，行乎贫贱：

按：“行乎贫贱”，就按贫贱地位行事。

此句意思是：本来处于贫贱地位，就按贫贱地位行事。

⑤素夷狄，行乎夷狄：

按：“夷狄”，古代对处于边远地区的少数民族的称呼。古代中原人用“夷狄”一词，含有一定蔑视的成分，但今天使用该词语，已完全没有蔑视之意，只是一种沿用而已。

此句意思是：如果本来就处于夷狄地位，就按夷狄的地位行事。

⑥素患难，行乎患难：朱注：“难，去声。此言素其位而行也。”

按：“行乎患难”，就按处于患难之中应有的原则、道理行事。

此句意思是：处于患难之中，就按处于患难之中应有的原则、道理行事。

⑦君子无入而不自得焉：郑注：“自得，谓所乡不失其道。”

按：“不自得”，不适合、不愉快，非其所应处之地。

此句意思是：君子不进入不适合自己的境地。

⑧在上位不陵下，在下位不援上：郑注：“援，谓牵持之也。”朱注：“援，平声。”

按：“陵”，欺凌，欺侮。“援”，攀。

此句意思是：在上位时不欺凌下位者；在下位时，不攀援处于上位者。

⑨正己而不求于人则无怨：郑注：“无怨，人无怨之者也。《论语》曰：‘君子求诸己，小人求诸人。’”

按：“正己”，端正自己。《论语·卫灵公》载，子曰：“躬自厚而薄责于人，则远怨矣。”可参阅《论语新编新释》1.6.1.8。

“在上位不陵下，在下位不援上，正己而不求于人则无怨”这是说“忠恕”。

此句意思是：端正自己而不乞求他人的帮助，就不会产生怨恨。

⑩上不怨天，下不尤人：朱注：“此言不愿乎其外也。”

按：“怨”，怨恨。《论语·宪问》子曰：“不怨天，不尤人。下学而上达。知我者，其天乎！”可参阅《论语新编新释》3.4.1.5。

此句意思是：向上，不怨恨天没有眷顾自己；向下，不把罪过推给他人。

君子应正确对待客观形势，正确对待他人。即“不怨天”，亦“不尤人”。努力开辟新的人生航向，使自己的心志、理想，有人理解、弘扬。

⑪君子居易以俟命，小人行险以徼幸：郑注："易，犹平安也。俟命，听天任命也。险，谓倾危之道。"朱注："易，去声，平地也。居易，素位而行也。俟命，不愿乎外也。徼，求也。幸，谓所不当得而得者。"

按："居"，处，处于。"易"，平地。"居易"，素位而行也。"俟"，等待，等候。"易"，平易，与"险"相对。"命"，机遇。"行"，做。"险"，危险，险境。"行险"，冒险。"徼"，求。"幸"，谓所不当得而得者。

"君子居易以俟命，小人行险以徼幸"，这就是说君子堂堂正正，光明磊落，不忧不惧。

此句意思是：君子处于平易的地位，等待机遇，小人依靠冒险得到好处。

⑫子曰射有似乎君子，失诸正鹄（gǔ），反求诸其身：郑注："反求于其身，不以怨人。画曰正，栖皮曰鹄。"朱注："正，音征。鹄，工毒反。画布曰正，栖皮曰鹄，皆侯之中，射之的也。子思引此孔子之言，以结上文之意。"

按："射"，射箭。"君子"，有德行之人。"身"，自身。"诸"，"之于合音"。"正""鹄"：均指箭靶子。画布曰正，棲皮曰鹄。"失诸正鹄"，指没有射中靶心。

"君子素其位而行，不愿乎其外。素富贵，行乎富贵；素贫贱，行乎贫贱……君子无入而不自得焉"，这是"成己""成物"的准则。"成己"之后，接下来就会"是故君子动而世为天下道，行而世为天下法，言而世为天下则"，也就是"成物"。

本章说明人遵天道，各安其命，从而各正其位，各明其分，上不怨天，下不尤人，专注于自身修养，进而成为成人、圣人。从本章中可以看出，坚持中庸之道，有利于社会的安定和和谐。

此句意思是：射箭就像君子的为人，没射中靶心，就要回过头来寻找自身的原因。《中庸》作者借用孔子这句话，以总结第十四章的主要思想。事物发展的根本原因在于内因，孔子论射箭的这一段是与这一思想相符合的，这一点正是孔子思想中的进步因素，值得肯定。

【译文】

君子应该根据自己所处的本色地位去做应做的事，不贪求以外的想法（非分之想)。处于富贵的地位，就做富贵的事；处于贫贱的地位，就做贫贱的事；处于夷狄的地位，就做夷狄的事；处于患难的境地，就做患难之中应做的事。不管在什么环境中，君子都能自得其所。在上位，不要欺凌在下位者；在下位不要攀援在上位者。端正自己而不只是要求别人（如何去做)，就不会有怨恨。上不怨恨天，下不责怪人。所以，君子安居平常的位置以等待机遇，小人经常冒险以侥幸得到好处。孔子说："（礼仪中的）射箭就有点像君子的为人，如果偏离了靶心，就要回头找自身的原因。"

【评论】

第十四章，朱熹称之为："第十四章。子思之言也。凡章首无'子曰'字者放此。"本章接上章的"行道"的意思而来。指出，君子必须根据自己所处的地位而践行君子之道，[如在上位，不要欺凌在下位者；在下位不要攀援在上位者。端正自己而不只是要求别人（如何去做)，就不会有怨恨。上不怨恨天，下不责怪人] 而不要抱有离开此道的想法。本章最后引用孔子的话，强调如果离开了道，就要反身自问，从自己身上找原因。

以上两个方面，都具有重要的现实意义。"素其位而行，不愿乎其外"，不仅体现了谦虚的美德，而且更重要的是符合实事求是的原则，只有这样，才能做到处事恰当，使上下左右的关系都和谐顺利。另一方面就是孔子所说的："射有似乎君子，失诸正鹄，反求诸其身。"这也有着普遍意义。一个人犯了错误，首先要反省自己，从自己身上找原因，而不要怨天尤人。只有这样，才能改正错误，继续前进。

第十五章

【原文】

君子之道，辟如行远必自迩，辟如登高必自卑[①]。《诗》曰："妻子好合，如鼓瑟琴；兄弟既翕，和乐且耽；宜尔室家，乐尔妻帑[②]。"子曰："父母其顺矣乎[③]！"

【注释】

①君子之道，辟如行远必自迩，辟如登高必自卑：郑注："自，从也。迩，近也。行之以近者、卑者，始以渐致之高远。"朱注："辟、譬同。"

按："君子之道，辟如行远必自迩，辟如登高必自卑"谓君子志向远大，心态阳光。

"君子之道"，此处指君子之道（的践行）。"辟"，通"譬"。"迩"，近，近处。"卑"，低下。

此句意思是：君子之道的践行就好像走远路必须从近处开始，登高处必须从低处开始一样。本句承前章"君子之道，造端乎夫妇"之论，进一步阐明修道的次序，鼓励人们从近处开始，从低处开始，从自己开始践行中庸之道。

②妻子好合，如鼓瑟琴；兄弟既翕，和乐且耽；宜尔室家，乐尔妻帑（nú）（孥）：郑注："琴瑟，声相应和也。翕，合也。耽，亦乐也。古者谓子孙曰帑（孥），此《诗》言和室家之道，自近者始。"朱注："好，去声。耽，《诗》作'湛'，亦音耽。乐，音洛。《诗·小雅·常棣》之篇。鼓瑟琴，和也。翕，亦合也。耽，亦乐也。帑（孥），子孙也。"

按："妻子好合，如鼓瑟琴；兄弟既翕，和乐且耽；宜尔室家，乐尔妻帑（孥）"，语出《诗·小雅·常棣》。"妻子"，妻与子。"好合"，和睦相处。"鼓"，弹奏。"瑟琴"，两种相似的乐器，同时演奏可得相得益彰之效果。《诗》中常以

“琴瑟”比喻夫妻的和美。“翕”，集和，聚合，和顺。“耽（chén）”，借为“湛”，深厚。“宜”，使……合宜。“尔”，你。“室家”，家庭。“乐”，使……乐。“帑”，借为“孥”，子女。《中庸》作者借用此诗说明，君子之道，必须从近处小处开始践行，而使家庭和乐，就是必须认真去做的一件事，进一步申述治国在齐家之意。

此句意思是： 妻儿情深，如奏琴瑟声声。兄弟融洽，欢乐之情深厚。使你家幸福和谐，妻儿安乐福无穷。

③子曰父母其顺矣乎：郑注：“谓其教令行，使室家顺。”朱注：“夫子诵此诗而赞之曰：人能和于妻子、宜于兄弟如此，则父母其安乐之矣。子思引《诗》及此语，以明行远自迩、登高自卑之意。”

按：“顺”，顺心。这说明孔子是重视“齐家”这一问题的。“齐家”应包括夫妻的和美、兄弟的融洽及父母因子女孝顺而带来的欢娱顺心。孔子重视父母顺心这一层次，这是有重要的理论意义和实践意义的。在现实生活中，子女能做到让父母顺心很不容易。而在家庭问题上坚持中庸之道，少了这一层次是不行的。

此句意思是： 孔子说：“父母大概就顺心了吧！”

【译文】

君子之道，就像走远路必须从近处开始，登高一定要从低处爬起一样。《诗·小雅·常棣》说：“妻子好合，如鼓瑟琴；兄弟既翕，和乐且耽；宜尔室家，乐尔妻帑。（妻儿情深，如奏琴瑟声声。兄弟融洽，欢乐之情深厚。使你家幸福和谐，妻儿安乐福无穷。）”孔子说：“这样，父母也就顺心了吧！”

【评论】

本章阐明践行君子之道，要遵循行远自近、登高自卑的原则，不要好高骛远。正像《诗》所说的，一个家庭的和谐，要从小辈，如夫妻、兄弟、妻儿的和乐开始，这一点做好了，作为长辈的父母也就顺心了。

本章所论亦具有普遍意义，行远自近、登高自卑是事物发展的普遍规律。如果不遵循此点，就很可能会导致失败。例如，在致富过程中，有些人梦想一夜暴富，不是从最基础的工作做起。当目的达不到时，即不走正道，陷入歧途，或坑蒙拐骗，或盗窃抢夺，最终落到可悲的下场。从认识角度讲，都是不明白行远自近、登高自卑的道理所致。

在学习传统文化和现代科技方面，在若干青年学子中也存在这一问题，学习最基础的东西缺乏应有的耐心，这是需要尽快克服的。

第十六章

【原文】

子曰："鬼神之为德，其盛矣乎[①]！视之而弗见，听之而弗闻[②]，体物而不可遗[③]。使天下之人齐明盛服[④]，以承祭祀。洋洋乎如在其上，如在其左右[⑤]。《诗》曰：'神之格思，不可度思！矧可射思[⑥]！'夫微之显，诚之不可揜如此夫[⑦]。"

【注释】

①鬼神之为德，其盛矣乎：朱注："程子曰：'鬼神，天地之功用，而造化之迹也。'张子曰：'鬼神者，二气之良能也。'愚谓以二气言，则鬼者阴之灵也，神者阳之灵也。以一气言，则至而伸者为神，反而归者为鬼，其实一物而已。为德，犹言性情功效。"

按："鬼"，《礼记·祭法》云："大凡生于天地之间者皆曰命。其万物死皆曰折。人死曰鬼。"《墨子·明鬼下》载，子墨子曰："古之今之为鬼，非他也，有天鬼，亦有山水鬼神者，亦有人死而为鬼者。"这就是说人死后变成了鬼。这当然是迷信。

"神"，荀子在《儒效》中对"神"的解释是："尽善挟治之谓神。"这是具有新意的，这就把宗教迷信从"神"的解释中驱除出去，对"神"的含义赋予了唯物主义的内容，这是思想史上的一大进步。

"鬼神"，《尚书·金縢》云："多才多艺，能事鬼神。"《周易·系辞上》云："精气为物，游魂为变，是故知鬼神之情状。"郑玄注曰："精气谓之神，游魂谓之鬼。"《礼记·郊特牲》云："鬼神，阴阳也。"孔子"敬鬼神而远之"（《论语·雍也》）。王充的《论衡·论死》曰："阴气逆物而归，故谓之鬼；阳气导物而生，故谓之神"。认为人死无知，鬼神只是阴阳二气生化万物的性能，否认有人格神的性质。张载的《正蒙·太和》曰："鬼神者，二气之良能也。""鬼神之实，不过二端而已。"《朱子语类》（卷三）曰："鬼神只是气，屈伸往来者气也。"

"神"，神仙。"鬼神"实际上是不存在的。"德"，德行，能力，功用。

此句意思是：鬼神的效用能力，真是非常盛大的啊！本篇所表现的孔子关于鬼神的观点应与《论语》《家语》等文献中孔子的有关论述联系起来看。孔子一方面受殷周时代"天命"思想的影响，承认"天命""鬼神"的存在。另一方面，受春秋时期改革思潮的影响，重人事，轻鬼神，秉持一种"敬神如神在"的观念，与神学家是不同的。

②视之而弗见，听之而弗闻：朱注："鬼神无形与声。"

按："弗"，不。想看，但看不见它；想听，但听不到它。此句言鬼神之隐秘。

此句意思是：看它看不见，听它也听不到。

③体物而不可遗：郑注："体，犹生也。可，犹所也。不有所遗，言万物无不以鬼神之气生也。"朱注："然物之终始，莫非阴阳合散之所为，是其为物之体，而物所不能遗也。其言体物，犹《易》所谓'干事'。"

按："体物"，使万物成体，或体现在万物中的作用。"可"，衍。"遗"，遗漏。

此句意思是：它使万物成体而没有遗漏的。或译作：它体现在万物中的作用，是不可缺少的。

④齐明盛服：郑注："明，犹洁也。"朱注："齐，侧皆反。齐之为言齐也，所以齐不齐而致其齐也。明，犹洁也。"

按："齐（zhāi）"，通"斋"。"明"，洁也。"齐明"，斋戒沐浴以洁净身心。"盛服"，盛美的服装。

此句意思是：斋戒沐浴，穿着盛美的服装。

⑤洋洋乎如在其上，如在其左右：郑注："洋洋，人想思其傍之貌。"朱注："洋洋，流动充满之意。能使人畏敬奉承，而发见昭著如此，乃其'体物而不可遗'之验也。孔子曰：'其气发扬于上为昭明，焄蒿凄怆，此百物之精也，神之著也。'正谓此尔。"

按："洋洋乎"，流动充满之意。

此句意思是：充满流动，恍恍惚惚的感觉，好像在人间的上方，又好像在人间的左右，总之是感到了它的存在。

⑥神之格思，不可度思！矧（shěn）可射思：郑注："格，来也。矧，况也。射，厌也。思，皆声之助。言神之来，其形象不可亿度，而知事之尽敬而已，况可厌倦乎？"朱注："《诗》，《大雅·抑》之篇。格，来也。思，语辞。度，待洛反。射，音亦，《诗》作'斁（yì）'。厌也，言厌怠而不敬也。矧，况也。"

按："神之格思，不可度思！矧可射思"，语出《诗·大雅·抑》。"格"，至，来。"思"，语气词。"度"，测，猜测，揣度。"矧"，况且。"射"，通"斁"，厌烦，怠慢不敬。

此句意思是：神之到来，不可测度，不可捉摸，岂可玩忽不敬，显得厌烦。

⑦夫微之显，诚之不可揜如此夫：郑注："言神无形而著，不言而诚。"朱注："夫，音扶。诚者，真实无妄之谓。阴阳合散，无非实者。故其发见之不可揜如此。"

按："微之显"，言神虽隐微，却能显现出巨大效用。"揜"，同"掩"，掩盖，掩饰。

"诚"是《中庸》之枢纽，以"诚"通贯全篇。

"诚"，《说文解字》云："诚，信也，从言，成声。信，诚也，从人从言。"段玉裁注："诚，会意曰信，无是也人言则无信者，故从人言。"（许慎：《说文解字》，中华书局1963年版，第52页）《北溪字义》云："诚字与忠信字极相近，须有分别。诚是就自然之理上形容出一字，忠信是就人用工夫上说。"（陈淳：《北溪字义》，中华书局1983年版，第32页）《孟子字义疏证》云："诚，实也。据《中庸》言之，所实者智仁勇也；实之者，仁也，义也，礼也。"（戴震：《孟子字义疏证》，中华书局1982年版，第50页）《词诠》云："《广韵》云：'诚，审也，信也。'按与今语'真'同。"（杨树达撰：《词诠》，上海古籍出版社1986年版，第191页）

桂馥的《说文解字义证》载，诚也者，《释诂》："诚，信也"。《释名》："信、申也，言以相申束，使不相违也。"《广雅》："信，诚也。"《诗·九罭》于汝信处笺云："信，诚也。"贾谊书《道术》篇："期果言当谓之信，反信为慢；志操精果谓之诚，反诚为殆。"《白虎通·情性》："信者，诚也，专一不移也。"（桂馥：《说文解字义证》，中华书局1998年版，第196页）

"诚"在《中庸》中出现了25次。台湾吴怡的《中庸诚字的研究》，是唯一一部专门研究《中庸》“诚”范畴的著作。

“诚之不可揜如此夫”之“诚”，诚心，真实无妄、诚实不欺。

本章表面看来是专门谈论鬼神的功用及其应采取的态度，实际上是以鬼神的功用比喻中庸之道的作用。中庸之道对人类的功用，亦可谓“其盛矣乎！视之而弗见，听之而弗闻”，但其“体物而不可遗”。感觉上亦是“洋洋乎如在其上，如在其左右”。只要诚心对待，中庸的作用就会很大的。导读中已说明，以鬼神比喻中庸之道的做法是一个败笔。

此句意思是：神虽隐微，却能显现出巨大效用。只要诚心，其作用就不能掩盖。

【译文】

孔子说：“鬼神所表现出的德行功用是很盛大的呀！看它看不见，听它也听不到，但体现在事物中的作用不可缺少。它能使天下的人用恰当的斋戒形式，穿着盛装来祭祀，（无不感到）如同在自己的头上，在自己的左右。《诗·大雅·抑》曰：‘神之格思，不可度思！矧可射思！’（《诗·大雅·抑》说：‘神的到来，不可测度，不可捉摸，怎可玩忽不敬?）’可见，隐微的显现，实在不可掩盖啊！就是这样的。”

【评论】

第十六章，朱熹称之为：“第十六章。不见不闻，隐也。体物如在，则亦费矣。此前三章，以其费之小者而言。此后三章，以其费之大者而言。此一章，兼费隐，包大小而言。”本章引用孔子谈鬼神作用的话，来比喻“道”对于人的作用：“鬼神之为德，其盛矣乎！视之而弗见，听之而弗闻，体物而不可遗。使天下之人齐明盛服，以承祭祀。洋洋乎如在其上，如在其左右。”在《中庸》作者看来，“道”对人心的作用也是如此。本章以鬼神喻君子之道的文字，实在是不伦不类，应该说，这是本篇中的糟粕。所引孔子的这一段话是否准确，也未可知，从其内容来看，对鬼神的认识水平，大体接近于《家语》中所记载的孔子对鬼神的认识，而不如《论语》中所记载的“祭如在”，“敬鬼神而远之”等思想来得更积极一些。其次是“道”毕竟与鬼神不同，“道”是要人去践履笃行的，是与人须臾不相离分的。虽然，伪《古文尚书》称“人心惟危，道心惟微”，但是再精再微的“道心”也需要践行者去感受。因而从总体上说，“道”不可能像“鬼神”这种根本不存在的东西那样虚无，所以《中庸》的作者以鬼神喻道的做法，无疑是一个败笔。

第十七章

【原文】

子曰："舜其大孝也与[①]！德为圣人，尊为天子，富有四海之内。宗庙飨之，子孙保之[②]。故大德必得其位，必得其禄，必得其名，必得其寿[③]。故天之生物，必因其材而笃焉[④]。故栽者培之，倾者覆之[⑤]。《诗》曰：'嘉乐君子，宪宪令德。宜民宜人；受禄于天；保佑命之，自天申之[⑥]！'故大德者必受命[⑦]。"

【注释】

①舜其大孝也与：朱注："与，平声。"

按：舜可以说是大孝之人了。《尚书·尧典》有舜"克谐以孝"的记载。舜又是奉行中庸之道的典范，正因为如此，才使之生前死后获得一系列荣崇。

《大戴礼记·曾子大孝》载，曾子曰："孝有三：大孝尊亲，其次不辱，其下能养。""孝有三：大孝不匮，中孝用劳，小孝用力。博施备物，可谓不匮矣。尊仁安义，可谓用劳矣。慈爱忘劳，可谓用力矣。"

舜的事迹说明了舜就是一个大孝之人。

《家语·大婚解》载，孔子蹴然避席而对曰："仁人不过乎物，孝子不过乎亲。是故仁人之事亲也如事天，事天如事亲，此谓孝子成身。"在这里，孔子说："（有）仁德的人侍奉父母如同遵从天道；遵从天道也如同侍奉父母，这就是孝子成就自身。"

此句意思是：舜可以说是大孝之人了。

②德为圣人，尊为天子，富有四海之内。宗庙飨之，子孙保之：郑注："保，安也。"朱注："子孙，谓虞思、陈胡公之属。"

按："尊"，尊贵。"四海之内"，全天下。"飨"，供奉。

此句意思是：舜在道德上成为圣人，在财富上掌握了全天下的财富，在职位上被尊为天子，宗庙之中受到祭祀，其子孙保住了他的业绩荣崇。

③故大德必得其位，必得其禄，必得其名，必得其寿：郑注："名，令闻也。"朱注："舜年百有十岁。"

按："大德"，道德高尚之士。

《家语·五仪解》载，哀公曾向孔子请教过"智者寿乎？仁者寿乎"问题。其文曰：孔子对曰："然，人有三死，而非其命也，行己自取也。夫寝处不时，饮食不节，逸劳过度者，疾共杀之；居下位而上干其君，嗜欲无厌而求不止者，刑共杀之；以少犯众，以弱侮强，忿怒不类，动不量力者，兵共杀之。此三者，死非命也，人自取之。若夫智士仁人，将身有节，动静以义，喜怒以时，无害其性，虽得寿焉，不亦可乎？"孔子在这里讲了人有短命并非命中注定，而是由自己的行为决定的。但像智士仁人，行事有节，居处合乎时宜，喜怒适时而止，不戕害自己的性情，所以能够长寿。孔子的话有一定的道理，但未必完全正确。

此处四个"必得"，对舜及很少一部分人是正确的，但就一般情况而言，未必正确。

《论语·先进》载，德行：颜渊，闵子骞，冉伯牛，仲弓。可知颜回为道德典范。

颜回是孔子的高徒，虽有相才，但终其一生未仕。

《法言·问明》载，或问"命"。曰："命者，天之命也，非人为也，人为不为命。"请问"人为"。曰："可以存亡，可以死生，非命也。命不可避也。"或曰："颜氏之子，冉氏之孙。"其中"颜氏之子，冉氏之孙"谓颜回、冉伯牛德行高尚，而颜回短命，冉伯牛得恶疾。

从以上所述，可知颜回虽为大德之人，但未得其位，未得其禄，更未得其寿。仅有其名而已。所以"大德必得其位，必得其禄，必得其名，必得其寿"说法不完全恰当。

"舜其大孝也与！德为圣人，尊为天子……必得其寿"在这里，《中庸》的作者认为诚的核心是"孝"。

此句意思是：大德之人一定得到他应有的地位，一定得到他应有的俸禄，一定会获得应有的名声，一定会得到应有的年寿。

④必因其材而笃焉：郑注："材，谓其质性也。笃，厚也。言善者天厚其福，恶者天厚其毒，皆由其本而为之。"朱注："材，质也。笃，厚也。"

按："材"，材质。"笃"，丰厚。

此句意思是：必定根据它的材质状况而去加厚它（能生长的尽量让它长大长高）。

⑤故栽者培之，倾者覆之：郑注："栽，读如'文王初载'之载。栽，犹殖也。培，益也。今时人名草木之殖曰栽，筑墙立板亦曰栽。栽，或为'兹'。覆，败也。"朱注："栽，植也。气至而滋息为培，气反而游散则覆。"

按："栽"，植也。"培"，培育。"倾"，倾倒。"覆"，毁坏，破坏，灭亡。

此句意思是：所以，对于值得栽培的就加厚培土，加以培育，本应遭受灭亡命运的，就让它灭亡。

⑥嘉乐君子，宪宪令德。宜民宜人；受禄于天；保佑命之，自天申之：郑注："宪宪，兴盛之貌。保，安也。佑，助也。"朱注："《诗》，《大雅·假乐》之篇。假，当依此作'嘉'。宪，当依《诗》作'显'。申，重也。"

按："嘉乐君子，宪宪令德。宜民宜人；受禄于天；保佑命之，自天申之"，语出《诗·大雅·假乐》。"嘉"，《诗经》原作"假"，《春秋传》及《中庸》改作"假"。"嘉"，美丽、快乐。"君子"，指周王。"宪宪"，同"显显"，显著明盛之貌。"令"，美好，光明。"宜"，使……安乐。"民"，庶民。"人"，百官贤人。"保"，安。"佑"，助。"命"，任命。"申"，重。

此句意思是：美好、快乐的君王，有光明的德行，善于安抚官民，接受上天的福禄。上天保佑并任命他，不断重申此命。

⑦故大德者必受命：朱注："受命者，受天命为天子也。"

按："命"，"天命"。

《论语·先进》载："德行：颜渊，闵子骞，冉伯牛，仲弓。言语：宰我，子贡。政事：冉有，季路。文学：子游，子夏。"颜回列"德行"科第一，孔门弟子之首。

《家语·致思》载："回愿得明王圣主辅相之，敷其五教，道之以礼乐，使民城郭不修，沟池不越，铸剑戟以为农器，放牛马于原薮，室家无离旷之思，千岁无战斗之患，则由无所施其勇而赐无所用其辩矣。夫子凛然曰：'美哉！德也！'

……孔子曰：‘不伤财，不害民，不繁词，则颜氏之子有矣。’”此记载亦见于《说苑·指武》卷七、《韩诗外传》卷九，只是个别文字不同。颜回希望最高统治者实行德政，进而实现政治上的和谐，社会安宁、人民安居乐业的愿望。希望有明王圣主推行孔子之道，以构建天下有道的理想社会。

《史记·孔子世家》载，昭王将以书社地七百里封孔子。楚令尹子西曰：“王之使使诸侯有如子贡者乎？”曰：“无有。”“王之辅相有如颜回者乎？”曰：“无有。”在这里，令尹子西问“王之辅相有如颜回者乎”，楚王曰“无有”，说明在当时的楚国，尚无辅相比得过颜回，这说明颜回是当时难得的辅相之才。

因此，“大德者必受命”未必正确。如颜回，虽为大德之人，但未得其位，未得其禄。

此句意思是：所以有高尚德行的人必定会受到上天的赐命。本句与前面大德“必得其位，必得其禄”的认识是一致的，这是一种片面的认识。

【译文】

孔子说：“舜可以说是大孝之人了！德行上是圣人，又尊贵为天子，拥有全天下的财富。宗庙中，他享受人们的祭祀；其子孙保持他的业绩。所以，大德之人一定得到他应有的地位，一定得到他应有的俸禄，一定会获得应有的名声，一定会得到应有的年寿。所以，上天所生之物一定会根据其材质而丰厚它。凡是应该好好栽培的就加以栽培，凡是应该倾倒的就让它倒地。《诗·大雅·假乐》曰：‘嘉乐君子，宪宪令德。宜民宜人；受禄于天；保佑命之，自天申之！’（《诗·大雅·假乐》说：‘说快乐欢喜的君子，有光明的美德，能安抚百姓民众，接受上天的福禄。上天保佑他的赐命，不断重申此命。）’所以，有大德的人必然得到天命。”

【评论】

第十七章，朱熹称之为：“第十七章。此由庸行之常，推之以极其至，见道之用广也。而其所以然者，则为体微矣。后二章亦此意。”

本章引用孔子的话，以舜为例，说明：一是，大德者（具有中庸之道者）必得其位，其名、其禄，其寿。意在劝诫人们笃行君子之道（即中庸之道）。二是，上天对于所生之物，“必因其材而笃焉。故栽者培之，倾者覆之。”这里说的“上天”，既包括自然条件，也包括社会条件，总之，就是人面临的各种客观条件。如何对待和利用客观条件，主要决定于自己。实际上，主要不是上天对“栽者培之，倾者覆之。”而是由人本身决定的，是能被“培之”，还是被“覆之”。在同样的条件下，有的成了英才，有的成了庸人或不肖之徒，应该说，这正说明了这个问题。因此，人生天地之间，应该充分利用客观存在的有利因素，努力避免不利因素，抓紧发展与成长。三是，借用《诗·大雅·假乐》第一章，说明有中庸之道的“嘉乐君子”，必会受命于“天”，这也是对人们的鼓励。

第十八章

【原文】

子曰："无忧者其唯文王乎①！以王季为父，以武王为子，父作之，子述之②。武王缵大王、王季、文王之绪，壹戎衣而有天下③，身不失天下之显名。尊为天子，富有四海之内。宗庙飨之，子孙保之。武王末受命，周公成文、武之德，追王大王、王季，上祀先公以天子之礼④。斯礼也⑤，达乎诸侯大夫及士庶人。父为大夫，子为士；葬以大夫，祭以士。父为士，子为大夫；葬以士，祭以大夫⑥。期之丧，达乎大夫⑦。三年之丧，达乎天子⑧。父母之丧，无贵贱，一也。"

【注释】

①无忧者其唯文王乎：郑注："圣人以立法度为大事，子能述成之，则何忧乎？尧、舜之父子则有凶顽，禹、汤之父子则寡令闻。父子相成，唯有文王。"朱注："此言文王之事。"

按："文王"，指西周建立者姬昌。"文"是姬昌的谥号。谥号是古代帝王、贵族和社会名流死后，根据其生平事迹，用一、二个字或一段话给予的概括评价。按周朝的规定，王的谥号只能用一个字表示，如文王、武王、成王、康王等。

此句意思是：没有忧虑的大概只有周文王吧。

②以王季为父，以武王为子，父作之，子述之：朱注："此言文王之事。《书》言'王季其勤王家'，盖其所作，亦积功累仁之事也。缵，继也。大王，王季之父也。"

按："王季"，指周文王之父季历。即王位后称公季。公季之父即周太王古公亶父。"武王"，即周文王之子姬发，伐纣灭商者。"作"，开创、创业。"述"，绍述，继承光大。

此句意思是：周文王的父亲是继承周太王事业的王季，儿子是伐纣灭商的周武王。其父为他开创了大业，其子又继承了他的事业。

③武王缵大王、王季、文王之绪，壹戎衣而有天下：郑注："缵，继也。绪，业也。戎，兵也。衣读如'殷'，声之误也。齐人言殷声如衣。虞、夏、商、周氏者多矣。今姓有衣者，殷之胄与？壹戎殷者，壹用兵伐殷也。"朱注："大，音泰，下同。此言武王之事。缵，继也。大王，王季之父也。《书》云：'大王肇基王迹。'《诗》云：'至于大王，实始翦商。'绪，业也。戎衣，甲胄之属。壹戎衣，《武成》文，言一著戎衣以伐纣也。"

按："缵"（zuan），继承。"大"，音"太"。"大王"，王季之父。"绪"，事业。"壹戎衣"，前人有多种解释，似皆不合理。

"壹戎衣"，即言自太王、王季和周文王以至武王，皆一直身穿戎衣，从事武装斗争。

此句意思是：周武王继承了周太王、王季和周文王的事业，一直身披战袍，手执兵器而取得了天下。

④武王末受命，周公成文、武之德，追王大王、王季，上祀先公以天子之礼：郑注："末，犹老也。追王大王、王季者，以王迹起焉。先公，组绀以上至后稷也。"朱注："此言武王之事。末，犹老也。'追王'之王，去声。追王，盖推文、武之意，以及乎王迹之所起也。先公，组绀以上至后稷也。上祀先公以天子之礼，又推大王、王季之意，以及于无穷也。"

按："武王"，周武王。"末"，末年，即晚年。

"周公"，名姬旦，周武王同母弟，周初著名政治家，曾制礼作乐，对周朝制度建设贡献极大。周初，周武王早死，成王年幼，故周公摄政，成王成人后，又还政成王，北面称臣。从君臣关系来讲，周公是为臣者的典范。周公是儒家道统中的重要人物，武王灭商之后，第二年即病逝，故曰"末受命"。

"成"，完成、成就。"德"，此处指遗愿、心志、事业。"追王"，以王爵追封。《逸周书·世俘》曰："王烈（烈，同"列"）祖自大王、大伯、王季、虞公、文王、邑考，以列升，维告殷罪。""祀"，祭祀。"先公"，先祖。

此句意思是：武王晚年受上天翦灭殷商的使命，周公就完成了文王、武王的遗愿，以王爵追封周太王、王季。以天子礼仪祭祀先祖。

⑤斯礼也：郑注："斯礼达于诸侯、大夫、士、庶人者，谓葬之从死者之爵，祭之用生者之禄也。言大夫葬以大夫，士葬以士，则追王者，改葬之矣。"

按："斯"，此，这。

"礼"，《论语·学而》载，有子曰："礼之用，和为贵。先王之道，斯为美；小大由之。有所不行，知和而和，不以礼节之，亦不可行也。"在执礼过程中，必须恰当处理"礼"与"和"的关系。执礼中以达到"和"为最好，但是不注重发挥"礼"的节制作用，单纯求"和"，那也是不行的。

《家语·论礼》载："无体之礼，威仪迟迟；无服之丧，内恕孔悲……无体之礼，上下和同。"又如，《家语·六本》载："无体之礼，敬也。"这里的体，也就是形式或仪式，孔子肯定"无体之礼"，说明他重视的是礼的实际内容，即礼的本质、本原，而对于礼的形式、仪式，采取了比较灵活的态度。

此句意思是：指以上周公实行的以本人生前官爵进行葬礼，以祭祀者本人的官禄进行祭祀的制度。

⑥父为大夫，子为士；葬以大夫，祭以士。父为士，子为大夫；葬以士，祭以大夫：朱注："此言周公之事。制为礼法，以及天下，使葬用死者之爵，祭用生者之禄。"

按：本句是对周公上述礼仪的具体说明。

"士"，《家语·五仪解》载，孔子曰："所谓士人者，心有所定，计有所守。虽不能尽道术之本，必有率也；虽不能备百善之美，必有处也。是故知不务多，必审其所知；言不务多，必审其所谓；行不务多，必审其所由。智既知之，言既道之，行既由之，则若性命之形骸之不可易也。富贵不足以益，贫贱不足以损。"这是孔子心目中的"士"人形象。

"士"，黄怀信《论语汇校集释》云："士，可以任事之人。"《礼·王制》："诸侯之上大夫卿，下大夫，上士、中士、下士凡五等。"孔子本人为士，后因任司寇之职，升为大夫（下大夫）。士在当时属于统治阶级的下层。下士的收入相当于"上农夫"，可供养九个人的日用开支。"中士倍下士，上士倍中士。"

此句意思是：周礼规定：父为大夫，子为士；父亲的丧葬用大夫之礼，祭祀用士之礼。父为士，子为大夫；父亲的丧葬用士礼，祭祀用大夫之礼。

⑦期之丧，达乎大夫：郑注："期之丧，达于大夫者，谓旁亲所降在大功者，其正统之期，天子诸侯犹不降也。大夫所降，天子诸侯绝之，不为服，所不臣乃服之也。"

按："达"，通。"期"，一周年。"丧"，丧服。

此句意思是：为旁亲服丧一年的制度，由庶民到大夫实行。

⑧三年之丧，达乎天子：朱注："丧服自期以下，诸侯绝，大夫降；而父母之丧，上下同之，推己以及人也。"

按："达"，通，上达。

此句意思是：为父母服丧三年的制度，由庶民一直上通到天子。

【译文】

孔子说："无忧无虑的人，大概只有周文王了！有王季作为父亲，武王作为儿子，父亲（为他）开创事业，儿子继承弘扬（他）。武王继承了太王、王季、文王的事业一样，穿起戎装灭掉殷纣，开创了天下，自身不失天下的显赫名声。尊贵为天子，并拥有四海之内的财富。宗庙中祭祀着他，子孙们保持着他的事业。武王晚年受命为天子，周公完成了文王和武王的德业，追尊太王、王季为先王，并以天子之礼追祭先祖。这种礼仪，推行到诸侯、大夫、以及士和庶人之中。（周礼规定：）父为大夫，子为士；父亲的丧葬用大夫之礼，祭祀用士之礼。父为士，子为大夫；父亲的丧葬用士礼，祭祀用大夫之礼。丧期一年的丧礼，（从百姓）通行于大夫。丧期三年的丧礼，（从百姓）通行于天子。父母之丧（即丧期三年者）无论贵贱高低，其规格都是一样的。"

【评论】

本章引用孔子称赞周文王、周武王、周公在政治、礼仪等方面建树的话，赞颂文、武对继承儒家道统的贡献，肯定周公继承武王遗志，改制葬礼，推己及人，使"期之丧，达乎大夫。三年之丧，达乎天子。父母之丧，无贵贱，一也"的功劳。

因周文王、周武王和周公虽然分属于三个相续而又不同的历史阶段，在《中庸》的作者看来，实际上，他们都是以中庸之道处世与治国的。周武王的开创之功，周武王的绍继祖与父，周公的制礼作乐，都体现了中庸之道的精神，因而都值得后人效法。

如果脱开中庸之道的范畴，单从历史的发展与文化的发展来看，从周文王，经周武王，到周公时期，也是一个历史与文化发展的重要时期，正是这一段的发展奠定了周文化在中华民族发展史的重要地位，使周文化永远闪耀价值的光芒。

第十九章

【原文】

子曰："武王、周公，其达孝[①]矣乎！夫孝者，善继人之志，善述人之事者也[②]。春秋修其祖庙，陈其宗器，设其裳衣，荐其时食[③]。宗庙之礼，所以序昭穆也[④]；序爵，所以辨贵贱也[⑤]；序事，所以辨贤也[⑥]；旅酬下为上，所以逮贱也[⑦]。燕毛，所以序齿也[⑧]。践其位，行其礼，奏其乐，敬其所尊[⑨]，爱其所亲，事死如事生，事亡如事存，孝之至也。郊社之礼[⑩]，所以事上帝也。宗庙之礼，所以祀乎其先也。明乎郊社之礼、禘尝之义[⑪]，治国其如示诸掌乎[⑫]。"

【注释】

①达孝：朱注："达，通也。承上章而言武王、周公之孝，乃天下之人通谓之孝，犹孟子之言达尊也。"

按："达"，通。"达"有二意：一是武王、周公之孝达于先祖，故谓达孝。二是武王、周公之孝，天下人皆知之，可谓达于天下，故谓达孝。

"孝"，《曾子大孝》曰："民之本曰孝。"《礼记·祭义》载，曾子曰："夫孝者天下之大经也。"这就是说，孝是天下思想道德中最根本的东西，从庶民到天子只要人人讲孝，天下就会大治。对父母孝，对国家必然忠，忠孝一致，"事君不忠，非孝也"，"战阵不勇，非孝也。"孝也就是"仁"在上下辈关系中的体现，孝同时也体现了义、礼、智、信、诚。曾子进一步分析孝的不同层面，认为孝有"养生"与"养志"的不同；有大孝、中孝、小孝的区别；有君子之孝、士之孝、庶人之孝。从实际效果来说，最高层次的孝是使父母不但衣食无忧，而且能因晚辈的德行受到广泛尊敬，最差等的孝也应使父母得到赡养。《曾子立孝》还认为，孝并不是对父母的一味顺从，而是“尽力而有礼，庄敬而安之，微谏而不倦，听从不倦怠，欢忠信，咎故不生，可谓孝矣”。防止父母犯错误，通过合乎礼仪的方式予以谏阻，这是真正的孝。

②夫孝者，善继人之志，善述人之事者也：朱注：“上章言武王缵大王、王季、文王之绪以有天下，而周公成文、武之德以追崇其先祖，此继志、述事之大者也。下文又以其所制祭祀之礼，通于上下者言之。”

按：“夫”，发语词。“继”，继承，继续。“述”，发扬光大。

“孝”，《大戴礼记·卫将军文子》记孔子曰：“孝，德之始也；弟，德之序也；信，德之厚也；忠，德之正也，参也，中夫四德者矣哉。”

本句是对“达孝”的主要内容的说明。“孝”是一种实践活动，可分为不同的层次。这里的“继人之志”与“述人之事”，就是继承先人的遗志，继续先人的事业。

此句意思是：达孝的要求是：很好地继承先人的遗志，很好地发扬光大先人的事业。

③春秋修其祖庙，陈其宗器，设其裳衣，荐其时食：郑注：“修，谓扫粪也。宗器，祭器也。裳衣，先祖之遗衣服也，设之当以授尸也。时食，四时祭也。”朱注：“祖庙：天子七，诸侯五，大夫三，适士二，官师一。宗器，先世所藏之重器，若周之赤刀、大训、天球、河图之属也。裳衣，先祖之遗衣服，祭则设之以授尸也。时食，四时之食，各有其物，如春行羔、豚、膳、膏、香之类是也。”

按：“春秋”，指春季、秋季。“修”，修葺、修缮。“其祖庙”，他（指正在生活的人）的祖庙。“陈”，陈列。“陈其宗器”，陈列他（指受祭者）收藏的先代的祭祀之器具。“裳衣”，先祖之遗衣服。“设”，陈设。“设其裳衣”，陈设他（指受祭者）遗留的衣物。“荐”，祭献，“荐其时食”，向他（指受祭者）祭献时令美食。

此句意思是：在春、秋两季修整好自己的祖庙，陈列出先祖所藏的重器，摆放好先祖所遗的衣服，供献上时令食品，这就是宗庙之礼。

另外，春秋原本为中国古代各国史书的通称。如史籍《夏殷春秋》《周春秋》《燕春秋》《宋春秋》《齐春秋》等。

作为六经之一的《春秋》，是中国现存第一部编年体的史书。记载了鲁隐公元年（公元前722年）到鲁哀公十四年（公元前481年）的事。流传到现在的《春秋》有三种，即《春秋左氏传》（简称《左传》）、《春秋公羊传》和《春秋穀梁传》。其中《左传》影响最大。孔子曾删定《春秋》。

而孔子在《家语·问玉》篇的第二部分中所指出的六经教化的缺陷，有其认识论和社会历史方面的根源。《春秋》之失在于乱。孔子认为《春秋》的教化作用在于"属辞比事"。后世许多文学家、思想家也谈到《春秋》的这一教化作用，如梁朝的刘勰在《文心雕龙·宗经》中说："《春秋》辨理，一字思义。"颜之推则认为："书、奏、箴、铭生于《春秋》者也。"（《颜氏家训》），那么孔子为什么认为《春秋》的教化作用会失于乱呢？这是由《春秋》的特点决定的。《春秋》"微言大义"，"一字见义"，即用一个字来显示褒贬，或用叙述的先后来显示主次，这些都使初学者很难掌握和运用。刘勰认为《春秋》是"其婉章志晦，谅以邃矣"，即《春秋》文笔婉曲，用意隐蔽，确实很深刻。"观辞立晓，而访义方隐"，即虽然文字一看就懂，意义却很隐蔽。这样一来，很容易造成理解上的混乱。

④宗庙之礼，所以序昭穆也：郑注："序，犹次也。"朱注："昭，如字。宗庙之次：左为昭，右为穆，而子孙亦以为序。有事于太庙，则子姓、兄弟、群昭、群穆咸在而不失其伦焉。"

按："序"，排列次序。

"礼"，《礼记·仲尼燕居》曰："礼也者，理也。"《礼记·乐记》云："礼者，天地之序也。"

《荀子·礼论》云："礼者，谨于治生死者也。"

此句意思是：宗庙的礼仪，是为了排列先祖的昭穆位次。昭穆的位次是：始祖居中，左为昭，右为穆。二、四、六辈为昭，三、五、七辈为穆。

⑤序爵，所以辨贵贱也：郑注："序，犹次也。爵，谓公、卿、大夫、士也。"朱注："爵，公、侯、卿、大夫也。"

按："爵"，指公、卿、大夫、士。

《家语·王言解》载，孔子曰："古者明王必尽知天下良士之名，既知其名，又知其实，又知其数及其所在焉。然后因天下之爵以尊之，此之谓至礼不让而天下治。因天下之禄以富天下之士，此之谓至赏不费而天下之士悦。如此则天下之名誉兴焉，此之谓至乐无声而天下之民和。”在这里，古代的圣明君主要利用天下的爵位尊崇贤德士人，凭借天下的俸禄使贤德士人生活富足。爵禄是为了辨别身份的贵贱。

“辨”，辨别，分辨。

此句意思是：（对助祭者）按爵位排列次序，是为了辨别身份的贵贱。

⑥序事，所以辨贤也：郑注：“事，谓荐羞也。‘以辨贤’者，以其事别所能也。若司徒‘羞牛’，宗伯‘共鸡牲’矣。《文王世子》曰：‘宗庙之中，以爵为位，崇德也。’宗人授事以官，尊贤也。”朱注：“事，宗祝有司之职事也。”按：“序”，次序。“事”，职事。

按：“辨贤”，《家语·五仪解》载，公曰：“何谓贤人?”孔子曰：“所谓贤人者，德不踰闲，行中规绳，言足以法于天下而不伤于身，道足以化于百姓而不伤于本。富则天下无宛财，施则天下不病贫。此则贤者也。”这里的“贤人”就是“其德不逾越法度，行为符合准则，言论足以为天下表率而又不会招惹灾祸，其学说、主张足以教化百姓而不戕害自己的本性。自己富有了，天下人不会怨恨；他一施恩，天下人都不贫穷。”

此句意思是：（对职事人员）排列次序，是为了区别贤愚。

⑦旅酬下为上，所以逮贱也：郑注：“旅酬下为上者，谓若《特牲馈食之礼》宾弟子、兄弟之子各举觯于其长也。逮贱者，宗庙之中，以有事为荣也。”朱注：“旅，众也。酬，导饮也。旅酬之礼，宾弟子、兄弟之子各举觯于其长而众相酬。盖宗庙之中以有事为荣，故逮及贱者，使亦得以申其敬也。为，去声。”

按：“旅”，众。“酬”，相互敬酒。“为”，给。“逮”，及、提携。“贱”，地位低下者，这里主要指子弟晚辈。

此句意思是：众人饮酒，以下敬上，是为了提携晚辈子弟，使之有机会参加这样的典礼。

⑧燕毛，所以序齿也：郑注：“燕，谓既祭而燕也。燕以发色为坐，祭时尊尊也，至燕亲亲也。齿，亦年也。”朱注：“燕毛，祭毕而燕，则以毛发之色别长幼，为坐次也。齿，年数也。”

按：“燕”，同“宴”。宴会。“齿”，年龄。

此句意思是：举行宴会时，按毛发的颜色排列座次，是为了排列年龄的长幼。

⑨践其位，行其礼，奏其乐，敬其所尊，爱其所亲，事死如事生，事亡如事存，孝之至也：郑注：“践，犹升也。其者，其先祖也。践，或为‘缵’。”朱注：“践，犹履也。其，指先王也。所尊、所亲，先王之祖考、子孙、臣庶也。始死谓之死，既葬则曰反而亡焉，皆指先王也。此结上文两节，皆继志、述事之意也。”

按：“践”，履，登上。“其”，已逝去的先王。“践其位”，登上先人的位子。

“乐”，音乐。《史记·孔子世家》云：“孔子以《诗》、《书》、礼、乐教，弟子盖三千焉，身通六艺者七十有二人。”这说明乐是孔子教学的重要内容。孔子在《家语·问玉》篇的第二部分中所指出的六经教化的缺陷，有其认识论和社会历史方面的根源。《乐》之失之奢，这可以说是一件自然而然的事情。乐队演奏乐章要有恢宏的场面，磅礴的气势，华丽的服饰，精美的乐器以及其他超于常人所用的物品，即使个人的单奏独唱也要有相当的各种物质条件做基础，这很容易形成奢侈的风气，孔子曰：“广博易良而不奢，则深于《乐》者矣。”此可为至理名言。

朱熹曰：“乐有五声十二律，更唱迭和，以为歌舞。八音之节，可以养人之性情，而荡涤其邪秽，消融其查滓。故学者之终，所以至于义精仁熟，而自和顺于道德者，必于此而得之，是学之成也。”

《礼记·内则》云：“十年学幼仪，十三学乐诵《诗》，二十而冠，始学礼，舞《大夏》。”

“事”，侍奉。“死”，指已死但未葬者。“存”，在世，活着的时候。

“事死如事生，事亡如事存”，类似说法亦见于《荀子·礼论》。其文曰：“丧礼者，以生者饰死者也，大象其生以送其死也。故事死如生，事亡如存，终始一也。”

此句意思是：登上先人的位子，实行他的礼仪，演奏他喜欢的音乐，敬重他所尊敬的人，爱护他所亲近的人，侍奉其死如侍奉其生时，敬事其亡时如敬事其存在时，这就是孝的最高境界。

⑩郊社之礼：郑注：“社，祭地神，不言后土者，省文。示，读如‘寘诸河干’之寘。寘，置也。物而在掌中，易为知力者也。序爵、辨贤，尊尊、亲亲，治国之要。”朱注：“郊，祀天。社，祭地。不言后土者，省文也。”

按：“郊”，祭天，祀天。“社”，祭地。

此句意思是：郊祭礼、社祭礼。

⑪禘尝之义：朱注：“禘（dì），天子宗庙之大祭，追祭太祖之所自出于太庙，而以太祖配之也。尝，秋祭也。四时皆祭，举其一耳。礼必有义，对举之，互文也。示，与‘视’同。视诸掌，言易见也。此与《论语》文意大同小异，记有详略耳。”

按：“禘”，《尔雅·释天》曰：“禘，大祭也。”关于禘祭的具体情况，可谓千古聚讼，众说纷纭。此处仅引朱熹的有关解释，以供参考。朱熹引赵伯循曰：“禘，王者之大祭也。王者既立始祖之庙，又推始祖所自出之帝，祀之于始祖之庙，而以始祖配之也。成王以周公有大勋劳，赐鲁重祭。故得禘于周公之庙，以文王为所出之帝，而周公配之，然非礼矣。”

“禘”，即天子宗庙之大祭，追祭太祖之所自出于太庙，而以太祖配之也。“尝”，秋祭也。四时皆祭，举其一耳。古代禘祭有三种：一、帝王祭祀先祖。二、夏祭。三、序昭穆之祭。这里当泛指天子对宗庙的祭祀。

另外，《家语·郊问》还记载了周代的统治者郊外祭天祭地的事。祭天之礼，最尊贵的是冬至圜丘祭昊天，启蛰南郊祭上帝祈谷。祭地之礼，最尊贵的是夏至方丘之祭，其次为北郊祭地。

此句意思是：明白了禘祭、尝祭的意义。

⑫治国其如示诸掌乎：

按：“治国其如示诸掌乎”，可参看《论语》原编本之《八佾》3.1，《论语新编新释》1.2.2.26。原文是：“或问禘之说。子曰：‘不知也。知其说者之于天下也，其如示诸斯乎！’指其掌。”《中庸》作者是活用孔子的这一段话，说明“郊社之礼、禘尝之义”的重要性，如果明白了这一点，那么，治国就像把东西放在手掌上一样容易。

“示”，本借为“视”，古同“置”。

“践其位，行其礼，奏其乐，敬其所尊，爱其所亲，事死如事生，事亡如事存，孝之至也。……明乎郊社之礼、禘尝之义，治国其如示诸掌乎”，这里强调了礼在治国方面的功用。

此句意思是：治理国家就像看自己的手掌一样容易。

【译文】

孔子说："武王、周公可以说是天下都知道的孝子了。孝就是很好地继承先人的遗志，很好地继续先人的事业。在春、秋两季修整好自己的祖庙，陈列出先祖所藏的重器，摆放好先祖所遗的衣服，供献上时令食品，这就是宗庙之礼。宗庙的礼仪，是用来排列先祖次序（左昭右穆）的；（参加助祭的人）排爵位，是用来分辨贵贱的；（有司之事）排序列，是为了分辨才能的；相互敬酒，由晚辈向长辈敬酒，是为了提携晚辈，使之有机会参与；宴饮时按头发的黑白确定宴席坐次，是用来排列年龄长幼的。登上先人曾践立的神位，行先人所创立的礼仪，演奏先人曾演奏的乐曲，敬仰先人所尊敬的人，热爱先人所喜欢的人，奉事死者如同活着，侍奉亡故的先人如同在世一样，这就是孝的最高境界。郊祭、社祭是用来侍奉上帝的；宗庙之礼，是用来祭祀先祖的。明白了郊祭、社祭和禘祭、尝祭的意义，治理国家就像看自己的手掌一样容易。"

【评论】

本章引用孔子的一段语录。孔子在本段语录中，先称赞武王、周公为"达孝"，然后指出："夫孝者，善继人之志，善述人之事者也。"接着说明"孝"在礼仪上的一系列要求：登上先人曾践立的神位，行先人所创立的礼仪，演奏先人曾演奏的乐曲，敬仰先人所尊敬的人，热爱先人所喜欢的人，奉侍死者如同活着，侍奉亡故的先人如同在世一样。

这样，从"孝"，讲到"礼"，这正体现了儒家治国论政的基本思想。

对于"孝"和"礼"，我们应该予以科学地分析归纳。汲取那些有利于社会主义道德和公共秩序建设的有益因素，抛开那些过时的无益的因素，以促进整个社会主义文化的发展。

第二十章

【原文】

哀公[1]问政。子曰："文武之政，布在方策[2]。其人存，则其政举；其人亡，则其政息[3]。人道敏政，地道敏树[4]。夫政也者，蒲卢[5]也。故为政在人[6]，取人以身，修身以道，修道以仁[7]。仁者人也，亲亲为大[8]；义者宜也，尊贤为大[9]；亲亲之杀，尊贤之等，礼所生也[10]。在下位不获乎上，民不可得而治矣[11]！故君子不可以不修身[12]；思修身，不可以不事亲[13]；思事亲，不可以不知人[14]；思知人，不可以不知天[15]。"天下之达道五，所以行之者三：曰君臣也，父子也，夫妇也，昆弟也，朋友之交也[16]：五者天下之达道也。知、仁、勇三者，天下之达德也[17]，所以行之者一也[18]。或生而知之，或学而知之，或困而知之，及其知之一也[19]；或安而行之，或利而行之，或勉强而行之，及其成功，一也[20]。

子曰："好学近乎知，力行近乎仁，知耻近乎勇[21]。知斯三者，则知所以修身；知所以修身，则知所以治人；知所以治人，则知所以治天下国家矣[22]。"凡为天下国家有九经，曰：修身也，尊贤也，亲亲也，敬大臣也，体群臣也，子庶民也，来百工也，柔远人也，怀诸侯也[23]。修身则道立，尊贤则不惑，亲亲则诸父昆弟不怨，敬大臣则不眩，体群臣则士之报礼重，子庶民则百姓劝，来百工则财用足，柔远人则四方归之，怀诸侯则天下畏之[24]。齐明盛服，非礼不动[25]，所以修身也；去谗远色，贱货而贵德[26]，所以劝贤也；尊其位，重其禄，同其好恶，所以劝亲亲也[27]；官盛任使[28]，所以劝大臣也；忠信重禄[29]，所以劝士也；时使薄敛[30]，所以劝百姓也；日省月试，既禀称事[31]，所以劝百工也；送往迎来，嘉善而矜不能[32]，所以柔远人也；继绝世，举废国，治乱持危[33]，朝聘以时，厚往而薄来[34]，所以怀诸侯也。

凡为天下国家有九经，所以行之者一也[35]。凡事豫则立，不豫则废[36]。言前定则不跲，事前定则不困，行前定则不疚，道前定则不穷[37]。在下位不获乎上[38]，民不可得而治矣；获乎上有道：不信乎朋友，不获乎上矣[39]；信乎朋友有道：不顺乎亲，不信乎朋友矣；顺乎亲有道：反诸身不诚，不顺乎亲矣；诚身有道：不明乎善，不诚乎身矣[40]。诚者，天之道也；诚之者，人之道也[41]。诚者不勉而中，不思而得，从容中道，圣人也[42]。诚之者，择善而固执之者也[43]。博学之，审问之，慎思之，明辨之，笃行之[44]。有弗学，学之弗能弗措也；有弗问，问之弗知弗措也；有弗思，思之弗得弗措也；有弗辨，辨之弗明弗措也；有弗行，行之弗笃弗措也[45]。人一能之己百之，人十能之己千之。果能此道矣，虽愚必明，虽柔必强[46]。

【注释】

①哀公：朱注：“哀公，鲁君，名蒋。”

按：哀公，鲁国国君，定公之子，名蒋，谥“哀”，公元前494—前467年在位。

②布在方策：郑注：“方，板也。策，简也。”朱注：“方，版也。策，简也。”

按：“布”，分布。“方”，木牍。“策”，竹简。

此句意思是：写在典籍上。

③其人存，则其政举；其人亡，则其政息：郑注：“息，犹灭也。”朱注：“息，犹灭也。有是君，有是臣，则有是政矣。”

按：“举”，实施，施行。“息”，停止。

此句意思是：如果那人在某位，他的政治方略、措施，就会施行；如果他死去了或离开其位，他的政治方略、措施，就会停息。这充分表现了古代社会中“人治”的特点，人存政存，人亡政亡，而不像近代以来，提出以法治国的理念，建立合理的制度，制定科学的政策，使好的治国方略、措施能够长期存在和发展。

④人道敏政，地道敏树：郑注：“敏，犹勉也。树，谓殖草木也。人之无政，若地无草木矣。敏，或为‘谋’。”

按：《家语》卷四“人道敏政，地道敏树”八字上有“天道敏生”一句。

“道”，方法。“人道”，人必须遵循自然规律才能生存和发展。

“敏”有二解：一、郑注：“敏，犹勉也。树，谓殖草木也。人之无政，若地无草木矣。敏或为‘谋’。”二、“敏”即灵敏、迅速。以“二解”为优。“树”，生长，种植、栽种。“敏树”，树木生长得快。

此句意思是：人世间变化快的是政事，土地之上生长快的是树木。

⑤蒲卢：郑注：“蒲卢，蜾蠃，谓土蜂也。《诗》曰：‘螟蛉有子，蜾蠃负之。’螟蛉，桑虫也。蒲卢取桑虫之子去而变化之以成为己子。政之于百姓，若蒲卢之于桑虫然。”朱注：“敏，速也。”“蒲卢，沈括以为蒲苇是也。以人立政，犹以地种树，其成速矣，而蒲苇又易生之物，其成尤速也。言人存政举，其易如此。”

按：“卢”，同“芦”。“蒲卢”，主要有两解：

一是“蒲卢”，指蜾蠃，蜂类中的一种。捕捉螟蛉等小虫，存于窝中，以备幼虫之食。古时以为它养螟蛉为子。故有“螟蛉有子，蜾（guǒ）蠃负之”。故《诗》有“螟蛉之子，蜾蠃负之”。直到南北朝时，才弄清真相，但在人们的认识与语言中，仍认为蜾蠃负螟蛉之子。故“政也者，蒲卢也”一句的意思是：为政，就在于爱民。

二是“蒲卢”，即蒲苇，是水中生长快的草。为政亦如蒲苇，很快生长一片，为政亦以迅速为美。

⑥为政在人：郑注：“在于得贤人也。”朱注：“此承上文‘人道敏政’而言也。‘为政在人’，《家语》作‘为政在于得人’，语意尤备。人，谓贤臣。”

按：“为政”，立政。“人”，贤人。

此句意思是：为政的关键在于人的贤愚与作为。因此，必须奉行任人唯贤的方针。

⑦取人以身，修身以道，修道以仁：郑注：“取人以身，言明君乃能得人。”朱注：“身，指君身。道者，天下之达道。仁者，天地生物之心，而人得以生者，

所谓‘元者善之长’也。言人君为政在于得人，而取人之则又在修身。能修其身，则有君有臣，而政无不举矣。”

按：“取”，任用。“修”，修养。“道”，道德。张立文说：“道德是指协调、和谐人与自然、人与社会、人与人、人的心灵、不同文明间融突而和合的总和。”（傅永聚、韩钟文、曾震宇：《中华伦理范畴》，中国社会科学出版社 2006 年版，第 6 页）

“仁”，周予同说：“仁者能生一切善行之心理的趋势及由此趋势产生之一切善行之合一体也。”（周谷城：《周谷城史学论文选集》，人民出版社 1983 年版，第 336 页）

“仁”即关爱他人。仁的本义主要在于如何处理人与人之间的关系问题，以正确的原则处理好就是仁，否则就是不仁。“恭、敬、忠、信”都是“仁”这一概念的不同层面。徐复观说：“《中庸》下篇之所谓诚，也正是以仁为内容。下篇虽然只出现两个仁字，……但全篇所言之诚，实际皆说的是仁。”（徐复观：《中国人性论史·先秦篇》，九州出版社 2013 年版，第 131 页）

此句意思是：任用人才的根据是看他自身修养的情况。（作为国君）从自身（需要）出发取用人才，首先需要修身；而修身靠的是道德，关键在于有仁义。

⑧仁者人也，亲亲为大：郑注：“人也，读如相人偶之人，以人意相存问之言。”朱注：“人，指人身而言。具此生理，自然便有恻怛慈爱之意，深体味之可见。”

按：钱穆《四书释义》：“仁者，人也。郑玄以人类社会相处之群性说之，朱熹以人之自然心理之本具有恻怛慈爱之心说之，皆是也。自《孟子》孩提之童之良知、良能言之，别朱说为允；自《中庸》君子之道造端乎夫妇言之，则郑说为当。学者当比观而兼取之为是。”一说“人”当作“仁”。“仁”是人的本质。

“仁者人也”，亦见于《孟子·尽心下》。其文曰：“孟子曰：‘仁也者，人也。’”

“仁者人也”，伍晓明在《心性天人·重读孟子》中解释说：“应该如何阅读‘仁也者，人也’？在‘仁者人也’这一表述中，‘仁’在‘人’之前。‘仁’是首先需要被思考者。仁是可以通过人来想象者，而不是可以通过‘人’来规定者。因此，‘仁’大于‘人’。仁大于人，是因为，人只有通过‘仁’才能成为自己

——人。这就是为什么孟子经常将‘仁’描写为‘人之安宅’，或‘天下之广居’，并将人与仁的‘关系’形容为居住关系‘居恶在仁是也。路恶在义是也。居仁由义，大人之事备矣。’人应该居住在仁之中，而正是这一‘居住’才使人成为人。如果去居住是去据而有之，是本来意义上的‘占据’与‘拥有’，那么，人正是通过‘居仁’——占有仁——而成为人。如果人是通过‘居仁’而成为人的，那么仁也是通过人的居住或占有而‘成为’仁的。这就是说，如果有仁的话，仁也只能通过人而‘体现’，而且只能‘体现’为人——具有恻隐之心的仁者。这就是为什么孟子一方面将仁描述为‘人之安宅’，另一方面又说，‘仁者，人也。’仁不是现成的东西。人之居于仁之中也就是仁之居于人之中。人是仁之人，而仁则是人之仁。”其中，“居恶在？仁是也；路恶在？义是也。居仁由义，大人之事备矣”（《孟子·尽心上》）。“仁，人之安宅也”（《孟子·离娄上》）。“夫仁，天之尊爵也，人之安宅也”（《孟子·公孙丑上》）。仁为“天下之广居”（《孟子·滕文公下》《孟子·尽心上》）。

“亲亲”，亲近自己的亲人（亲族）。“大”，重要。“仁”这种道德规范就是要求正确对待人，尊重人，爱护人。以亲近自己的亲人（亲族）为最重要的内涵。

“仁者人也，亲亲为大”，伍晓明在《心性天人·重读孟子》中说：“仁并非绝对地内在于我。相反，仁在人我之间，亦即，在‘我’与‘他人’之间。仁就是这一微妙而难以把捉的‘间’，或者说，仁就是人我关系的关系性。这里，‘关系性’的意思是，构成人我关系之为人我关系者。我始终只能是‘人我之间’的我。我就居住在这一‘间’或者这一关系之内。这一关系‘构成’人之为人，亦即，将个人构成为一为‘他’之‘我’，一以他为‘主’之‘体’。如果这一关系就是仁，那么‘仁’的确可以被描写为‘人人’，即‘人’与‘人’，‘二人’。仁就是这一人与人的关系，而这一关系的基本结构是我与他。”仁中有你我他，你我他在仁中。

“为政在人，取人以身，修身以道，修道以仁。仁者人也”在这里主要是言“为政在人”。只有“取人以身，修身以道，修道以仁。仁者人也”之人才能将周王的治国理念落实。

此句意思是：仁就是爱人，亲爱自己的亲族是最重要的。

⑨义者宜也，尊贤为大：朱注：“宜者，分别事理，各有所宜也。礼，则节文

斯二者而已。”

按：“义”，道义。“宜”，合宜，合理，应该做的事。“贤”，贤人，有才德的人。“大”，重要。“尊贤为大”，尊重贤人最为重要。

“仁者人也”“义者宜也”，《上海博物馆藏战国楚竹书》之《君子为礼》中也有与“仁”“义”有关的记载。《君子问礼》共 16 简，其中第 1 简、第 2 简的内容主要是记仁、义与礼。

第 1 简：

（颜）困（渊）（侍）于夫子。（夫子）曰：“韋（回）！君子为豊（礼），以依于（仁）。”（颜）困（渊）（作）而（答）曰：“韋（回）不（敏），弗能少居也。”夫子曰：“（坐），（吾）语女（汝）。言之而不义，

第 2 简：

口勿言也；视之而不义，目勿视也；圣（听）之而不义，耳勿圣（听）也；（动）而不义，身毋（动）安（焉）。”（颜）困（渊）退，（数）日不出。

在这里，“言之而不义，口勿言也；视之而不义，目勿视也；听之而不义，耳勿听也；动而不义，身毋动焉”意思是：言之义则言，视之义则视，听之义则听，动而义则动，就是“为礼”，就可以“依于仁”。可见行“义”也可以依于仁。在儒家看来，仁本身就是人所宜有的品行，就是义，而且是大义。

“言之而不义，口勿言也；视之而不义，目勿视也；圣（听）之而不义，耳勿圣（听）也；（动）而不义，身毋（动）安（焉）。”即言、视、听、动等一切具体行动都必须合乎义，坚持义，这就是礼。从这个意义上说，礼就是总体意义上的义，根本上的义，或说是义的综合。

“言之而不义，口勿言也；视之而不义，目勿视也；听之而不义，耳勿听也；动而不义，身毋动焉。”这一段在句式上与《论语·颜渊》第一章“颜渊问仁”十分相似，但这里说的是“义”。

《礼记·礼运》载：“义者，艺之分、仁之节也。”“仁者，义之本也。”这就是说义是仁的一个枝节，仁是义的根本。一个有仁德的人，自然知道该干什么，不该干什么，可见仁能生义。“本”为生物者，所以说，仁是本；“节”为本体之一节，由“本”所生，所以说义是节。那么既然二者性质相同，而且义是节、仁是本，行义自然就含有仁的成分。

《家语·礼运》载："礼之于人，犹酒之有糵也，君子以厚，小人以薄。圣人修义之柄，礼之序，以治人情。人情者，圣王之田也，修礼以耕之，陈义以种之，讲学以耨之，本仁以聚之，播乐以安之。故礼者，义之实也，协诸义而协则礼，虽先王未有可以义起焉；义者艺之分，仁之节，协于艺，讲于仁，得之者强，失之者丧；仁者义之本，顺之体，得之者尊。故治国不以礼，犹无耜而耕；为礼而不本于义，犹耕之而弗种；为而不讲于学，犹种而弗耨；讲之以学，而不合以仁，犹耨而不获；合之以仁，而不安之以乐，犹获而弗食；安之以乐，而不达于顺，犹食而不肥。"这里论述了仁与义的关系，谓"义者艺之分，仁之节，协于艺，讲于仁，得之者强，失之者丧；仁者义之本，顺之体，得之者尊。"这就是说，仁是义的根本，义是仁的节度（因为实行仁，必须加以节度，做到合乎时宜，这就是义）。

此句意思是："义"这种道德规范就是从事应该去做的事，其中以尊重贤人最为重要。

⑩亲亲之杀，尊贤之等，礼所生也：朱注："杀，去声。"

按：《家语》卷四"亲亲之杀尊贤之等"八字下有"礼所以生也礼者政之本也"十一字。

"礼"是"仁"在行为规范和道德实践上的体现。

《家语·礼运》阐述了礼之本、礼与仁、义的关系及礼的维度等，其中说："礼必本于太一。""太一"是古人认为构成天地万物的一种元气。用现代语言说，"礼"的最终本源是物质，从根本上来说是正确的，但比较粗糙原始。因为由物质到"礼"还有经过许多环节。其中又说："夫礼之不同，不丰不杀，所以持情而合危也。"这里说的礼有丰、杀等不同维度，但重要的能持情合危，即适合实际。

《家语·曲礼子夏问》载，孔子曰："夫仁者，制礼者也。故礼者不可不省也。礼不同不异，不丰不杀，称其义以为之宜。"这里是说，礼有丰杀的不同，但重要的是合乎其主旨才算适宜。

《礼·礼器》载："孔子曰：'礼，不可不省也。礼不同，不丰不杀。此之谓也。……是故先王之制礼也，不可多也，不可寡也，唯其称也。"这里是说，礼有丰杀的不同，但重要的是"称"，即合乎中度，符合实际。

"杀（shài）"，差别。"等"，等级，等次。

“修身以道，修道以仁。仁者人也，亲亲为大；义者宜也，尊贤为大；亲亲之杀，尊贤之等，礼所生也”，在这里主要论述礼，“礼”是对“仁”的继承与发挥。

“修身以道，修道以仁。仁者人也，亲亲为大；……亲亲之杀，尊贤之等，礼所生也”，这里透露出来的信息是：《中庸》的作者认为修身的重点是“孝”，这和当时的以血缘宗法关系为基础的社会是分不开的。

此句意思是：对亲族亲爱的不同程度，对不同程度的贤人给予不同的尊重，就是礼产生的根源（或：对亲人以外的人的爱逐渐减等，尊重贤才要区分其等级这就是礼法所产生的基础）。

⑪在下位不获乎上，民不可得而治矣：郑注以为这十四字下文重现，误出于此。

按：“民”，民众。

此句意思是：在下位的为政者得不到在上位的为政者的支持，民众就不可能得到治理。

⑫故君子不可以不修身：郑注：“言修身乃知孝，知孝乃知人，知人乃知贤不肖，知贤不肖乃知天命所保佑。”朱注：“‘为政在人，取人以身’，故不可以不修身。‘修身以道，修道以仁’，故思修身，不可以不事亲。欲尽亲亲之仁，必由尊贤之义，故又当知人。亲亲之杀，尊贤之等，皆天理也，故又当知天。”

按：“君子”，德行高尚者，“修”，修身。

此句意思是：所以，君子不可以不修养自己的身心。

⑬思修身，不可以不事亲：

按：“事”，侍奉，奉事。“亲”，父母。

“事亲”，《孟子·离娄上》载，孟子曰：“若曾子，则可谓养志也。事亲若曾子者，可也。”曾子孝事父母，成为这方面的千古典范。

历代都有称誉曾子“事亲”孝的言论：《战国策·燕策一·苏代谓燕昭王》曰：“今有人如此，孝如曾参、孝己……”《韩非子·八说》亦曰：“修孝寡欲如曾、史（史，史鱼，卫大夫）。”《淮南子·齐俗训》曰：“曾参之养亲也，若事严主烈君。”又，《说山训》曰：“曾子立孝，不过胜母之闾；……谓养志者也。”《史记·苏秦列传》评论苏秦曰：“孝如曾参，养不离其亲。”《盐铁论·孝养》

曰："曾参、闵子无卿相之养，而有孝子之名。"《论衡·感虚》曰："曾子之孝，天下少双。"梁昭明太子的《文选·潘安仁夏侯常侍》曰："子之孝亲，孝齐闵、参。"《颜氏家训·文章》曰："里名胜母，曾子敛襟，盖忌大恶名之伤实也。"以上这些说明在个人如何事亲方面，曾子的影响是久远的。

此句意思是：要想修身，不可以不侍奉自己的父母（因为孝亲是修身的基本内涵之一）。

⑭思事亲，不可以不知人：

按："人"，民，人（事）。"知"，知道。

此句意思是：要想侍奉父母，不可以不知道人事。

⑮思知人，不可以不知天：

按："人"，人事。"天"，天道。即自然的运行规律。只有"知人""知天"，"与天地合其德"，才能达到穷神知化、天人合一的境界。

此句意思是：要想了解人事的情况及变迁，不可不了解天道的变化。

⑯天下之达道五，所以行之者三：曰君臣也，父子也，夫妇也，昆弟也，朋友之交也：郑注："达者常行，百王所不变也。"朱注："达道者，天下古今所共由之路，即《书》所谓五典，孟子所谓'父子有亲，君臣有义，夫妇有别，长幼有序，朋友有信'是也。"

按："达"，通达。"道"，原则。"达道"通达之道。"君臣"，君臣之道。"父子"，父子之道。"夫妇"，夫妇之道。"昆弟"，昆弟之道。

"朋"，邢昺谓包咸云："同门曰朋。"（邢昺：《论语注疏》，《十三经注疏》本，北京大学出版社1999年版）"友"，《说文解字》曰："同志为友。""朋友"，朋友之道，交友之道。

"天下之达道五"指君臣、父子、夫妇、昆弟、朋友五种人伦关系。处理好这五种关系，做到"君臣有义，父亲有亲，夫妇有别，朋友有信"，即可通行天下。故曰："天下之达道。"

此句意思是：君臣之道、父子之道、夫妇之道、昆弟之道、朋友之道，这五种是天下通行的人道关系。

⑰知、仁、勇三者，天下之达德也：朱注："知，去声。知，所以知此也；仁，所以体此也；勇，所以强此也。谓之达德者，天下古今所同得之理也。一则

诚而已矣。达道虽人所共由，然无是三德，则无以行之；达德虽人所同得，然一有不诚，则人欲间之，而德非其德矣。程子曰：‘所谓诚者，止是诚实此三者。三者之外，更别无诚。’”

按：“知”，同“智”。

《论语·卫灵公》载，子曰：“知及之，仁不能守之；虽得之，必失之。知及之，仁能守之。不庄以涖之，则民不敬。知及之，仁能守之，庄以涖之，动之不以礼，未善也。”在这里，孔子对“知”与“仁”的关系作了论述。对于办成一件事情，特别是难度较大的事，如获取官位来说，“知（智）”在一定程度上来说具有十分重要的作用，例如在个人的仁德、家庭背景等条件都大体相同的情况下，知的高下就具有决定的作用了。但知高虽然可以获取官位，但真正守住官位，没有仁德以及治民的若干策略，则是不可能的。处于某种地位上时所面临的上下左右的各种关系，单凭一个知字是无法应付的。所以，孔子认为必须有知、有仁、处事以庄，动之以礼，才能守住已经取得的成果。

《论语·宪问》载，子曰：“君子道者三，我无能焉：仁者不忧，知者不惑，勇者不惧。”

“知”“仁”“勇”三者，为天下之达德。对此三者加强修养，使自己完全具备，则可立于不败之地，故天下之达德。如果没有三达德，就会像徐复观说得那样：“人与人之间，将相扼相苦，人与人的谐和而合理的关系不能成立，即五达道不能真正成立。”（徐复观：《中国人性论史·先秦篇》，九州出版社 2013 年版，第 106 页）

《论语·宪问》载，子曰：“仁者必有勇，勇者不必有仁。”在这里孔子论述了“仁”与“勇”的关系。“仁者必有勇”，这是由仁者所承担的历史使命决定。仁者以“修己安人”为己任。“修己”需要的是耐心与毅力，相对而言，困难不大。但“安人”则情况要复杂得多。“安人”即通过从政的途径，运用行政的手段，使全体社会成员各安其位，各安其居。这个过程中，必然会遭遇内部反对势力的干扰破坏，他们有可能会诉诸武力。而同时也会遇到外部势力的干扰侵略及其他破坏行为。在这种情况下，仁者要完成自己既定的历史任务，不仅需要智，而且需要勇。同时对以天下为己任的仁者而言，勇也是题中之意。另一方面来说，“安人”的过程也是一个社会改革的过程，这种改革的难度并不亚于一场抵抗侵略的战争。许多既得利益者以各种形式反对改革。因此，要把改革进行下去，没有勇气无论如何是不行的。同样，对承担改革领导与指导责任的仁者而言，勇也是题中之意。所以，孔子所谓“仁者必有勇”是正确的结论。

至于“勇者不必有仁”，这是因为勇者承担任务简单或者可以说是单纯一些。社会任务的完成并不是每时每刻都需要勇，只有若干方面，若干时候需要勇气的发挥。所以勇者不一定都得成为仁者，单凭勇也可以在一定条件下，完成自己的使命。当然，历史上也不乏既是勇者，又是仁者的将军，他们的贡献比之单纯的勇者要大得多。

此句意思是：智、仁、勇三者是天下通行的美德。

⑱所以行之者一：朱注：“一者，诚也。”

按：“行”，实行，推行，通行。

《家语》卷四“所以行之者一”六字上有“其”字。

“一”，王夫之同意朱熹的观点。他说：“一者，诚也；诚者，约天下之理而无不尽，贯万事之中而无不通也。”（王夫之：《读四书大全说》，中华书局1975年版，第134页）

“一”，王引之《经义述闻》：“一字，衍文也。五道是所行者，三德是所以行五道者。五者天下之达道也，即所谓天下之达道五也；三者天下之达德也，所以行之者也，即所谓所以行之者三也。文义上下相应，不当有一字。此因下文所以行之者一也而误衍耳。”

“所以行之者一”，此句承上面“天下之达德”而来，三种达德，能够通达所依靠的是一样的，这就是“诚”。

一般人由于秉赋所限，需要经过“五达道”“三达德”的过程，即“诚之”，才能达到“诚”。

“知、仁、勇三者，天下之达德也。所以行之者一也。”主要论述了实现中庸之道的途径。

此句意思是：（五大道、三美德）之所以能够通行，归根到底，就是一个人字（在于人）。

⑲或生而知之，或学而知之，或困而知之，及其知之一也：郑注：“困而知之，谓长而见礼义之事己临之，而有不足，乃始学而知之，此达道也。”

按："或"，有人。"困"，困惑。

"生而知之""学而知之""困而知之"见《论语·季氏》。(《论语·季氏》载，孔子曰："生而知之者，上也；学而知之者，次也；困而学之，又其次也；困而不学，民斯为下矣。")又，在孔子看来，"生而知之者"属于上等档次，而孔子自认为是"非生而知之者，好古，敏以求之者也。"(见《论语·述而》载，子曰："我非生而知之者。")可见，孔子认为获得知识，必须经过后天的努力学习。(见《论语·公冶长》载，子曰："十室之邑，必有忠信如丘者焉，不如丘之好学也。"《论语·为政》载，子曰："吾十有五而志于学，三十而立，四十而不惑，五十而知天命，六十而耳顺，七十而从心所欲，不踰矩。""学而不思则罔，思而不学则殆。")

此句意思是：对于这一点，或生下来就知道；或经后天学习后才知道；或遭受困惑之后再去学习才知道。等到都知道之后，也就一样了。(或：有人生下来就知道；有人经学习后才知道；有人经过困惑后学习才知道。等他们都知道后，就都是一样的了。)

⑳或安而行之，或利而行之，或勉强而行之，及其成功，一也：郑注："利，谓贪荣名也。勉强，耻不若人。"朱注："强，上声。知之者之所知，行之者之所行，谓达道也。以其分而言：则所以知者，知也；所以行者，仁也；所以至于知之、成功而一者，勇也。以其等而言：则生知、安行者，知也；学知、利行者，仁也；困知、勉行者，勇也。盖人性虽无不善，而气禀有不同者，故闻道有蚤莫，行道有难易，然能自强不息，则其至一也。吕氏曰：'所入之涂虽异，而所至之域则同，此所以为中庸。若乃企生知、安行之资为不可几及，轻困知、勉行，谓不能有成，此道之所以不明不行也。'"

按："或"，有的人。"安"，安然。"行"，行动，做事。"利"，有利，有利于。"勉强"，勉为其难，不是心甘情愿地去做某事。"行"，指行"知(智)""仁""勇"。知是明善，仁是守善，勇使明善、守善的行为得以实现。

此句意思是：对于"五达道""三达德"，有的人能安然正常地践行；有的人因其有利而践行；有的人勉强地去践行；等到他们实行成功之后，其效果是一样的。

㉑子曰：好学近乎知，力行近乎仁，知耻近乎勇：朱注："'子曰'二字，衍

文。好，‘近乎知’之知，并去声。此言未及乎达德而求以入德之事。通上文三知为知，三行为仁，则此三近者，勇之次也。吕氏曰：‘愚者自是而不求，自私者徇人欲而忘反，懦者甘为人下而不辞。故好学非知，然足以破愚；力行非仁，然足以忘私；知耻非勇，然足以起懦。’”

按：“子曰”，翟灏《四书考异》据《汉书·公孙弘传》以为“子曰”是“故曰”之误。朱注：“‘子曰’二字，衍文。”“知”，同“智”。“力行”，努力践行。“耻”，羞耻。“勇”，勇敢。

“力行近乎仁”，努力践行就接近于仁，而并非就是仁。只有坚持“守善”，实现“诚之”，进而达到：“成己，仁也。”“成物，知也。”也就是仁知合一，内圣和外王合一的至高境界。

关于知（智）、仁、勇，《论语·宪问》载，子曰：“君子道者三，我无能焉：仁者不忧，知者不惑，勇者不惧。”“仁、知（智）、勇”这三种品德全部具有的，方能称得上君子。

此句意思是：孔子说：“好学就接近于明智，努力践行就接近于仁，知道羞耻就接近于勇敢。”

㉒知斯三者，则知所以修身；知所以修身，则知所以治人；知所以治人，则知所以治天下国家矣：郑注：“言有知有仁有勇乃知修身，则修身以此三者为基。”朱注：“‘斯三者’，指三近而言。人者，对己之称。‘天下国家’，则尽乎人矣。言此以结上文‘修身’之意，起下文‘九经’之端也。”

按：“知”，同“智”。“治”，治理。此句承上句而来。

“天下之达道五，所以行之者三：曰君臣也，父子也，夫妇也，昆弟也，朋友之交也：五者天下之达道也。知、仁、勇三者，天下之达德也，所以行之者一也。”这里提出了实现为政以德的具体方法：“五达道”“三达德”。其中，“五达道”是用中庸之道来调节五种基本人际关系，即要处理好君臣、父子、夫妇、兄弟、朋友等的关系“三达德”是实施中庸之道的途径。

“君子达于道之谓达”（《吕氏春秋·慎人》，载《四部丛刊初编》，上海涵芬楼影印明弘治刊本1989年）这里明确指出：君子仁人所忧虑的重点是“道”，是道的“达”。“达”的内涵主要有二：一是，从主观上讲，就是指对道已经把握或者说对道的理解已经登堂入室，得其奥藏。二是，从客观上来讲，就是道已经为客观世界所接受，能够由理想变为现实。

“好学近乎知，力行近乎仁，知耻近乎勇。知斯三者，则知所以修身；知所以修身，则知所以治人；知所以治人，则知所以治天下国家矣。”在这里，《中庸》的作者仍然讲“修身、齐家、治国、平天下”，这和《大学》的主张是一致的。不同的是，《大学》视“修身”为“齐家、治国、平天下”的基础，而《中庸》则视“仁、勇、智”为“治国平天下”的基础。

“哀公问政。子曰：‘文武之政，布在方策。……知所以治人，则知所以治天下国家矣。’”这是对“修道之谓教”的解释，同时提出了教化的纲领和原则。

此句意思是：知道以上所说的“智”“仁”“勇”三者，就会知道如何修身；知道如何修身，就会知道如何治理人事；知道了如何治理人事，就会知道如何治理天下国家。

㉓凡为天下国家有九经，曰：修身也，尊贤也，亲亲也，敬大臣也，体群臣也，子庶民也，来百工也，柔远人也，怀诸侯也：郑注：“体，犹接纳也。子，犹爱也。远人，蕃国之诸侯也。”朱注：“经，常也。体，谓设以身处其地而察其心也。子，如父母之爱其子也。柔远人，所谓无忘宾旅者也。此列九经之目也。吕氏曰：‘天下国家之本在身，故修身为九经之本。然必亲师取友，然后修身之道进，故尊贤次之。道之所进，莫先其家，故亲亲次之。由家以及朝廷，故敬大臣、体群臣次之。由朝廷以及其国，故子庶民、来百工次之。由其国以及天下，故柔远人、怀诸侯次之。此九经之序也。’视群臣犹吾四体，视百姓犹吾子，此视臣视民之别也。”

按：“九经”，几条方针。“贤”，贤人。“体”，体贴，体谅。

“尊贤也，亲亲也，敬大臣也”，《家语·王言解》载：“所谓天下之至仁者，能合天下之至亲也。所谓天下之至明者，能举天下之至贤者也。……是故仁者莫大乎爱人，智者莫大乎知贤，贤政者莫大乎官能。”意思是：天下最仁德之人能亲和至亲的人（这就是《大学》所谓的“亲民”），最明智之人能任用使百姓和睦的人，最英明之人能团结最亲近的人，最贤明之人能举荐最有才能的人。……因此，对君主来说，仁德最重要的是爱护臣民，智慧最重要的是了解贤才，而贤明的政治最重要的是任用贤者。

而《家语·贤君》载，孔子对曰：“丘闻之，邻国相亲，则长有国；君惠臣忠，则列都得之；不杀无辜，无释罪人，则民不惑；士益之禄，则皆竭力；尊天敬鬼，则日月当时；崇道贵德，则圣人自来。任能黜否，则官府治理。”

“子”，像对待儿子一样对待……。

“来”有二解：一是，招徕，使……来。孔疏：“来百工也者，谓招来百工也。”二是，劝勉。王引之《经义述闻·礼记》云：“来读劳来之来，谓劝勉之也。来字读为勑（chì，‘敕’的异体字）。”此处以“一解”为优。

“庶民”，平民，百姓。“百工”，各行各业的工匠。“柔”，安抚。“远人”，边疆居民。“怀”，怀柔，笼络。

“凡为天下国家有九经，曰：修身也，尊贤也，亲亲也，敬大臣也，体群臣也，子庶民也，来百工也，柔远人也，怀诸侯也。”这与《论语·子路》中子曰“近者说（悦），远者来”是一致的。“九经”是以明善与诚身为基础，以仁义之道为措施。

此句意思是：凡治理天下，平定国家，有九条方针，就是：修养己身，尊重贤人，亲爱亲人，敬重大臣，体谅群臣，爱民如子，安抚边疆居民，关怀诸侯。

㉔修身则道立，尊贤则不惑，亲亲则诸父昆弟不怨，敬大臣则不眩，体群臣则士之报礼重，子庶民则百姓劝，来百工则财用足，柔远人则四方归之，怀诸侯则天下畏之：郑注：“不惑，谋者良也。不眩，所任明也。”朱注：“此言九经之效也。道立，谓道成于己而可为民表，所谓‘皇建其有极’是也。不惑，谓不疑于理。不眩，谓不迷于事。敬大臣则信任专，而小臣不得以间之，故临事而不眩也。来百工，则通功易事，农末相资，故财用足。柔远人，则天下之旅皆悦而愿出于其涂，故四方归。怀诸侯，则德之所施者博，而威之所制者广矣，故曰‘天下畏之’。”

按：本章主要是阐述了中庸之道的具体内容：五达道、三达德、九经等。

“修身也，尊贤也，亲亲也，敬大臣也，体群臣也，子庶民也，来百工也，柔远人也，怀诸侯也。修身则道立，尊贤则不惑，亲亲则诸父昆弟不怨，敬大臣则不眩，体群臣则士之报礼重，子庶民则百姓劝，来百工则财用足，柔远人则四方归之，怀诸侯则天下畏之”这就是治理天下和国家的九条方针。

“道”，中庸之道。“惑”，迷惑。“怨”，怨恨。“眩”，疑惑。“报”，报答，回报。

“士”是比君子在德行与业绩上都逊一等的人物，但却是成为君子的基础。孔子的教育目的首先是士，所以他与弟子多次讨论有关“士”的问题。如《论语·子路》载，子贡问曰：“何如斯可谓之士矣？”子曰：“行己有耻，使于四方，不辱君命，可谓士矣。”

《论语·宪问》载，子曰：“士而怀居，不足以为士矣。”

“体”，体贴，关爱。“子”，以“庶民为”子，即爱民如子。“庶民”，平民。“劝”，劝勉。“来”，使……来，招徕。“柔”，安抚。“怀”，怀柔。

“柔远人则四方归之，怀诸侯则天下畏之”，《家语·辩政》载，孔子曰：“夫荆之地广而都狭，民有离心，莫安其居，故曰‘政在悦近而来远’。”由此可见，《中庸》作者的思想和孔子的思想是一致的。

此句意思是：修养自身，中庸之道就会树立起来；尊重贤人，就会心眼明亮，不至于糊涂；亲近亲族，叔伯弟兄们不会产生怨恨；尊敬大臣，使之专心任事，就不会对其产生疑惑；体贴群臣，他们就会予以丰厚的报答；爱民如子，民众就会努力劳作；招徕百工，就会财用充足；安抚边远地区的民众，四方之民就会归顺；怀柔诸侯，天下都会畏服。

㉕齐明盛服，非礼不动：朱注：“此言九经之效也。……齐，侧皆反。”

按：“齐”，同“斋”。“齐明”，整洁身心。“盛服”，盛装。此处指穿戴整洁。

“礼”是孔子思想的核心。“礼”字在《论语》中出现 74 次。

《礼记·曲礼上》曰：“人有礼则安，无礼则危。”

“非礼不动”，《论语·先进》载，颜渊死，颜路请子之车以为之椁。子曰：“才不才，亦各言其子也。鲤也死，有棺而无椁。吾不徒行以为之椁。以吾从大夫之后，不可徒行也。”其中，“吾不可徒行”说明孔子是一个重视礼法、“非礼勿动”的人。

《论语·颜渊》载，颜渊问仁，子曰：“克己复礼为仁。一日克己复礼，天下归仁焉。为仁由己，而由人乎哉？”颜渊曰：“请问其目。”子曰：“非礼勿视，非礼勿听，非礼勿言，非礼勿动。”颜渊曰：“回虽不敏，请事斯语矣。”在这里，仁是礼的基础，礼又规定了仁，仁的根本要求就是“依礼而行”。“克己”是道德自觉，“为仁”是道德实践。“克己”目的是恢复周礼“吾从周”（《论语·八佾》)。《大学》曰:“为人君,止于仁;为人臣,止于敬;为人子,止于孝;为人父,止于慈;与国人交,止于信。”由此可见,广义的“仁”德目下有诸多道德价值,如敬、孝悌、慈、信、爱、恭、忠等。

孔子在教育颜回的过程中,将如何加强弟子品德的修养放于首位。孔子重视对颜回进行“礼”的教育,并将“礼”的教育推广和提升,从“非礼勿视,非礼勿听,非礼勿言,非礼勿动”的一般告诫上升到“不知礼,无以立也”(《论语·季氏》)的安身立命的高度。

《上海博物馆藏战国楚竹书》之《君子为礼》篇亦有“非礼不动”的有关内容。而孔子在《家语·问玉》篇的第二部分中所指出的六经教化的缺陷,有其认识论和社会历史方面的根源。《礼》之失于烦,《礼》本来就是节制上下行为的规范、程序。起初可能比较粗疏,但随着人类社会文明程度的提高,礼的条文、内涵愈来愈细密了。例如“冠”“婚”中,每一个人的每一个动作(视、听、言、动)应该如何,都有规定,都必须照章办事,否则就是失礼。有一些人也把宣传礼、守礼,纠正他人的失礼,当作自己的“营生”之事。这样就使繁文缛节充斥整个社会,形成了令人反感的繁琐之风。

清代颜元(1636—1704年)曾说:“国尚礼则昌,家尚礼则大,身有礼则身修,心有礼则心泰。”

《论语·颜渊》载,子夏曰:“……君子敬而无失,与人恭而有礼。四海之内,皆兄弟也——君子何患乎无兄弟也?”《孝经》:“礼者,敬而已矣。”《礼记·曲礼上》载,曲礼曰:“毋不敬。”这些都说明,礼与敬是密切联系在一起的。

此句意思是:斋戒沐浴,穿戴整洁,不合乎礼仪的不行动(依此修身)。

㉖去谗远色,贱货而贵德:朱注:“去,上声。”

按:“去”,去掉,斥退。“谗”,谗佞之人,小人。“远”,远离。“色”,女色。“贱”,看轻。“货”,财货。“贵”,重视,尊重。“德”,有德之士。

此句意思是:斥退谗佞小人,远离女色;看轻财货,尊重有德之士。“贱货而贵德”,儒家重修身,提倡“重德轻利”。

㉗尊其位,重其禄,同其好恶,所以劝亲亲也:郑注:“同其好恶,不特有所好恶于同姓,虽恩不同,义必同也。尊重其禄位,所以贵之,不必授以官守,天官不可私也。”

按：“尊”，尊贵。“禄”，俸禄。“劝”，劝勉。

此句意思是：尊贵其地位，增加其俸禄，与他们好恶相同，这是用来劝勉亲族的。

㉘官盛任使：郑注：“官盛任使，大臣皆有属官，所任使不亲小事也。”朱注：“官盛任使，谓官属众盛，足任使令也。盖大臣不当亲细事，故所以优之者如此。”

按：“盛”，大。此处指位高权重。“使”，任用，承担。

此句意思是：官职位高权重，任其使用更多下属。

㉙忠信重禄：郑注：“忠信重禄，有忠信者，重其禄也。”朱注：“忠信重禄，谓待之诚而养之厚，盖以身体之，而知其所赖乎上者如此也。”

按：“忠”即忠信，忠诚。

“忠”，是中国传统伦理中十分重要的德目。东汉马融的《忠经·天地神明章》曰：“昔在至理，上下一德，以徵天休，忠之道也。天之所覆，地之所载，人之所履，莫大乎忠。忠者，中也，至公无私。天无私，四时行；地无私，万物生；人无私，大亨贞。忠也者，一其心之谓也。为国之本，何莫繇忠。忠能固君臣、安社稷、感天地、动神明，而况于人乎？”又，《证应章》云：“善莫大于作忠，恶莫大于不忠。”

“忠”是构成仁内涵的重要部分，仁概括了忠。但“仁”已经上升为哲学范畴的高度，成为人处世的基本原则与方法，具有普遍的适用性。“忠”主要的还是一个道德规范，它概括了人与人关系的一个重要方面。它与孝、信（诚信）、无私等密切相关。

从思维层次看，“仁”比之“忠”更高级；从内涵来看，仁是概况了义、礼、智、信、忠、勇、直、廉耻等各种优秀道德规范的精华而形成的，其内涵更为广阔丰厚，涵盖面更广。

忠厚、诚实、正直，对家庭、他人、事业、国家、民族，忠心耿耿，忠义长存，一直是中国人人际交往中不变的道德信条。

“信”，《说文解字》云：“信，诚也，从言成声”，“信，诚也，从人言”。《左传·僖公二十五年》曰：“信，国之宝也，民之庇也。”

“信”是一种日常生活中的行为规范。“诚”即诚信，诚实，真诚可靠。“诚”是“信”的内核，“信”是“诚”的外化，诚信合一。

《论语·阳货》载，子张问仁于孔子。孔子曰："能行五者于天下为仁矣。""请问之。"曰："恭、宽、信、敏、惠。恭则不侮，宽则得众，信则人任焉，敏则有功，惠则足以使人。"其中"恭、宽、信、敏、惠"是孔子教诲学生培养道德的主要内容。

"诚信"一词见于《孟子·万章上》："彼以爱兄之道来，故诚信而喜之。"汉董仲舒提出"无常"［仁、义、礼、知（智）、信］说，由此"信"列为传统道德。陆九渊云："人而不忠信，何以异于禽兽者乎?"（《陆九渊集》）曾国藩说，人如有诚，"则天下无不可为之事矣"（《曾文正公全集·日记类钞》）。而二程云："修学不以诚，则学杂；为事不以诚，则事败；自谋不以诚，则是欺其心而自弃其忠；与人不以诚，则是丧其德而增人之怨。"（《河南程氏遗书》）这是说，人如无诚信，就很难成事。孙中山说："中国古时对于邻国和对于朋友，都是讲信的。依我看来，就'信'字一方面的道德，中国人实在比外国人好得多。……中国人交易，没有什么契约，只是彼此口头说一句话，便有很大的信用……所以外国在中国内地做生意很久的人，常常赞美中国人，说中国人讲了一句话比外国人订了合同的，还要守信用得多。"（参看中国社会科学院近代史研究所中华民国史研究室：《孙中山全集》第九卷，中华书局 1985 年版，第 245 页）

可见，"诚信"是中华民族的传统美德之一，"诚信"是立国之基、做人之本。习近平总书记提出："要认真汲取中华优秀传统文化的思想精华和道德精髓，大力弘扬以爱国主义为核心的民族精神和以改革精神为核心的时代精神，深入挖掘和阐发中华优秀传统文化讲仁爱、重民本、守诚信、崇正义、尚和合、求大同的时代价值，使中华优秀传统文化成为涵养社会主义核心价值观的重要源泉。"

"禄"，俸禄，禄位。《论语·为政》载，子张学干禄。子曰："多闻阙疑，慎言其余，则寡尤；多见阙殆，慎行其余，则寡悔。言寡尤，行寡悔，禄在其中矣。"其中"干禄"指求取禄位。《尚书·大禹谟》云："罔违道以干百姓之誉。"《诗·旱麓》云："岂弟君子。干禄岂弟。"这里的"干禄"即用各种实际行动去求取福禄。

此句意思是：对忠信者给以厚禄。

㉚时使薄敛：郑注："时使，使之以时。"

按："时使"，即"使民以时"（见《论语·学而》子曰："道千乘之国：敬事而信，节用而爱人，使民以时。”）。“薄”，减轻。

此句意思是：使民以时，减轻赋敛。

㉛日省月试，既廪称事：郑注：“日省月试，考校其成功也。既，读为‘饩’。饩廪，稍食也。《稾人职》曰：‘乘其事，考其弓弩，以下上其食。’”朱注：“既，许气反，读曰饩。……饩禀，稍食也。”“称事，如《周礼·稿人职》曰‘考其弓弩，以上下其食’是也。”

按：“省”，检查，反省。“廪”，廪粮，粮食。

“既”，读“饩（xì）”，古音同。“称”，相称，符合。“称事”，与其职事（实绩）相称。

此句意思是：每天检查，每月考核，按其职事（实绩）发放廪粮。

㉜送往迎来，嘉善而矜不能：朱注：“往，则为之授节以送之；来，则丰其委积以迎之。”

按：“嘉”，表彰，嘉奖。

“善”，会意字，从言从羊，本义为“吉祥”。另外，还有“吉、美好、善良、慈善、擅长、、赞许、友好、好人、做得好”之义。“善”是哲学、伦理学等范畴中的一个基本概念，如《国语·晋语》曰：“善，德之建也。”“善”是中华民族的传统美德。

“矜”，同情，扶持。

此句意思是：欢送归去者，欢迎新来者，表彰做得好的，同情扶持贫弱无力的。

㉝继绝世，举废国，治乱持危：

按：“继”，继续，延续。“绝世”，已绝嗣的诸侯。举，立。“废国”，废弃的古国。“治”，治理。“乱”，乱政。“持”，扶持，帮扶。“危”，《广雅·释诂》曰：“危，高也，上也。”此处指微弱的国家。

此句意思是：已绝嗣的诸侯得到续封，废弃的古国得到振兴，治理乱政，扶持危弱。

㉞朝聘以时，厚往而薄来：朱注：“朝，音潮，谓诸侯见于天子。聘，谓诸侯使大夫来献。《王制》：‘比年一小聘，三年一大聘，五年一朝。’厚往薄来，谓燕赐厚而纳贡薄。”

按：“朝”，谓诸侯见于天子。“聘”，谓诸侯使大夫来献。“薄来”，使来薄。

“齐明盛服，非礼不动，所以修身也；去谗远色，贱货而贵德，所以劝贤也；尊其位，重其禄，同其好恶，所以劝亲亲也；官盛任使，所以劝大臣也；忠信重禄，所以劝士也；时使薄敛，所以劝百姓也；日省月试，既廪称事，所以劝百工也；送往迎来，嘉善而矜不能，所以柔远人也；继绝世，举废国，治乱持危，朝聘以时，厚往而薄来，所以怀诸侯也”，这是说实行“九经”的具体措施。

治理天下有九经。而《家语·王言解》记载了孔子有关治理天下的“七教”。其文如下：

孔子曰：王之治民也，法必裂地以封之，分属以理之，然后贤民无所隐，暴民无所伏。使有司日省而时考之，进用贤良，退贬不肖，然则贤者悦而不肖者惧。哀鳏寡，养孤独，恤贫穷，诱孝悌，选才能。此七者修，则四海之内无刑民矣。上之亲下也，如手足之于腹心（“腹心”与“手足”位置当互换）；下之亲上也，如幼子之于慈母矣。上下相亲如此，故令则从，施则行，民怀其德，近者悦服，远者来附，政之致也。

在这里，孔子主要是从“敬”“孝”“弟（悌）”“贤”“让”“仁”德目论述了“七教”。从以上所述，可以看出，《中庸》的治理天下的理念是对孔子思想的继承和发挥。

此句意思是：诸侯贡献，使轻薄而来。“厚往而薄来”，诸侯离朝时带回去的财货丰厚，朝见时带来的财货很少。

㉟凡为天下国家有九经，所以行之者一也：郑注：“一，谓当豫也。”朱注：“一者，诚也。一有不诚，则是九者皆为虚文矣，此九经之实也。”

按：“一”，诚。“九经”，九条治国平天下的方针。

此句意思是：治国平天下的方针总共有九条，用来执行它的就靠一个“诚”字。

㊱事豫则立，不豫则废：朱注：“凡事，指达道、达德、九经之属。豫，素定也。”

按：“凡”，所有，一切。“豫”，同“预”，事先做准备。“立”，成功。“废”，失败。

此句意思是：凡处事事先有准备就会成功，没有准备就会失败。

㊲言前定则不跲，事前定则不困，行前定则不疚，道前定则不穷：郑注："跲，踬也。疚，病也。人不能病之。"朱注："跲，其劫反，踬也。行，去声。疚，病也。此承上文，言凡事皆欲先立乎诚，如下文所推是也。"

按："跲"，《字林》："跲，踬也。""跲"，读（jiè），又读（jià），本意为被绊倒，转义为说话不顺畅，不连贯，有故障。"困"，困难。"疚"，病，转义为忧苦，内心痛苦。"穷"，穷困。

此句意思是：行动之前有准备，就不会忧伤痛苦；推行君子之道之前有准备，就不会出现穷途末路。

㊳在下位不获乎上：郑注："获，得也。言臣不得于君，则不得居位治民。"朱注："此又以在下位者推言素定之意。"

按：《家语》（卷四）作"在下位不获于上"。

此句意思是：在下位没有得到上级的支持。

㊴获乎上有道：不信乎朋友，不获乎上矣：

按："道"，正确的方法。"信"，取得信任。

"在下位不获乎上，民不可得而治矣；获乎上有道：不信乎朋友，不获乎上矣；信乎朋友有道：不顺乎亲，不信乎朋友矣；顺乎亲有道：反诸身不诚，不顺乎亲矣；诚身有道：不明乎善，不诚乎身矣。诚者，天之道也；诚之者，人之道也"，此段文字亦见于《孟子·离娄上》，其中个别文字不同。其文如下，孟子曰："居下位而不获于上，民不可得而治也。获于上有道，不信于友，弗获于上矣。信于友有道，事亲弗悦，弗信于友矣。悦亲有道，反身不诚，不悦于亲矣。诚身有道，不明乎善，不诚其身矣。是故诚者，天之道也；思诚者，人之道也。"在这里，可以看出《中庸》对孟子的影响。

此句意思是：获得上级的支持有正确的方法："不得到朋友的支持，就得不到上级的支持。"（因此，要努力获得朋友的支持。）以下几句，句式与此相同。

㊵反诸身不诚，不顺乎亲矣；诚身有道：不明乎善，不诚乎身矣：郑注："言知善之为善，乃能行诚。"朱注："'反诸身不诚'，谓反求诸身而所存所发，未能真实而无妄也。'不明乎善'，谓未能察于人心天命之本然，而真知至善之所在也。"

"诚身有道：不明乎善，不诚乎身矣"，朱注："然则欲诚乎身，又不可以袭取强为也。其道在明乎善而已。盖不能格物致知，以真知至善之所在，则好善必不能如好好色，恶恶必不能如恶恶臭。虽欲勉焉以诚其身，而身不可得而矣。”（朱熹：《四书章句集注》，中华书局 1983 年版，第 31 页）

按：“反”，反省。“身”，自身，自己。“顺”，顺心，顺从。

“诚”，诚信。周敦颐说：“诚者，圣人之本。‘大哉乾元，万物资始’，诚之源也。‘乾道变化，各正性命’，诚斯立焉。”（周敦颐撰，徐洪兴导读：《周子通书》，上海古籍出版社 2008 年版，第 31 页）又说：“圣，诚而已矣。诚，五常之本，百行之原也。静无而动有，至正而明达也。五常百行，非诚非也，邪暗塞也。故诚则无事矣。至易而行难，果而确，无难焉。故曰：一日克己复礼，天下归仁焉。”这是周敦颐从本体宇宙论和人的道德修养两个方面诠释“诚”。张载说：“诚则实也，太虚者天之实也，万物取足于太虚，人亦出于太虚。太虚者心之实也。”（张载：《张子语录》卷中，北京图书馆出版社 2002 年版，第 231 页）认为“诚”就是“天之实”和“心之实”。陆九渊说：“万物皆备于我矣，反身而诚，乐莫大焉，此吾之本心也。”认为“诚”就是人的本心。王夫之：“太虚，一实也。故曰‘诚者，天之道也’。”（王夫之：《思问录》，中华书局 1983 年版，第 2 页）认为“诚”就是“气”的本质属性。

“道”，门路。“明”，明白，知道，懂得。“善”，质美，好。

“不明乎善”即不能“诚其身”，也就是说达不到“诚”的境界。

此句意思是：反省检查自己，如果不诚实，也就不能使亲人顺心；使自己诚实有门路：不明白什么是善，就不会使自己诚实。

㊶诚者，天之道也；诚之者，人之道也：郑注：“言诚者，天性也。诚之者，学而诚之者也。因诚身说有大至诚。”孔疏：“此经明至诚之道，天之性也。则人当学其诚之性，是上天之疲乏不为而诚，不思而得，若天之性，有生杀信著四时，是天之道。诚之者人之道也者，言人能勉力学此。至诚，是人之道也。不学则不得，故云人之道。”朱注：“此承上文‘诚身’而言。诚者，真实无妄之谓，天理之本然也。诚之者，未能真实无妄，而欲其真实无妄之谓，人事之当然也。”

按：“诚”，诚实，真诚。王夫之说：“夫诚者实有者也，前有所始，后有所终也。实有者，天下之公有也，有目所共见，有耳所共闻也。”（王夫之：《尚书引义》，中华书局 1976 年版，第 70 页）

“诚者”，圣人。“诚之者”，一般人。人道之诚就是仁、义、礼、智、信。圣人“自诚明”，一般人“自明诚”，最后结果是相同的，因为“诚则明矣，明则诚矣”。

“自明诚”，这与《孟子·万章上》中“天之生此民也，使先知觉后知，使先觉觉后觉也”是一致的。

“自诚明”是圣人之道。孔子自认为不是“诚者”。徐复观说：“可见因为当时对孔子有生知的说法，所以上篇便假定有一种‘或生而知之’；而下篇便假定孔子是生而知之的从容中道的圣人。其实，从容中道，即《论语》所说的‘从心所欲，不逾矩’，乃孔子七十岁才得到的结果。因此，下篇乃以孔子最后所达的结果，来作为诚的具体说明。”（徐复观：《中国人性论史·先秦篇》，九州出版社2013 年版，第 136 页）

“诚”属于道德的范畴。牟宗三认为《中庸》的诚是与论语中的“仁”相一致的。《中庸》中有十八处提到了“诚”。

“诚”，杜维明认为：“诚，用《中庸》的话来说，就是无所不包而又充实饱满的存在，它或许可视为存有在存在的多维结构中的一种自我彰显，诚不仅是存有，而且也是活动，同时即是自我潜存，又是不断的自我实现的生生不息的创造过程。”（杜维明著，段智德译：《论儒学的宗教性——对中庸的现代诠释》，武汉大学出版社 1999 年版，第 93 页）

“天之道”，上天运行的规则。“诚者，天之道也”，即是说：诚是天道。天本是“诚”，人由天生，人也应是“诚”。一个“诚”字使性之德彰显。“道”，指形而上的宇宙自然的“诚”，即天道，自然之道。

“人之道”，为人处世的原则。“诚之者，人之道也”，使自己做到诚实，这是为人的原则。“诚”是人道。《中庸》中有六处论及“诚是人道”。“不勉而中，不思而得，从容中道”，这是圣人之诚，是“自诚明，谓之性”。而一般人的诚，则“择善而固执之者也”，是“自明诚，谓之教”，需要教化提升后达到的。

《孟子·离娄上》载，孟子曰：“是故诚者，天之道也；思诚者，人之道也。至诚而不动者，未之有也；不诚，未有能动者也。”《孟子·尽心上》载，孟子曰：“万物皆备于我矣。反身而诚，乐莫大焉。”在这里，孟子将“诚”思想作了进一步的发挥，提升到了一个崭新的高度。

荀子则认为“诚”是修身的根本（《荀子·不苟》）。

“诚之者，人之道也。诚者不勉而中，不思而得，从容中道，圣人也。诚之者，择善而固执之者也”，这说明天道至诚，一般人不能像圣人那样，“不勉而中，不思而得”，需要“诚之”，即需要“择善而固执之”，进而达到“至诚”。

此句意思是：诚实无欺，这是上天运行的原则；使自己变成诚实无欺，这是为人处世的原则。在本句中，《中庸》的作者把“天”看成一个有意志的人格神，认为诚实无欺是天本来就具有的品德素质，这显然不符合实际。下半句言：“诚之者，人之道。”这是有道理的，变不诚为诚实无欺，变虚妄为实事求是，这是道德修养的最基本要求。

㊷诚者，不勉而中，不思而得，从容中道，圣人也：孔疏：“诚者不勉而中，不思而得，从容中道，圣人也者，此复说上文诚者天之道也。唯圣人能然，谓不勉励而自中当于善，不思虑而自得于善，从容闲暇而自中乎道，以圣人性合于天道自然，故云圣人也。”朱注：“中，并去声。从，七容反。……圣人之德，浑然天理，真实无妄，不待思勉而从容中道，则亦天之道也。”

按：“诚”是一种自然的状态。“中道”是中庸的最高境界。

“诚”，诚实不欺。“勉”，勉励，努力。“中”，读去声，达到。

“思”，思考，思虑。“从容”，不慌不忙，淡定。“中道”，中庸之道、中和。“中和”是天下之大本。

“圣人也”，《家语》卷四作“圣人之所以体定也”。

此句意思是：诚实无欺的人，不用特别努力，就能得到诚，不用特别思考，就能得到诚，有能力从容推行中庸之道，这就是圣人。

㊸诚之者，择善而固执之者也：孔疏：“诚之者，择善而固执之者也，此复说上文，诚之者，人之道也。谓由学而致此至诚，谓贤人也。言选择善事而坚固执之，行之不已，遂致至诚也。”朱注：“不勉而中，安行也。不思而得，生知也。择善，学知以下之事。固执，利行以下之事也。”“未至于圣，则不能无人欲之私，而其为德不能皆实。故未能不思而得，则必择善，然后可以明善；未能不勉而中，则必固执，然后可以诚身，此则所谓人之道也。”

按：“善”，善道，好的思想、主张。

“诚者，天之道也；诚之者，人之道也。诚者不勉而中，不思而得，从容中道，圣人也。诚之者，择善而固执之者也”这是实行“九经”的根本原则。“择善而固执之”是“诚之”之方。

“择善而固执之者也”，《朱子语类》曰：“或云：‘《论语》不如《中庸》。’曰：‘只是一理，若看得透，方知无异。《论语》是每日零碎问。譬如大海也是水，一勺也是水。所说千言万语，皆是一理。须是透得，则推之其它，道理皆通。’又曰：‘圣贤所说只一致，只是一个‘择善固执之。’《论语》则说‘学而时习之’，《孟子》则说‘明善诚身’，下得字各自精细，真实工夫只是一般。’”（《朱子语类》卷十九，第428页）朱熹认为《中庸》讲了一个“理”字即“择善固执之”。

蒙培元说：“《中庸》提出‘择善’的问题，说明还有不善。不管不善的原因是什么，《中庸》承认，人心中有不善的一面，所以才有‘择善’的问题。”（蒙培元：《心灵超越与境界》，人民出版社1998年版，第164页）“择善”即是明善。明善的过程就是“诚之”，进而达到“诚”。

“诚之者，择善而固执之者也。”这是说君子之道。

“在下位不获乎上，民不可得而治矣；获乎上有道：不信乎朋友，不获乎上矣；信乎朋友有道：不顺乎亲，不信乎朋友矣；顺乎亲有道：反诸身不诚，不顺乎亲矣；诚身有道：不明乎善，不诚乎身矣。诚者，天之道也；诚之者，人之道也。诚者不勉而中，不思而得，从容中道，圣人也。诚之者，择善而固执之者也。”此段内容亦见于《孟子·离娄上》，只是文字有所不同。其文如下，孟子曰：“居下位而不获于上，民不可得而治也。获于上有道，不信于友，弗获于上矣。信于友有道，事亲弗悦，弗信于友矣。悦亲有道，反身不诚，不悦于亲矣。诚身有道，不明乎善，不诚其身矣。是故诚者，天之道也；思诚者，人之道也。至诚而不动者，未之有也；不诚，未有能动者也。”从这里可以看出，《中庸》与“思孟学派”之间的密切关系。但不能据此断定，《中庸》的作者就是孟子。

“在下位不获乎上，民不可得而治矣；……诚之者，择善而固执之者也。”这就是《大学》所谓的“修身、齐家、治国、平天下”。

此句意思是：使自己变得真诚的人，就是选择善道而紧紧把握住的人。

㊹博学之，审问之，慎思之，明辨之，笃行之：朱注：“此‘诚之’之目也。学、问、思、辨，所以择善而为知，学而知也。笃行，所以固执而为仁，利而行

也。程子曰：‘五者废其一，非学也。’”

按：《家语》无“博学之……果能此道矣，虽愚必明，虽柔必强”一段文字。

《家语·致思》载，孔子谓伯鱼曰：“鲤乎，吾闻可以与人终日不倦者，其唯学焉！……故君子不可以不学，其容不可以不饬，不饬无类，无类失亲，失亲不忠，不忠失礼，失礼不立。夫远而有光者，饬也；近而愈明者，学也。”

《易·文言》云：“学以聚之，问以辨之，宽以居之，仁以行之。”这里也谈到了“学、问、辨”的问题。

这里孔子强调了学习的重要性。同样地，要修身，达到“诚”，也必须学习。因此，“博学之，审问之，慎思之，明辨之，笃行之”是“道问学”的方法。

“博”，广泛。

“学”，《说文》曰：“斅，觉悟也。”《广雅》曰：“学，效也。”

《论语·学而》载，子曰：“学而时习之，不亦说乎？有朋自远方来，不亦乐乎？人不知，而不愠，不亦君子乎？”这里的“学”是指一般的学习。又，子曰：“弟子入则孝，出则悌，谨而信，泛爱众，而亲仁。行有余力，则以学文。”在这里，孔子论述了敦励品行与学的关系。《阳货》载，子曰：“由也！女闻六言六蔽矣乎？”对曰：“未也。”“居！吾语女。好仁不好学，其蔽也愚；好知不好学，其蔽也荡；好信不好学，其蔽也贼；好直不好学，其蔽也绞；好勇不好学，其蔽也乱；好刚不好学，其蔽也狂。”可见孔子是非常重视学的。《孟子·万章下》载，伊尹曰：“天之生斯民也，使先知觉后知，使先觉觉后觉。予，天民之先觉者也。予将以此道觉此民也。”这里也讲“学”。《荀子·劝学》曰：“君子之学也，入乎耳，箸乎心，布乎四体，形乎动静。端而言，蝡而动，一可以为法则。小人之学也，入乎耳，出乎口。口耳之间则四寸耳，曷足以美七尺之躯哉！古之学者为己，今之学者为人。君子之学也，以美其身。”通过君子之学与小人之学的比较，彰显了“君子之学”的正确原则和方法。《白虎通·辟雍》云：“学之为言觉也，以觉悟所未知也。”

钱穆释“学”为“诵，习义”（钱穆：《论语新解》，生活·读书·新知三联书店2012年版）。

《二程集·周易程氏传》云：“人之蕴畜，由学而大，在多闻前古圣贤之言与行，考迹以观其论，察言以求其心，识而得之，以畜成其德。”可见“博学”是人实现完善性发展的必由之路。

“博学之，审问之，慎思之，明辨之，笃行之”与子夏的“博学而笃志，切问而近思”

相比，虽有一致之处，但显然是不完全的，多了“明辨”与“笃行”两条。(《论语·子张》载，子夏曰：“博学而笃志，切问而近思，仁在其中矣。”)

“博学”，《论语·雍也》载，子曰：“君子博学于文，约之以礼，亦可以弗畔矣夫!”这里的“博学于文”就是广泛地学习文献。《子罕篇》达巷党人曰：“大哉孔子！博学而无所成名。”这就是说，孔子虽博学，但没有一种专长可以成名。

《汉书·儒林传》曰：“古之儒者，博学乎六艺之文。六艺者，王教之典籍，先圣所以明天道，正人伦，致至治之成法也。”

“慎”，《说文·心部》曰：“慎，谨也。”

“思”，《通书·思第九》云：“《洪范》曰：‘思曰睿，睿作圣。’无思，本也。思通，用也。几动于彼，诚动于此。无思而无不通，为圣人。不思，则不能通微；不睿，则不能无不通。是则无不通生于通微，通微生于思。故思者，圣功之本，而吉凶之机也。《易》曰：‘君子见几而作，不俟终日。’又曰：‘知几其神乎’。”“思”，思考、思索。

“博学之，审问之，慎思之，明辨之，笃行之”是“择善”，也就是“诚之”，是“诚”的工夫。

此句意思是：(对善道)要广泛地进行学习(或：学习要尽量扩大知识面)。

㊺有弗学，学之弗能弗措也；有弗问，问之弗知弗措也；有弗思，思之弗得弗措也；有弗辨，辨之弗明弗措也；有弗行，行之弗笃弗措也：朱注：“君子之学，不为则已，为则必要其成，故常百倍其功。此困而知、勉而行者也，勇之事也。”

按：“弗”，没有，不。“学”，学会，懂得，明白。“能”，掌握。“措”，放弃，停止。

这里说的是遇到没有学过的知识，学习之后还不能完全掌握时，是不能停止的。以下四句句式与此相同。

此句意思是：除非不学，只要学习，在没有学会之前是不能放弃的；除非不问，只要询问，在没有弄明白之前，就不停止询问；除非不思考，只要思考，在思考没有收获时，就不停止思考；除非不辨别，只要辨别，在没有辨别清楚之前是不能停止的；除非不践行义理，只要践行，在践行不够笃实时是不能停止践行的。

㊻人一能之己百之，人十能之己千之。果能此道矣，虽愚必明，虽柔必强：郑注："此劝人学诚其身也。果，犹决也。"朱注："明者择善之功，强者固执之效。吕氏曰：'君子所以学者，为能变化气质而已。德胜气质，则愚者可进于明，柔者可进于强。不能胜之，则虽有志于学，亦愚不能明，柔不能立而已矣。盖均善而无恶者，性也，人所同也；昏明强弱之禀不齐者，才也，人所异也。诚之者所以反其同而变其异也。夫以不美之质，求变而美，非百倍其功，不足以致之。今以卤莽灭裂之学，或作或辍，以变其不美之质，及不能变，则曰天质不美，非学所能变。是果于自弃，其为不仁甚矣！'"

按："人"，别人，他人，人家。"一"，一遍。"百"，百遍。

"诚者，天之道也；诚之者，人之道也。诚者不勉而中，不思而得，从容中道，圣人也。诚之者，择善而固执之者也。博学之，审问之，慎思之，明辨之，笃行之。有弗学，学之弗能弗措也；有弗问，问之弗知弗措也；有弗思，思之弗得弗措也；有弗辨，辨之弗明弗措也；有弗行，行之弗笃弗措也。人一能之己百之，人十能之己千之"，在这里，《中庸》的作者强调了学习的重要性，这与孔子的思想是一致的。而"不勉而中，不思而得"是生而知之，这不符合孔子的"学而知之"主张。

此句意思是：人家一遍就能学会（或：别人一遍就能做好），我自己就学它一百遍（我自己就做它一百遍）。

【译文】

鲁哀公请教如何治理政事。孔子说："文王、武王的治国方略（政教），已都写在典籍上了。贤能之士在位，其政教就能通行；贤能之士不在位，其政教就会停息。人的特点是敏于立政教；土地的特点是敏于长树木。治理国家，就在于爱民。所以，治理国家，关键在于得人。（作为国君）从自身（需要）出发取用人才，首先需要修身；而修身靠的是道德，关键在于有仁义。仁就是爱人，亲爱自己的亲族是最重要的。义，就是从事合乎时宜的事，其中以尊用贤人最为重要。

对亲人以外的人的爱逐渐减等，尊重贤才要区分其等级这就是礼法所产生的基础。在下位者得不到在上位者的支持，民众就不可能治理好。所以，君子不可以不修养自身。要想修身，不可以不侍奉亲人；想侍奉亲人，不可以不知道民事；要想知道民事，不可以不了解天。”天下通行的人伦大道有五种，通行的道德有三种。君臣之道、父子之道、夫妇之道、昆弟之道、朋友之道，这五种是天下通行的人道关系；智、仁、勇三者是天下通行的美德，（五达道、三达德）之所以能够通行，归根到底，就是一个“诚”字。或（有人）生下来就知道；或（有人）经学习后才知道；或（有人）经过困惑后学习才知道。等他们都知道后，就都是一样的了。或（有人）生来明白、心安无忧去行事；或（有人）为了利益而去行事；或（有人）勉强地去实行；等到他们成功之时，也都是一样的了。

孔子说：“好学就接近于智，尽力而行就接近于仁，知道羞耻就接近于勇。知道了这三者，就知道怎么去修身；知道了怎样修身，就知道怎样治理民事；知道了怎样治理民事，就知道怎样治理天下和国家了。”治理天下和国家有九条方针。就是：修养自身，尊重贤才，亲近亲族，尊敬大臣，体贴群臣，爱民如子，招徕工匠，安抚边远民众，关怀各方诸侯。修养自身，中庸之道就会树立起来；尊重贤人，就会心眼明亮，不至于糊涂；亲近亲族，叔伯弟兄们不会产生怨恨；尊敬大臣，使之专心任事，就不会对其产生疑惑；体贴群臣，他们就会予以丰厚的报答；爱民如子，民众就会努力劳作；招徕百工，就会财用充足；安抚边远地区的民众，四方之民就会归顺；怀柔诸侯，天下都会畏服。斋戒沐浴，不做不符合礼法的事，这是用以修身的。斥退谗人，远离女色，轻视财货，重视德行，这是用来劝勉贤人的。尊贵其地位，增加其俸禄，与他们好恶相同，这是用来劝勉亲族的。任用官员担当重任，这是用来劝勉大臣的。给予忠信者厚禄，这是用来劝勉士人的。使民以时，减少赋敛，这是用来劝勉百姓的。每天检查，每月考核，按实绩发放报酬，这是用来劝勉百工的。欢送归去者，欢迎新来者，奖励做好事的，同情帮助贫弱的，这是用来安抚边远民众的；使已绝嗣的诸侯得到续封，废弃的古国得到恢复，治理祸乱，扶持危弱，按时朝聘，（在他们）回去时给以丰厚的赏赐，来朝见时只需要带很少礼物，这些是用来怀柔诸侯的。

治理天下国家尽管有九条方针，实际上就是一条，这就是以诚相待。凡事有所预备就会成功，没有预备就会失败。说话之前有预备，就不会打磕巴；做事之前有准备，就不会陷入困窘；行动之前有准备，就不会忧伤痛苦；推行“君子之道”之前有准备，就不会出现穷途末路。在下位者不获得在上位者的支持，民众就不能得到治理。获得上级的支持有一定的门路：得不到朋友的信任，就不可能得到上级支持。得到朋友的信任也有门路：不能够使亲人顺心，就得不到朋友的信任。使亲人顺心也有门路：反省检查自己，如果不诚实，也就不能使亲人顺心；使自己诚实有门路：不明白什么是善，就不会使自己诚实。诚，是天运行的原则；使自己做到诚实，这是为人的原则。（天性）诚（的人），就是不需努力就可以符合诚，不用思考就达到诚，有能力从容地推行中庸之道，这是圣人啊！诚实的人，就是选择了善道而固守执行的人。（对善道的）学习要广博，询问要详细周密，思考要谨慎细致，辨别是非要明确，践行义理要坚定踏实。除非不学，只要学习，在没有学会之前是不能放弃的；除非不问，只要询问，在没有弄明白之前，就不停止询问；除非不思考，只要思考，在思考没有收获时，就不停止思考；除非不辨别，只要辨别，在没有辨别清楚之前是不能停止的；除非不践行义理，只要践行，在践行不够笃实时是不能停止践行的。（按照以上的办法）别人做一次就行的，自己做一百次；别人十次能做好的，自己做一千次。如果真能这样做，即使原来愚笨，也一定会变得聪明；即使原来柔弱，也一定会变得坚强。

【评论】

第二十章，朱熹称之为：“第二十章。此引孔子之言，以继大舜、文、武、周公之绪，明其所传之一致，举而措之，亦犹是耳。盖包费隐，兼小大，以终十二章之意。章内语诚始详，而所谓诚者，实此篇之枢纽也。又按：《家语》亦载此章，而其文尤详。‘成功一也’之下，有‘公曰：子之言美矣！至矣！寡人实固，不足以成之也’。故其下复以‘子曰’起答辞。今无此问辞，而犹有‘子曰’二字；盖子思删其繁文以附于篇，而所删有不尽者，今当为衍文也。‘博学之’以下，《家语》无之，意彼有阙文，抑此或子思所补也欤？”

本章内容较多，《中庸》作者除引用孔子的两段语录之外，还自己进行了阐述分析。本章又可分为两个层次。

第一个层次是通过记述孔子对鲁哀公问政的回答，说明在坚持中庸之道的前提中，应该如何治国理政。首先，要认识到人存政举，人亡政息（贤能之士在位，其政教就能通行；贤能之士不在位，其政教就会停息。）所以，用人问题十分重要。其次，是说为政者必须修身以道（道德），修道以仁（关爱他人）。要亲亲（亲爱自己的亲族）、行义（就是从事合乎时宜的事）、尊贤（尊用贤人）、重礼、知人、知天。五达道是用中庸之道来调节五种基本人际关系，即要处理好君臣、父子、夫妇、兄弟、朋友等的关系，坚守知、仁、勇三达德（智、仁、勇三者是天下通行的美德），三达德是调节这些人际关系的措施。要处理好修身、治人与治国的关系。第三，作者提出“凡为天下国家有九经”（九经是用中庸之道来治理天下国家以达到天下太平的九项具体措施），然后对九经及之间的辩证关系作诠释。

第二个层次是阐述治理好国家所需要的思想因素。《中庸》的作者已认识到思想因素在修身、治国、平天下中的巨大作用。这个思想因素就是“诚”。“诚者，天之道也；诚之者，人之道也。（使自己做到诚实，这是为人的原则。）”“诚者，是天运行的规则。”这种认识，自然很难脱去唯心主义的痕迹，但认为“变得诚实无欺，这是做人的原则”，这无疑是唯物主义的金科玉律。如果人们读了《中庸》之后，能在“诚”字上，有所收获，那也算是没有白读。

另外，《中庸》的作者还强调了学习的重要性：“诚者，天之道也；诚之者，人之道也。诚者不勉而中，不思而得，从容中道，圣人也。诚之者，择善而固执之者也。博学之，审问之，慎思之，明辨之，笃行之。有弗学，学之弗能弗措也；有弗问，问之弗知弗措也；有弗思，思之弗得弗措也；有弗辨，辨之弗明弗措也；有弗行，行之弗笃弗措也。人一能之己百之，人十能之己千之。”这与孔子的思想是一致的。

本章中有“夫政也者，蒲卢也”一句。对此向来有不同解释。较合理的解释应是：蒲卢，即蜾蠃，又名土蜂。蒲卢取桑虫螟蛉之幼虫为食，古人误以为蒲卢养之为子，故有“螟蛉有子，蜾蠃负之”之说。此处即取爱护、爱民之意，谓治国理政，就是子民、爱民。

本章内容丰富，可作为治国理政、个人修养借鉴者甚多，读者可结合内容，仔细体会，此不赘述。

第二十一章

【原文】

自诚明，谓之性①；自明诚，谓之教。诚则明矣，明则诚矣②。

【注释】

①自诚明，谓之性：郑注："自，由也。由至诚而有明德，是圣人之性者也。"朱注："自，由也。德无不实而明无不照者，圣人之德，所性而有者也，天道也。"

按："自"，由。"诚"是人生来就有的本性。"诚"，诚心，诚信，诚实。

"明"，明德。"诚"明即由诚到明。"自诚明"之"明"是出发点，"诚"是终点。

周敦颐说："诚者，圣人之本。'大哉乾元，万物资始'，诚之源也。'乾道变化，各正性命'，诚斯立焉，纯粹至善者也。故曰'一阴一阳之道谓道，继之者善也，成之者性也'。元、亨，诚之通；利、贞，诚之复。大哉《易》也，性命之源乎！"在这里，"乾元"是"诚"的本源，"万物资始"，"纯粹至善"。"诚"的特性为"元（开始）、亨（通达）、利（和谐）、贞（中正）"。

牟宗三指出："'乾道变化'不过只是一诚体之流行。"（牟宗三：《心体与性体》，上海古籍出版社 1999 年版，第 277 页）

王夫之认为："诚者，神之实体，气之实用，在天为道，命于人为性，知其合之谓明，体其合之谓诚。"（王夫之：《张子正蒙注》，中华书局 1975 年版，第 95 页）在这里，"明"即明白"诚"是天道与性命的合一。"诚"即能够体悟天道性命的浑然一体。

"自诚明，谓之性"，这就是说，圣人心中的"诚"道是一种由诚而明的纯粹至善的本然状态，天道之诚的自然流露，成为圣人生来就有的所谓的"性"。

"自诚明"是生而知之，这与孔子的"学而知之"思想是不一致的。

此句意思是：由天性至诚而有明德，这就是性。

②自明诚，谓之教。诚则明矣，明则诚矣：郑注：“由明德而有至诚，是贤人学以知之也。有至诚则必有明德，有明德则必有至诚。”朱注：“先明乎善，而后能实其善者，贤人之学。由教而入者也，人道也。诚则无不明矣，明则可以至于诚矣。”

按：“明”，明德。“诚”，至诚。“教”，教育，教化。“博学之，审问之，慎思之，明辨之，笃行之”，这也就是“教”。李泽厚说：“先将宇宙本体（‘天’）品德化（‘诚’），亦即给予宇宙以道德本体义，然后又把它作为人性自觉地来源和本质（‘自诚明谓性’），人必须努力修养以达到它（‘自明诚谓之教’）。”（李泽厚：《中国古代思想史论》，安徽文艺出版社 1999 年版，第 137 页）

“自明诚”，这和孔子的“为仁由己”思想是一致的。

“诚则明矣，明则诚矣”这说明“诚”“明”是不可分的。

此句意思是：自有明德，通过努力学习达到至诚，这就是教化的过程。诚心就会有明德，有明德就会促成至诚。

【译文】

由天性至诚而有明德，这是圣人之性；由自身明德而去勉力学习、修养而达到至诚，这就是教化（常人之性）。诚就会明德；明德后通过学习、修养，也会达到诚。

【评论】

第二十一章，朱熹称之为：“第二十一章，子思承上章夫子天道、人道之意而立言也。自此以下十二章，皆子思之言，以反覆推明此章之意。”本章是以下第二十二章至第三十三章的概要与纲要。它接续以上第二十章关于“诚”的阐述，说明了两点，一个是：由天性至诚而有明德即“自诚明”，这是“性”，也就是“天道”。另一个是：由聪明好学，最后经过努力，也达到了“诚”，即“自明诚”，这就是“教化”，这是“人道”。

在这里，应该说《中庸》的作者在谈论“天道”时表现出了一定的唯心论倾向，对此，限于篇幅不作深究。以下十二章都是围绕“道”（天道、人道）展开的阐述。

第二十二章

【原文】

唯天下至诚[1]，为能尽其性[2]；能尽其性，则能尽人之性[3]；能尽人之性，则能尽物之性；能尽物之性，则可以赞天地之化育[4]；可以赞天地之化育，则可以与天地参矣[5]。

【注释】

①唯天下至诚：朱注："天下至诚，谓圣人之德之实，天下莫能加也。"

按："唯"，只，只有。"诚"，真诚。

此句意思是：只有天下最真诚的人。

②为能尽其性：郑注："尽性者，谓顺理之使不失其所也。"朱注："尽其性者德无不实，故无人欲之私，而天命之在我者，察之由之，巨细精粗，无毫发之不尽也。"

按："尽"，发挥。

"性"，钱穆认为，"性"含义有二：一是"生之本质"，二是"生之可能"。（钱穆：《中国思想通史讲话》，九州出版社2012年版，第24页）

《礼记·大学》曰："如恶恶臭，如好好色。"这说明"性"是天生就有的自然本能。"性"，本性，天性。而与《孟子·尽心下》中的"性"不是同一概念。《孟子·尽心下》曰："仁之于父子也，义之于君臣也，礼之于宾主也，知之于贤者也，圣人之于天道也，命也，有性焉，君子不谓命也。"这是君子说的"性"，是指"仁、义、礼、知（智）、天道。"

此句意思是：能够完全发挥自己的本性。

③尽人之性：朱注："人、物之性，亦我之性，但以所赋形气不同而有异耳。能尽之者，谓知之无不明而处之无不当也。"

按：“尽人之性”，郭沂说：“‘尽人之性’相当于君子之道的‘征诸庶民’，‘赞天地之化育’相当于圣人之道的‘发育万物。’”（郭沂：《道的下贯、呈现与修行——〈中庸〉的思想体系与历史定位（上）》，载陈明主编：《原道》第三辑，中国广播电视出版社1996年版，第223页）

此句意思是：能发挥他人的本性。

④赞天地之化育：郑注：“赞，助也。育，生也。助天地之化生，谓圣人受命在王位致大平。”朱注：“赞，犹助也。”

按：“赞”，赞助，帮助。“化育”，化生，繁育。《易·系辞传下》：“天地之大德曰生。”天地最大的功用是化育万物，生生不息。《周易·序卦》：“有天地。然后万物生焉。盈天地之间者唯万物。”“有天地，然后有万物。”万物都是由天地化生而来。

《国语·郑语》曰：“夫和实生物，同则不继。”“生物”就是“使物生”，“使万物生”。“和”的最大功用是“生物”。也就是说，“和”是万物生长繁育的前提条件。《淮南子·氾论训》曰：“天地之气，莫大于和。和者，阴阳调，而生物。春分而生，秋分而成，生之与成，必得和之精。”天地之气为“和”。阴阳调和、日夜相分而化生万物。

《新语·道基》传曰：“‘天生万物，以地养之，圣人成之。’”（陆贾：《新语》，《诸子集成》第七册，中华书局1954年版，第1页）这是说天生万物，大地使万物繁荣，圣人成己。

此句意思是：赞助天地化育生命。

⑤可以与天地参矣：朱注：“与天地参，谓与天地并立为三也。此自诚而明者之事也。”

按：“参”，即“叁”。

“与天地参”，与天地并列为三。《论语·雍也》载，子曰：“知者乐水，仁者乐山；知者动，仁者静；知者乐，仁者寿。”欣赏山川，亲近自然，与之融而为一，进而与天地融为一体。《尚书大传·略说》曾分析说：在孔子看来，“夫山，草木生焉，鸟兽蕃焉，财用殖焉，生财用而无私为焉，四方皆伐焉，每无私予焉。出云风以通乎天地间，阴阳和合，雨露之泽，万物以成，百姓以飨，此仁者所以乐山者也。”（王云五主编，注者郑玄，补注者王闿连：《尚书大传》（万有文库本），商务印书馆 1937 年版，第 62 页）这里提到了两个原因：一是山川水泽生育万物，供人无私采用，可谓有仁者胸怀，故孔子乐之；二是山川可出云风以通乎天地（宇宙）之间，使人领略与天地合其序的快乐。

《论语·子罕》载，子在川上曰："逝者如斯夫！不舍昼夜。"这说明天道恒常。天地万物永恒运行，人亦当顺天而作，与天地和谐。

诚化万物，"与天地参"，类似的记载见于《荀子·不苟》。其文曰："天地为大矣，不诚则不能化万物；圣人为知矣，不诚则不能化万民；父子为亲矣，不诚则疏；君上为尊矣，不诚则卑。夫诚者，君子之所守也，而政事之本也。"

《荀子·礼论》曰："天地合而万物生，阴阳接而变化起。"这就是说，天地结合产生了万物，阴阳接触带来了变化，这种观点是唯物主义的。同时，荀子又主张要"理天地"（《荀子·王制》），"参天地"（《荀子·赋》），对天要"应之"（《荀子·天论》），所以荀子思想中也有"天人合一"的一面。

其中，"至诚""尽性"是实施中庸之道的重要原则。"与天地参"彰显了天人合一的思想。

"唯天下至诚，为能尽其性；能尽其性，则能尽人之性；能尽人之性，则能尽物之性；能尽物之性，则可以赞天地之化育；可以赞天地之化育，则可以与天地参矣"，这是天道至诚的功用。"诚"构建起"天道"和"人道"的桥梁，从而把性、道、教贯穿于一体。诚使德性与天性合二为一，进而达到成己、成人与成物。己、人、物皆至诚，参赞天地化育，天道自然显现。

郭齐勇说："只有天下至诚的圣人，能够极尽天赋的本性，于是能够兴养立教，极尽众人的本性，进而樽节爱养，极尽万物的本性，使万物各安其位，各遂其性。既如此，就可以赞助天地生养万物。这使得人可以与天地鼎足而三了。人的地位由此彰显。"（郭齐勇：《中国哲学史》，高等教育出版社 2006 年版，第 70 页）这就是第二十三章要论述的"唯天下至诚为能化"。

本章的逻辑顺序是：至诚—尽己之性—尽人之性—尽物之—赞天地之化育—与天地参。这和《孟子·尽心上》所载孟子曰"尽其心者，知其性也。知其性，则知天矣。存其心，养其性，所以事天也"也是一脉相承的。

此句意思是：可以与天地并列之，即与天地齐功之意。

【译文】

只有天下至诚的人，能完全发挥自己的本性；能完全发挥自己的本性，就能完全发挥他人的本性；能完全发挥他人的本性，就能完全发挥万物的本性；能完全发挥万物的本性，就可以赞助天地的化育生命；能赞助天地的化育，就可以与天地并列为三了。

【评论】

第二十二章，朱熹称之为："第二十二章。言天道也。"本章既承二十一章继续谈"诚"的作用，亦承第一章之所谓"天命之谓性"而来。"唯天下至诚，为能尽其性"一段，是有一定道理的。因为至诚之人，心地坦白，无私欲，无邪念，所以能够正确认识自己的优点与缺点，进而能在处事时摆正自己和他人的关系，处理好主观和客观的关系，在"赞天地之化育"即改造客观世界的过程中，作出较大贡献。这一段既谈了天道，也谈了人道，实际上，二者也是无法绝对分开的。

本章所论也有较明显的理想化的倾向，实际上很难完全做到。首先是"天下至诚"，即很难达到。一般来说，这只能是理想目标。当然，人人应该向这方面努力。其次，这里要求的尽己之性，尽人之性，尽物之性，也很难完全做到。

尽己之性，也就是处事的"全心全意"，没有一丝一毫的杂念，这很难做到。尽他人之性，更难。尽物之性亦难，但比尽人之性，还要容易一些。同时，尽物之性不一定要以尽人之性为条件。一个科学家可以在尽己之性的基础上，去尽物之性。即利用科学技术的手段去开发出物之大用，有时要比天地自然的开发迅速若干倍，规模也会扩大。

总之，本章所言，人们在改造客观世界过程中，可以部分实现，但完全实现则不可能。所以说，本章有理想化的倾向。

第二十三章

【原文】

其次致曲[①]，曲能有诚[②]，诚则形[③]，形则著[④]，著则明[⑤]，明则动[⑥]，动则变[⑦]，变则化。唯天下至诚为能化[⑧]。

【注释】

①其次致曲：郑注："其次，谓自明诚者也。致，至也。曲，犹小小之事也。"朱注："其次，通大贤以下凡诚有未至者而言也。致，推致也。曲，一偏也。"

按："次"，次一等。"致"，推动，达到，尽力而为。"曲"，指细小的，偏于一个方面的。

"致曲"是指比圣人第一个层次低的，但也能使某一方面发生发展变化的贤人。

《孟子·公孙丑上》载："昔者窃闻之：子夏、子游、子张皆有圣人之一体，冉牛、闵子、颜渊则具体而微。"这就是说，闵子骞、颜渊等都一样，都大体上接近于孔子的水平而稍微显弱。

此句意思是：其次一等的只能使若干小事或局部发生变化。

②曲能有诚：

按：这种引起小事或局部变化的也能在一定程度上达到诚。

此句意思是：贤人只能发挥天性的一些细节，这样也能达到诚。

③诚则形：郑注："不能尽性而有至诚，于有义焉而已，形谓人见其功也。尽性之诚，人不能见也。"朱注："形者，积中而发外。"

按："诚"，真诚。"形"，外形。

此句意思是：有诚，就会显示于外形。

④形则著：郑注："著，形之大者也。"朱注："著，则又加显矣。"

按："著"，显著，彰著。

此句意思是：显示于外形，就会日益显著。

⑤著则明：郑注："明，著之显者也。"朱注："明，则又有光辉发越之盛也。"

按："明"，明亮，光明，兴盛。

此句意思是：日益显著，就会变得盛大光明。

⑥明则动：郑注："动，动人心也。"朱注："动者，诚能动物。"

按："动"，变动，变化。

此句意思是：盛大光明，就会引起人心的变动。

⑦动则变：郑注："变，改恶为善也，变之久则化而性善也。"朱注："变者，物从而变。"

按："变"，变化。

此句意思是：（人心的）变动，就会引起人性由恶向善的变化。

⑧唯天下至诚为能化：朱注："化，则有不知其所以然者。盖人之性无不同，而气则有异，故惟圣人能举其性之全体而尽之。其次则必自其善端发见之偏，而悉推致之，以各造其极也。曲无不致，则德无不实，而形、著、动、变之功自不能已。积而至于能化，则其至诚之妙，亦不异于圣人矣。"

按："唯"，只有。"化"，"化易"。

"唯天下至诚为能化"这里彰显了圣王的外王人格。"至诚"是儒家的终极价值规定性。只有"至诚"，仁知（智）才能合一、内圣外王合一、天人合一，进而达到成圣的最高理想人格境界。

"曲能有诚，诚则形，形则著，著则明，明则动，动则变，变则化。唯天下至诚为能化"，《荀子·不苟》亦有类似记载。其文曰："君子养心莫善于诚，致诚则无它事矣。惟仁之为守，惟义之为行。诚心守仁则形，形则神，神则能化矣。诚心行义则理，理则明，明则能变矣。变化代兴，谓之天德。天不言而人推高焉，地不言而人推厚焉，四时不言而百姓期焉。夫此有常，以至其诚者也。君子至德，嘿然而喻，未施而亲，不怒而威：夫此顺命，以慎其独者也……天地为大矣，不诚则不能化万物；圣人为知矣，不诚则不能化万民；父子为亲矣，不诚则疏；君上为尊矣，不诚则卑。"

此句意思是：只有天下至诚之人，才能采纳化易人性。

【译文】

其次一等的（不能尽性）贤人只能发挥天性的一些细节，这样也能达到诚。有诚，就会显示于外；显示于外，就会日益显著；日益显著，就会更为光辉而兴盛，光辉兴盛就会感动人，就会使人性情产生由恶向善；由恶向善，时间长了就会形成恶人全部转化为善人的变化。只有天下达到至诚，才能（彻底）化易性情。

【评论】

第二十三章，孔颖达曰："此一经明贤人习学而致至诚，故云其次致曲。曲，谓细小之事。言其贤人致行细小之事，不能尽性于细小之事，能有至诚也。"朱熹称之为："第二十三章。言人道也。"本章是对第二十二章的补充。"天下至诚"可以"尽性"，但是社会上，并非全部都是"至诚"之人，大多数是有一定诚意，而杂有其他观念的人。这部分人，只要积极加以正确引导，也会对社会进步作出自己的贡献。《中庸》的作者对此是有一定认识的，他并且作出了说明。有诚，就会显示于外；显示于外，就会日益显著；日益显著，就会更为光辉而兴盛，光辉兴盛就会感动人，就会使人性情产生由恶向善；由恶向善的变化就会推动社会向前发展。只有天下达到至诚，才能（彻底）化易性情。

人生的修养应该树立远大目标，但又不可能一下子就登峰造极，所以，"致曲"也是一个必须经历的发展阶段。不能小看"致曲"的作用，只有经过"致曲"，最后才能达到"至诚"。

第二十四章

【原文】

至诚之道，可以前知①。国家将兴，必有祯祥；国家将亡，必有妖孽②；见乎蓍龟，动乎四体③。祸福将至：善，必先知之；不善，必先知之。故至诚如神④。

【注释】

①至诚之道，可以前知：郑注："可以前知者，言天不欺至诚者也。前亦先知。"

按："知"，预知。

此句意思是：推行至诚之道，可以预知祸福。

②国家将兴，必有祯祥；国家将亡，必有妖孽：郑注："祯祥、妖孽，蓍龟之占，虽其时有小人愚主，皆为至诚能知者出也。"

按："兴"，兴盛，兴旺。"祯祥"，吉兆。"妖孽"，反常的现象。

此句意思是：国家将要兴盛，一定会有吉兆出现；国家将要灭亡，一定会有各种不正常的现象发生。

③见乎蓍龟，动乎四体：郑注："四体，谓龟之四足，春占后左，夏占前左，秋占前右，冬占后右。"朱注："祯祥者，福之兆。妖孽者，祸之萌。见，音现。""蓍，所以筮。龟，所以卜。四体，谓动作威仪之间，如执玉高卑，其容俯仰之类。凡此皆理之先见者也。然惟诚之至极，而无一毫私伪留于心目之间者，乃能有以察其几焉。"

按："见"，音"现"，表现。

"蓍"，音（shī），一种草，蓍草茎，古代常用以占卜。"龟"，占卜用的龟甲。"动"，行动。"四体"，有两解：一指龟之四足；二指人的动作威仪，如执玉的高低，举止俯仰等。

此句意思是：好的征兆和反常现象，表现在占卜的结果及变化上。

④祸福将至：善，必先知之；不善，必先知之。故至诚如神：朱注：“神，谓鬼神。”

按：“至”，到，来临。“善”，好，美好。“知”，知道。“诚”，真诚。“神”，神明。

又按：《中庸》此言，并非完全信口雌黄，空穴来风，而是有一定的道理的。所谓“至诚”，就是最完全最纯粹的诚心诚意，如果用这种态度和精神对待某一事物，必能把握事物的全局，了解事物的每一细节，并能认清其发展变化的过程和规律。对事物发展中出现的各种端倪必能首先把握。另一方面，任何事物的发展都有自己的规律，无论是向好的方向发展，还是向坏的方向发展，都会事先出现某种征兆，所以，只要有至诚的态度和精神，这些征兆也会被发现和掌握，所以说“至诚之道，可以前知”，是有道理的。

此句意思是：祸福即将来临时，好的事情（也即福），一定会事先知道；不好的事情（即祸），也一定会先知道。所以，对事物的最真诚就像神明一样，能够预见祸福。

【译文】

至诚之道，能够预先知道。国家将兴盛，一定会有祯祥吉兆；国家将要灭亡，一定会出现妖孽祸乱；这些会表现在占卜用的蓍龟及变化上。祸福将要来临时，好事，一定会先知道；坏事，也一定会先知道。所以，至诚就像神明一样（可以预知未来）。

【评论】

第二十四章，朱熹称之为：“第二十四章。言天道也。”本章内容主要就是“至诚（最完全最纯粹的诚心诚意）之道，可以先知”，即“善，必先知之；不善，必先知之。”应该说，这在一定范围内，一定情况下，是有道理的。因为“至诚”，从一个角度说，就是今天提倡的“实事求是”。如果坚持毫无虚假的实事求是原则，一刻也不脱离一定范围的事物，就有可能比较完全地了解事物每时每刻的每一局部的变化发展，从中可以发现某种趋势的征兆，这就是所谓“先知”。当然，“至诚”是必须与多种优良品质相结合的。如果为人很诚实，但却很懒惰，大水冲到了他的床头，他还在睡懒觉，那怎么能够“先知”呢？所以，“至诚”还必须勤快。又，“至诚”还必须明辨是非，看清对象，如历史上的宋襄公对伦理道德的诚意是有的，但却对敌人大讲“君子之道”，结果被打得一败涂地，毛泽东讥笑他是“蠢猪式的仁义道德”。还有，“至诚”不等于迷信，把任何东西都看成“喜兆”或“祸兆”，那就无法做到正确判断了，所以，也不能“前知”。

第二十五章

【原文】

诚者自成也，而道自道也①。诚者物之终始，不诚无物。是故君子诚之为贵②。诚者非自成己而已也，所以成物也③。成己，仁也；成物，知也④。性之德也，合外内之道也⑤。故时措之宜也⑥。

【注释】

①诚者自成也，而道自道也：郑注："言人能至诚，所以自成也。有道艺所以自道达。"朱注："言诚者物之所以自成，而道者人之所当自行也。诚以心言，本也；道以理言，用也。'道也'之道，音导。"

按："诚"是事物的本源。"自成"，自己修养而成。"道"有二解：一是，郑注："言人能至诚，所以自成也。有道艺，所以自道达。"二是，朱注："诚者物之所以自成，而道者人之所当自行也。"此处以"二解"为优。

"诚者自成也"，陈淳说："诚字本就天道论，'维天之命，于穆不已'只是一个诚。天道流行，自古及今，无一毫之妄。暑往则寒来，日往则月来，春生了便夏长，秋杀了便冬藏，元亨利贞，终始循环，万古常如此，皆是真实道理为之主宰。……又就果木观之，甜者万古甜，苦者万古苦，……一花一叶，文缕相等对，万古常然，无一毫差错，便待人力安排撰造来，终不相似，都是真实道理，自然而然。"（陈淳：《北溪字义》，中华书局 1983 年版，第 33 页）

此句意思是：诚是自己修养而成的，道是自我遵循而行的。

②诚者物之终始，不诚无物，是故君子诚之为贵：郑注："物，万物也，亦事也。大人无诚，万物不生，小人无诚，则事不成。言贵至诚。"朱注："天下之物，皆实理之所为，故必得是理，然后有是物。所得之理既尽，则是物亦尽而无有矣。故人之心一有不实，则虽有所为亦如无有，而君子必以诚为贵也。盖人之心能无

不实，乃为有以自成，而道之在我者亦无不行矣。”

按：“诚”是事物本来就有的。“诚”是贯穿在事物发展开始到结束的全过程中的。

“终始”，即始终。

“诚”是处理好自我与“他者”、自我与自然界的关系的关键。要想使人、自然界和谐相处，首先需要明善，即“成己”“成物”。

如果从人与客观事物的关系讲，这种认识是正确的；人要接触事物，改造事物，在这个发展过程，人必须抱着诚心诚意的态度，否则就达不到目的。

此句意思是：诚是贯穿在事物发展开始到结束的全过程中的，如果没有诚，也就没有事物的发展。

③诚者非自成己而已也，所以成物也：朱注：“诚虽所以成己，然既有以自成，则自然及物，而道亦行于彼矣。”

按：“诚”，至诚、真诚。“成己”，成就自己。“已”，停止，罢了，算了。“成物”，成就万物。“成己”“成物”这是事物本身的“诚”，是对事物固有之性的肯定。“成己”“成物”是诚的目标。

牟宗三说：“《中庸》的‘诚’实与孔子的‘仁’相合。‘诚’可被视为‘天道’。……至此，传统思想中高高在上的‘天道’，经过《中庸》的发展，而致完全可被人通过仁与诚去体会、去领悟。”（牟宗三著，罗义俊编：《中国哲学的特质》，上海古籍出版社 2007 年版，第 36 页）可见，《中庸》的“诚”与孔子“仁”是一脉相承的。

此句意思是：至诚的人并不是只成就自己就算了，还要用自己的能力、方法成就万物（其中也包括成就他人）。

④成己，仁也；成物，知也：郑注：“以至诚成己则仁道立。以至诚成物则知弥博。此五性之所以为德也，外内所须而合也。”朱注：“知，去声。……仁者体之存，知者用之发”。

按：“知”，同“智”。“成己”为中，“成物”为和，这也是“中和”。

《论语·卫灵公》载，子曰：“知及之，仁不能守之；虽得之，必失之。知及之，仁能守之。不庄以莅之，则民不敬。知及之，仁能守之，庄以莅之。动之不以礼，未善也。”

"成己，仁也；成物，知也"在这里，成就自己，这便是仁，即守善。成就万物，这便是知，即明善。成己是内圣，成物是外王，内圣与外王有机结合，由内圣而外王，进而达到内圣外王相统一。庄子是道家著名的代表人物。他在《庄子·天下》篇中首次提出了"内圣外王"的思想。其文曰："天下大乱，贤圣不明，道德不一。天下多得一察焉以自好。……判天地之美，析万物之理，察古人之全，寡能备于天地之美，称神明之容。是故内圣外王之道，暗而不明，郁而不发，天下之人各为其所欲焉，以自为方。""古之人其备乎！配神明，醇天地，育万物，和天下，泽及百姓，明于本数，系于末度，六通四辟，小大精粗，其运无乎不在。"这就是说，圣人应具有的德性是："配神明，醇天地。"圣人应成就的外王的功绩是："育万物，和天下，泽及百姓。""明于本数，系于末度，六通四辟，小大精粗"，这是内圣外王之道。牟宗三则对"内圣""外王"作了进一步的阐释。他说，"内圣"是："内在于个人自己，则自觉地作圣贤工夫（即道德实践）以发展完成其德性人格之谓也。""外王"是："外而达于天下，则行王者之道也。"（牟宗三：《心体与性体（上）》，上海古籍出版社 1999 年版，第 4 页）这说明内圣是通过内在的修养功夫而达到了理想人格；外王则是圣人在实践中所成就的外在事功。

"成己，仁也"这和《论语·雍也》所载"夫仁者，己欲立而立人，己欲达而达人"是密切相关的。"成己"进而"成物"，"己立"进而"立人"，"己达"进而"达人"。

通过以上所述，可以看出，《大学》的"诚"是对孔子"仁"思想的继承与发展。

此句意思是：成就自己，这是仁；成就万物，这是智。这就是一个内圣外王的修养过程。

⑤性之德也，合外内之道也：郑注："外内犹上下。"朱注："是皆吾性之固有，而无内外之殊。"

按："德"，功用，功效，作用。"道"，规则，原则。

此句意思是：人性的功用，就在于综合内外各种规则。

⑥故时措之宜也：郑注："时措，言得其时而用也。"朱注："既得于己，则见于事者，以时措之，而皆得其宜也。"

按：“时”，每时每刻。

此句意思是：所以，选择合适措施，发挥应有作用。

【译文】

诚是自我修养而成的，道是自我遵循而行的。诚是事物的终结与开始，不诚就不会有万物。所以，君子以坚守诚为贵。诚并不是达到（自己）诚之后就停止了，而是用来成就万物的。成就自己，这是仁；成就万物，这是智。人性的功用，就在于综合内外的各种运行原则，每时每刻都在发挥应有的作用。

【评论】

第二十五章，朱熹称之为：“第二十五章。言人道也。”本章承上章而来，继续说明“诚”的功用。主要内容是认为“诚者自诚”“诚者物之终始，不诚无物”等，在这里，《中庸》作者有明显的唯心论倾向。“诚”本来是人的一种德行，或说是思想状态，是受人的主观意识和客观环境的影响而形成的，它不能独立于人的意识之外。因此，“诚者自诚”这一命题，就显得十分模糊。可以勉强地译为“诚是自己通过修养而形成的”，这仍然说的是人的修养，而不能离开人。如果认为“诚”是独立的，可以自己演化而成，那就是十足的唯心论。至于“诚者物之终始，不诚无物”，这仍然可以作出唯物论与唯心论两种解释。从唯物论角度分析，这里的“诚”就是指第二性的“意见、方案、计划”一类的东西，它与事物的形成相始终，单从一个具体事物的产生过程来说，是“不诚无物”。从唯心论发展的历史看，这句话是很符合宋代理学家所谓“理在气先”的说法的。从另一方面看“不诚无物”，也有一定的道理。“诚”是人的主观努力，任何事情的成功，除了客观条件外，必须发挥主观能动作用。再好的条件，主观上缺乏积极性，也是无法取得成功的。“诚者非自成己而已也，所以成物也。”“成己”就是使自己成为有仁德之士。“成物”则是对客观世界的改造，包括人和物两个方面。所以，本章表现了积极向上的人生观和世界观，值得重视。

第二十六章

【原文】

故至诚无息[1]，不息则久，久则徵，徵则悠远[2]，悠远则博厚，博厚则高明[3]。博厚，所以载物也；高明，所以覆物也[4]；悠久，所以成物也[5]。博厚配地，高明配天，悠久无疆[6]。如此者，不见而章，不动而变，无为而成[7]，天地之道，可壹言而尽也：其为物不贰，则其生物不测[8]。天地之道：博也，厚也，高也，明也，悠也，久也[9]。今夫天，斯昭昭之多[10]，及其无穷也，日月星辰系焉，万物覆焉。今夫地，一撮土之多，及其广厚，载华岳[11]而不重，振河海而不洩[12]，万物载焉。今夫山，一卷石之多[13]，及其广大，草木生之，禽兽居之，宝藏兴焉。今夫水，一勺之多，及其不测，鼋鼍、蛟龙、鱼鳖生焉，货财殖焉。《诗》曰："惟天之命，於穆不已[14]！"盖曰天之所以为天也。"於乎不显！文王之德之纯[15]！"盖曰文王之所以为文也，纯亦不已。

【注释】

①故至诚无息：朱注："既无虚假，自无间断。"

按："息"，停息、间断。

此句意思是：所以至诚是不会停息的。（或：是不会间断的。）"至诚"是人的道德的一种状态，不能离开人而独立存在。它只能存在于人的实践中。如果把"至诚"当作一种离开人的实践而独立存在的事物，则是一种错误的观点。

②不息则久，久则徵，徵则悠远：郑注："徵，犹效验也。……徵，或为'彻'。"朱注："久，常于中也。徵，验于外也。此皆以其验于外者言之。郑氏所谓'至诚之德，著于四方'者是也。存诸中者既久，则验于外者益悠远而无穷

矣。”

按：“久”，长久。“征”，有两解：一、“征”，犹效验也。二、“征”，或为“彻”。以“一解”为优。

此句意思是：不停息就会长久，长久就会有效验，有效验就会有悠远。

③悠远则博厚，博厚则高明：郑注：“此言至诚之德既著于四方，其高厚日以广大也。”朱注：“悠远，故其积也广博而深厚；博厚，故其发也高大而光明。”

按：“博”，广博。“厚”，宽厚。“高”，高大。“明”，光明，明亮。

此句意思是：悠远就会变得广博宽厚，广博宽厚就会变得高大光明。

④博厚，所以载物也；高明，所以覆物也：

按：“载”，承载。“物”，万物。“覆”，覆盖、笼罩。如天光明而覆盖万物。

此句意思是：广博宽厚，所用来承载万物。高大光明，所用来覆盖万物。

⑤悠久，所以成物也：朱注：“悠久，即悠远，兼内外而言之也。本以悠远致高厚，而高厚又悠久也。此言圣人与天地同用。”

此句意思是：悠久不息，所以成就了万物（古代哲学认为：任何事物的发展都需要一个过程。此句中即含有这样的理念）。

⑥博厚配地，高明配天，悠久无疆：郑注：“后言悠久者，言至诚之德既至博厚、高明配乎天地，又欲其长久行之。”朱注：“此言圣人与天地同体。”

按：“配”，匹配。“无疆”，没有止境。

“故至诚无息，不息则久，久则徵，徵则悠远，悠远则博厚，博厚则高明。博厚，所以载物也；高明，所以覆物也；悠久，所以成物也。博厚配地，高明配天，悠久无疆。”这里说明“诚”与万物的关系。广博宽厚可与大地相匹配，高大光明能与上天相匹配，悠久能与无疆相匹配。

此句意思是：广博宽厚之义只有大地可与之相匹配。高大光明只有天能与之相匹配。悠久之义只有无疆可与之相匹配。

⑦不见而章，不动而变，无为而成：朱注：“见，音现。见，犹示也。不见而章，以配地而言也。不动而变，以配天而言也。无为而成，以无疆而言也。”

按：“见”，同“现”。“章”，同“彰”，彰著。“无为”，不作为。

此句意思是：不显现就能彰著，不行动就能变化，不作为就能成功。

⑧天地之道，可壹言而尽也，其为物不贰，则其生物不测：郑注：“言其德化

与天地相似，可一言而尽，要在至诚。言至诚无贰，乃能生万物多无数也。”朱注：“此以下，复以天地明至诚无息之功用。天地之道，可一言而尽，不过曰‘诚’而已。不贰，所以诚也。诚故不息，而生物之多，有莫知其所以然者。”

按：“壹”，朱注：“一”。

“天地之道，可壹言而尽也，其为物不贰，则其生物不测”，牟宗三解释说：“可以尽天道的一言便是‘其为物不贰，则其生物不测’。‘为物不贰’指出天道精纯不杂的本质，正因为精纯，故又是精诚。正因为精诚深奥，所以它‘生物不测’。可见中庸从‘生物不测’的生化原则来了解天道。”（牟宗三著，罗义俊编：《中国哲学的特质》，上海古籍出版社 2007 年版，第 42 页）对这一句话，陈满铭的理解则是：“然而中庸的作者却成功地把本来内接于心性的‘至诚’推源到天道上来，让物理性的形上境界顿然放射出强烈的道德光彩，这可说是《中庸》天道思想的最大特色，也是中庸一书的血脉所在。”（陈满铭：《中庸思想研究》，文津出版社 1980 年版，第 90 页）

“为物不贰，则其生物不测”是天道之诚的特点之一。天道至诚无息，真实无妄，纯而不杂，故能化生万物。

《家语·大婚解》载，（哀）公曰：“君子何贵乎天道也?”孔子曰：“贵其不已也。如日月东西相从而不已也，是天道也；不闭而能久，是天道也；无为而物成，是天道也；已成而明之，是天道也。”在这里，孔子论述了“天道”的特点：运行不已，永不止息。孔子还谈到了天道的表现：“无需作为而万物自然生成，万物生成之后又能彰显于世。”

通过以上论述，不难看出，《中庸》的作者不但继承了孔子的思想，而且还把孔子的思想提升到一个崭新的高度：“天地之道，可壹言而尽也，其为物不贰，则其生物不测”。

“诚”能化生万物，是化生万物的方式。

“天地之道”，天地运行的法则，实际是说圣人处世的原则。“为物不贰”，对一切皆以“至诚”待之，而无其他邪念。“其为物不贰，则其生物不测”这就是说，天地化生万物时的规则是“诚”。

“生”，发生，产生。“不测”，不可测量。

此句意思是：天地运行的法则，可用一句话来概括：就是它对一切皆以“至诚”待之。(所以使万物感到仁慈自由)，故所发生之物不可预测。

⑨天地之道：博也，厚也，高也，明也，悠也，久也：郑注：“此言其著见成功也。”朱注：“言天地之道，诚一不贰，故能各极所盛，而有下文生物之功。”

按：“道”，法则。“博”，广博，博大。“厚”，宽厚。“悠”，悠长。

“天地之道，可壹言而尽也：其为物不贰，则其生物不测。天地之道：博也，厚也，高也，明也，悠也，久也”，这是说“诚”的功用。

此句意思是：本来天地运行的法则就是：广博，宽厚，高大，光明，悠长，久远。

⑩今夫天，斯昭昭之多：郑注：“此言天之高明本生昭昭。……昭昭犹耿耿，小明也。”朱注：“夫，音扶。昭昭，犹耿耿，小明也。此指其一处而言之。‘及其无穷’，犹十二章‘及其至也’之意，盖举全体而言也。”

按：“斯”，这，只。“昭昭”，犹“耿耿”，小的明亮。

此句意思是：眼前的天，只不过是一小片明亮的增多。

⑪华岳：朱注：“华，去声。”

按：指西岳华山。在今陕西省渭南市华阴市南，以高著称。《山海经》：“太华之山，削成而四方，其高五千仞，其广十里。”

⑫振河海而不泄：郑注：“振，犹收也。”朱注：“振，收也。”

按：“振”，振动、摇动。“不泄”，不泄露出来。

此句意思是：河海（在地上）摇动，其水泄露不出来（说明天地的广厚)。

⑬一卷石之多：郑注：“卷，犹区也。”“地之博厚本由撮土，山之广大本起卷石，水之不测本由一勺。言天地山川积小致大，为至诚者亦如此乎。”朱注：“卷，平声，区也。”“此四条，皆以发明由其不贰、不息以致盛大而能生物之意。然天、地、山、川，实非由积累而后大，读者不以辞害意可也。”

按：“卷”，借为“拳”。“多”，增多。

此句意思是：不过是一拳头的增多而已。

⑭惟天之命，於穆不已：郑注：“天所以为天，文王所以为文，皆由行之无已，为之不止，如天地山川之云也。《易》曰：‘君子以顺德，积小以成高大。’是与?”

按：“惟天之命，於穆不已”，语出《诗·周颂·维天之命》。“惟”，语气词。

"穆"，肃穆完美。"已"，停息，停止。

"《诗》曰：'惟天之命，於穆不已！'盖曰天之所以为天也"，在这里，人以至诚之道与天地相配，顺"天命"，生生不息。

此句意思是：天命至高无上啊！它肃穆完美，永不停息。

⑮於乎不显！文王之德之纯：朱注："《诗》，《周颂·维天之命》篇。引此以明至诚无息之意。於，音乌，叹辞。穆，深远也。乎，音呼。不显，犹言岂。不显也。纯，纯一不杂也。程子曰：'天道不已，文王纯于天道，亦不已。纯则无二无杂，不已则无间断先后。'"

按："於乎不显！文王之德之纯"是讲圣人之诚。

"於乎不显！文王之德之纯"，语出《诗·周颂·维天之命》。"於乎"，呜呼，啊！"不显"，有二解：一、"不显"，岂不显也。二、"不显"，"不"即"丕"，大。"不显"即大显。"纯"，纯正，笃厚。纯即："诚。"

"天地之道：博也，厚也，高也，明也，悠也，久也。今夫天，斯昭昭之多，及其无穷也，日月星辰系焉，万物覆焉。……《诗》曰：'惟天之命，於穆不已！'盖曰天之所以为天也。'于乎不显！文王之德之纯！'盖曰文王之所以为文也，纯亦不已。"这一段说明天道至诚与人道之纯遥相呼应。

此句意思是：啊！真是显耀天下，文王之德是多么纯正。

【译文】

所以，至诚是不会停息的。不停息就会持久；持久就会通彻；通彻就会悠久长远；悠久长远就会博大深厚；博大深厚就会崇高光明。博大深厚是用来承载万物的；崇高光明是覆盖万物的；悠远长久是用来生成万物的。博大深厚与大地相配，崇高光明与天相配，悠远长久则没有尽头。就这样，不显现而能够彰著，不运动而能变化，不作为而能成就万物。天地的运行法则，可以用一句话概括出来：它至诚无二，所衍化而成的事物不可测量。天地的运行法则是博大的、深厚的、崇高的、光明的、悠长的、久远的。眼前的天，只是明亮的一小片的增多，至于它的无穷，日月星辰都被它系挂，万物都被它覆盖。眼前的地，不过是一撮土的增多，至于它的广大深厚，承载着华山而不显重，收容着江河海洋而不泄漏，万物都被它承载着。眼前的山，只不过是一堆拳头大小石头的增多，至于它的广大，无数的草木在上面生长，各种禽兽在上面居住，各种宝藏也贮藏其中。眼前的水，只不过是一勺水的增多，至于它的深不可测，鼋鼍、蛟龙、鱼鳖都在其中生存，水产财富在其中生殖。《诗·周颂·维天之命》曰：“惟天之命，於穆不已。”（《诗·周颂·维天之命》说：“天命至高无上。啊！它肃穆完美永不停息！”）这是说天之所以为天也。又说：“真是光耀天下，文王之德纯正光明！”这就是说文王之所以谥为“文”，因为德行纯正而不停息啊！

【评论】

第二十六章，朱熹称之为：“第二十六章。言天道也。”在本章中，《中庸》的作者仍然把“诚”看作独立于宇宙间的一种力量。它不会停止，可以演化成各种事物，博大深厚与大地相配，崇高光明与天相配，悠远长久则没有尽头。又认为天、地之道，也是“为物不贰”的诚。作者又专门分析天地之道的特点：天地的运行法则是博大的、深厚的、崇高的、光明的、悠长的、久远的，以彰显“诚”的作用。

我们今天阅读此章，必须对“至诚”有一个正确的认识，对“至诚”的功用有一个科学的估计。“至诚”就是最大限度的诚，或曰诚的最高境界。“诚”本是人思想的一种状态，有时则表现为一种行为。它不能离开人而存在。诚作为人的主观能动性的一种状态，有其一定的甚至是巨大的社会功用，但是，它是不能离开人而存在的。因而，不可以把“诚”和“至诚”的作用作脱离实际的估计。实际上，由思维状态的“诚”到行为状态的“诚”的发展，需要多种物质条件的帮助。如果没有一定的物质条件，“诚”本身就不会存在，更不会“无息”“久”“徵”“悠远”“博厚”。因此，不能对“诚”（包括“至诚”）的作用，作过分夸大。

当然，应该承认，《中庸》的作者对“诚”的长篇宏论，对克服当今社会中的诚信不足，诈骗成风的不良现象，是有启发与借鉴作用的。我们应该广泛宣传“诚”的社会功用，加强诚信的道德践仁，以培植优良的社会风气，让诈骗等不良风气无存身之地。

第二十七章

【原文】

大哉圣人之道[①]！洋洋乎[②]！发育万物，峻极于天[③]。优优大哉[④]！礼仪三百，威仪三千[⑤]。待其人然后行[⑥]。故曰苟不至德，至道不凝焉[⑦]。故君子尊德性而道问学[⑧]，致广大而尽精微，极高明而道中庸，温故而知新，敦厚以崇礼[⑨]。是故居上不骄，为下不倍，国有道其言足以兴，国无道其默足以容[⑩]。《诗》曰："既明且哲，以保其身[⑪]。"其此之谓与！

【注释】

①大哉圣人之道：朱注："包下文两节而言。"

按："圣人"，孔子去世后，被后世尊为"圣人"。

"道"，正确的思想或主张。

《史记·孔子世家》载：孔子迁于蔡三岁，吴伐陈。楚救陈，军于城父。闻孔子在陈蔡之间，楚使人聘孔子。孔子将往拜礼……不得行，绝粮。从者病，莫能兴。孔子讲诵，弦歌不衰。子路愠见曰：……子贡色作……子路出，子贡入见。孔子曰："赐，《诗》云'匪兕匪虎，率彼旷野。'吾道非邪？吾何为于此？"子贡曰："夫子之道至大也，故天下莫能容夫子。夫子盖少贬焉？"……子贡出，颜回入见。孔子曰："回，《诗》云：'匪兕匪虎，率彼旷野。'吾道非邪？吾何为于此？"颜回曰："夫子之道至大，故天下莫能容。虽然，夫子推而行之，不容何病，不容然后见君子！夫道之不修也，是吾丑也。夫道既已大修而不用，是有国者之丑也。不容何病，不容然后见君子！"孔子欣然而笑曰："有是哉，颜氏之子！使尔多财，吾为尔宰。"

其中，"不容何病，不容然后见君子！夫道之不修也……然后见君子"，《家语》作“世不我用，有国者之丑也，夫子何病焉？不容然后见君子”。

显而易见，孔子及弟子在推行夫子之道时遇到种种阻力，这时孔子及众弟子对困难表现出不同的态度。如子路、子贡等皆有怨色，或对“仁”“智”有疑，或欲孔子之道少贬，皆使孔子不满意。唯颜回笃信孔子之道，与孔子言行契合。孔子对颜回有深厚的佩服与爱惜之情，自称愿为之宰（管家），这种表白只能是以极度的感佩为基础，而一般的师生或朋友关系是不会产生这种感受与愿望的。而颜回对孔子的评价，认为孔子的治国大道不为世所用，过错不在孔子，实属卓见。在这里，孔、颜师徒以自己的行动，昭示了身处逆境中之仁人志士“君子儒”的品格操守。

《孟子·尽心上》载，公孙丑曰：“道则高矣，美矣，宜若登天然，似不可及也；何不使彼为可几及而日孳孳也？”孟子曰：“大匠不为拙工改废绳墨，羿不为拙射变其彀率。君子引而不发，跃如也。中道而立，能者从之。”从这里可以看出，孟子和颜回对“道”的认识是一致的：“道”不可少贬或抬高。

此句意思是：伟大啊！圣人的思想，道德和主张。

②洋洋乎：

按：“洋洋”，盛大的样子。“乎”，语气词。

此句意思是：盛大而众多。

③峻极于天：郑注：“峻，高大。”朱注：“峻，高大也。此言道之极于至大而无外也。”

按：“峻”，高峻，高大。《中庸》中有68处提到“天”。

孔子思想中的“天”的含义有：一是自然之天，如《论语·阳货》载，子曰：“天何言哉？四时行焉，百物生焉，天何言哉？”（在冯友兰看来，此句的“天”并非指自然之天，而是讲天的无为而治，参见《中国哲学史》第四章之“二”）二是有意志的最高神灵。《论语·述而》载，子曰：“天生德于予，桓魋其如予何？”孔子受殷商以来天命论的影响，认为天是有意志的神灵。无论是哪种意义上的天，孔子都主张与之和谐相处。

此句意思是：高大一直达到天上。

④优优大哉：朱注：“优优，充足有馀之意。”

按：“优优”，宽裕之貌。“哉”，语气词。

此句意思是：宽裕而又高大啊！

⑤礼仪三百，威仪三千：朱注："礼仪，经礼也。威仪，曲礼也。此言道之入于至小而无间也。"

按："礼仪三百，威仪三千"见《礼记·礼器》。其文曰："故经礼三百，曲礼三千，其致一也。"郑玄注："一谓诚也。"（《礼记注疏》卷一《曲礼上》，卷二十三《礼器》，《十三经注疏》标点本）

"礼"，《论语》中多次提到"礼"。如《为政》载，子曰："殷因于夏礼，所损益，可知也；周因于殷礼，所损益，可知也；其或继周者，虽百世可知也。"《先进》载，子曰："为国以礼。"《季氏》曰："不学礼，无以立。"《尧曰》云："不知礼，无以立也。"等等。这就是说，不学习"礼"，就无法在社会上立足。不知礼仪规范，就无法在社会上立足。礼在发展过程中，因循与损益变革的情况。"礼"作为上层建筑的一部分，其本身具有相对的独立性，在发展中既有因循（继承）的一面，又有发展（损益变革）的一面。因而将要出现的新礼，有一定的可知性。这无疑是对的。但是，"礼"作为上层建筑又是受经济基础的变革制约的。同时，人的认识能力也同样受到经济基础的变革及其他社会因素的制约。这些情况都十分复杂。因而对人的预见能力应作恰当的估计，不可言之过甚。

杜维明说：礼是一个"人性化的过程。"（杜维明著，胡军、于民雄译：《人性与自我修养》，中国和平出版社 1988 年版，第 14 页）

礼是人生各种言论举止的规范，能使人分清是非对错的界限，并形成恭俭庄敬的品格。礼不但能规范一个人的道德情操和言论行为，而且会使整个社会由无序到有序，从而能够正常运转。

《左传》中亦多次谈"礼"。如《隐公十一年》载："礼经国家、定社稷、序人民、利后嗣者。"《召公二十五年》载："夫礼，天之经也，地之义也，民之行也。"《僖公十一年》载："礼，国之干也。敬，礼之典也。不敬则礼不行，礼不行则上下昏，何以长世?"《成公十三年》载："礼，身之干也。敬，身之基也。"

《礼记·曲礼》载："夫礼者，所以定亲疏，决嫌疑，别同异，明是非也。"

《韩诗外传》卷一载："国之命在礼。"

以上所述，都说明"礼"在当时社会生活中的重要性。

"礼仪"，指社会范围内，政治、经济、文化实践的规范。"威仪"，指社会范围内，个人生活行为的规范。三百、三千言其多也。

此句意思是：礼仪三百条，威仪三千条。

⑥待其人然后行：朱注："总结上两节。"

按："行"，推行。

"大哉圣人之道！洋洋乎！发育万物，峻极于天。优优大哉！礼仪三百，威仪三千。待其人然后行"，这里是说，圣人以至诚之德制礼作乐，并以此实现治国、平天下的宏伟蓝图。因此，"其人"应指最高为政者。

此句意思是：等待合适的人选，然后推行。

⑦故曰苟不至德，至道不凝焉：郑注："言为政在人，政由礼也。凝，犹成也。"朱注："至德，谓其人。至道，指上两节而言也。凝，聚也，成也。"

按："苟"，若，如果。"至德"，最高尚的道德。"至道"，最好的治国之道或局面。"凝"，凝聚，聚集。

此句意思是：如果不是具有最高尚道德的为政者来执政，那么最好的治国之道和局面也不好聚集而成。

⑧尊德性而道问学：郑注："德性，谓性至诚者。道，犹由也。问学，学诚者也。"朱注："尊者，恭敬奉持之意。德性者，吾所受于天之正理。道，由也。"

按："尊"，尊重，尊崇。"问学"，问与学，研究学问。

"尊德性"与"道问学"是达到"诚"的两条途径。

此句意思是：尊重道德修养，并以研究学问为治国之路。

⑨致广大而尽精微，极高明而道中庸，温故而知新，敦厚以崇礼：郑注："广大，犹博厚也。温，读如'温'之温，谓故学之孰矣，后时习之谓之温。"朱注："道，由也。温，犹温之温，谓故学之矣，复时习之也。敦，加厚也。尊德性，所以存心而极乎道体之大也。道问学，所以致知而尽乎道体之细也。二者修德凝道之大端也。不以一毫私意自蔽，不以一毫私欲自累，涵泳乎其所已知，敦笃乎其所已能，此皆存心之属也。析理则不使有毫厘之差，处事则不使有过不及之谬，理义则日知其所未知，节文则日谨其所未谨，此皆致知之属也。盖非存心无以致知，而存心者又不可以不致知。故此五句，大小相资，首尾相应，圣贤所示入德之方，莫详于此，学者宜尽心焉。"

按："致"，达到。"广大"，宽广博大。"尽"，穷尽。"精微"，精细，细微。

"极"，达到，最终点。"高明"，至善也。"中庸"，中庸之道、中和。"中和"是天下之大本。"敦厚"，忠厚诚实。"崇"，崇尚。"礼"，礼仪。

"极高明而道中庸"，既是中庸之道的最高境界，也是君子的最高追求。冯友兰的《新原道》论述了"极高明而道中庸"是中国哲学的基本精神（冯友兰：《新原道》，生活·读书·新知三联书店2007年版，第1—9页）。

"温故而知新"见《论语·为政》。其文如下，子曰："温故而知新，可以为师矣。""温故知新"本指学业益进的一种方法，月无忘其所能，日知其所无。但也可视为省己益进之法。"温故"就是回顾过去，省视已发生的过程，找出正确与错误、成功与失败之处，总结经验教训，以作为今后前进的镜鉴。"温故而知新"既是一种处世方法，又是一种学习的方法。

此句意思是：努力达到大地般的宽广博大，并能穷尽事物的深奥精微。要达到高明而坚持中庸之道，温习过去的知识而导向新的知识；忠厚诚实，崇尚礼仪。

⑩是故居上不骄，为下不倍，国有道其言足以兴，国无道其默足以容：郑注："兴，谓起在位也。"朱注："倍，与'背'同。兴，谓兴起在位也。"

按："倍"，通"背"。

《论语·卫灵公》载，子曰："直哉史鱼！邦有道，如矢；邦无道，如矢。君子哉蘧伯玉！邦有道，则仕；邦无道，则可卷而怀之。"其中，"史鱼"之"史"是负责记录历史事件或其他文字工作的官员。"鱼"是春秋时期卫国大夫，名鳅，字子鱼。因不能进卫国贤人蘧伯玉而以尸谏卫灵公。史鱼事迹见《家语》和《韩诗外传》。"蘧伯玉"，名瑗，其事迹见《左传》襄公十四年和二十六年及《家语》等书。曾受史鱼推荐而为卫国大夫。在这里，孔子称赞史鱼：真是正直啊！国家政治不论清明还是黑暗，他都刚直如箭。蘧伯玉：真君子啊！国家政治清明就出仕为官；国家政治黑暗时，他就把自己的主张理想埋藏于心中。

"国（邦）有（无）道"指国家政治清明（黑暗）。

此句意思是：所以，居于上位不骄横，处于下位不叛上。国家政治清明，言论足以使自身发达；国家政治昏暗，沉默足以使之容身。

⑪既明且哲，以保其身：郑注："保，安也。"朱注："《诗》，《大雅·烝民》之篇。与，平声。"

按："既明且哲，以保其身"，语出《诗·大雅·烝民》。"明"，高明，聪明。

“哲”，智也，聪慧。“保”，保护，保全。朱熹《集传》云：“明，谓明于理。哲，谓察于事。保身，盖顺理以守身，非趋利避害，而偷以全身之谓也。”后世有“明哲保身”一词。

此句意思是：既聪明又深究事理，这样就可以保全自己。

【译文】

圣人的思想，主张，洋溢于天地之间，使万物生长发育，其高大上极天际。盛大而充裕的礼仪制度。有礼仪三百条，威仪三千条，等待合适的人出现去推行。所以说，如果不具备最高的德行，最宽裕的道也不会凝聚在他身上。所以，君子尊重德性，走问学之路，以达到宽广博大为目的，去努力穷尽细微之理；以达到上天的高大光明为终点而奉行中庸之道。温习过去的知识而导向新的知识；忠厚诚实，崇尚礼仪。所以，居于上位不骄横，处于下位不叛上。国家政治清明，言论足以使自身发达；国家政治昏暗，沉默足以使之容身。《诗·大雅·烝民》曰：“既明且哲，以保其身。”（《诗·大雅·烝民》：“既聪明又深究事理，这样就可以保全自己。”）就是说的这个道理啊！

【评论】

第二十七章，朱熹称之为：“第二十七章。言人道也。”本章章意与上章相接，意思是以至诚为主要内容的天地之道，也就是“圣人之道”，而圣人是讲礼仪的，所以礼仪三百，威仪三千，正等待合适的人出现而推行。在这种情况下，要求君子做到三条：一是要尊重达于至诚的道德修养，并且要自觉地导向勤学；二是要把握以上第十二章所说的“费而隐”的“君子之道”，“致广大而尽精微”；三是达到天之高大光明而通向中庸之道。并能保持好旧的，开创新的。做事要做到“既明且哲”。

第二十八章

【原文】

子曰："愚而好自用，贱而好自专[①]，生乎今之世，反古之道[②]。如此者，烖[③]及其身者也。非天子，不议礼，不制度，不考文[④]。今天下车同轨，书同文，行同伦[⑤]。虽有其位，苟无其德，不敢作礼乐焉[⑥]；虽有其德，苟无其位，亦不敢作礼乐焉[⑦]。"子曰："吾说夏礼，杞不足徵也。吾学殷礼，有宋存焉。吾学周礼，今用之，吾从周[⑧]。"

【注释】

①愚而好自用，贱而好自专：朱注："好，去声。"

按："愚"，愚蠢，愚昧。"自用"，自以为是。"贱"，低贱，卑贱。"专"，专断，武断。

此句意思是：愚蠢而喜欢自以为是，低贱而喜欢自己专断。

②反古之道：郑注："反古之道，谓晓一孔之人，不知今王之新政可从。"

按："反"，同"返"。

此句意思是：恢复到古代那一套去。

③烖：朱注："烖，古灾字。以上孔子之言，子思引之。"

按：烖，同"灾"。（孔子的话到"烖及其身者也"，以下非孔子所言。）

④非天子，不议礼，不制度，不考文：郑注："此天下所共行，天子乃能一之也。礼，谓人所服行也。度，国家宫室及车舆也。文，书名也。"朱注："此以下，子思之言。礼，亲疏贵贱相接之体也。度，品制。文，书名。"

按："非天子，不议礼，不制度，不考文"，强调了天子是制礼作乐的唯一权威主体。

"礼"，礼仪。"礼"是修身的重要内容。历代统治者非常重视礼。礼在治国中发挥着重要的作用。《论语·里仁》载，子曰："能以礼让为国乎？何有？不能以礼让为国，如礼何？"这里的"礼让"，按字面解释就是在王位继承时遵照有关礼仪而相互推让。根据传说，最早是尧舜之间，通过礼让继位，这种继位又被称为禅让。尧禅让帝位于舜，后来舜又禅让帝位于禹。这是历史上有名的"礼让"事例。此外，还有太伯、仲雍让位于季历，孤竹国伯夷、叔齐互相让位的事。后来，"礼让"的意义又有所扩大，不限于王位的禅让。在一般的官位与利益方面，都存在着抢占与谦逊的矛盾，因而需要提倡"礼让"的精神。如《里仁篇》载，（孔）子曰："君子怀德，小人怀土；君子怀刑，小人怀惠。"这说明君子与小人的取向不同，只有提倡"礼让为用"的精神，才有利于矛盾的解决。

后来，荀子提出了"隆礼为极"和"学止乎礼"的思想。他认为，天地运行，四时代行，皆以礼为序。只有用礼来处理一切社会关系，国家才能长治久安，他强调："礼岂不至矣哉！立隆以为极，而天下莫之能损益也。"对于治理国家来说："天下从之者治，不从者乱，从之者安，不从者危，从之者存，不从者亡。""礼者，人道之极也。"而对个人修养而言，荀子认为学习和掌握礼仪是最根本的一条。他指出：对于礼"匹夫隆之则为圣人，诸侯隆之则一四海者欤？致明而约，甚顺而体，请归之礼"（《荀子·赋》）。

荀子隆礼的思想是对孔子礼学的长足发展。

"礼"和"仁"是密切联系在一起的。《论语·八佾》载，子曰："人而不仁，如礼何？人而不仁，如乐何？"在这里，"礼"是关于人行为规范的体系。这些规范体系之所以如此，而非另一形态，这从根本上说是由"仁"决定的。从这个意义上说，礼是仁在行为规范上的表现，礼的内容是由仁的内核决定的，或说礼体现了仁在行为规范上的要求。因而人如果不仁，就不可能遵守礼的规范。当然，礼作为人的行为的规范，又有其相对独立性，礼不是依据哪一个具体的个人的意识而形成的，它反映的是此类人整体的意志取向，因而又会对违反礼仪的个人行为有所制约。这是"而不仁，如礼何"的另一个方面，即如果某一个人缺乏仁爱精神，有关礼仪就会教训他、制约他。

在生活中，"礼"引导着个人精神需求、滋养人文素质、维护社会秩序和谐，举凡仁义、忠恕、孝敬、廉耻、诚信、勤俭、勇、慈、善等道德范畴，必须通过制度固化，才能生效，因为教育不是万能的。

"考"，考定。"文"，文字。

此句意思是：不是天子，不能议定礼仪，不制定新制度，不考定文字。

⑤今天下车同轨，书同文，行同伦：郑注："今，孔子谓其时。"朱注："今，子思自谓当时也。轨，辙迹之度。行，去声。伦，次序之体。三者皆同，言天下一统也。"

按："车同轨"，《左传·隐公元年》载："天子七月而葬，同轨毕至。"说明在孔子以前就有"车同轨"。

"今"指《中庸》作者所处之时，非孔子所处之时。《史记·秦始皇本纪》有"一法度衡石丈尺。车同轨。书同文字""器械一量，同书文字"及"以明人事，合同父子""尊卑贵贱，不逾次行。奸邪不容，皆务贞良""黔首改化，远迩同度""男乐其畴，女修其业，事各有序"等等记载，但没有直接使用"行同伦"一语。

《汉书》中亦多次提到"人伦"问题。如《汉书·武帝纪》曰："二千石官长纪纲人伦。"《汉书·儒林列传》云："古之儒者，博学虖六艺之文。六艺者，王教之典籍，先圣所以明天道，正人伦，致至治之成法也。"《汉书·师丹列传》载，丹议独曰："圣王制礼，取法于天地。故尊卑之礼明则人伦之序正，人伦之序正则乾坤得其位而阴阳顺其节，人主与万民俱蒙祐福。尊卑者，所以正天地之位，不可乱也。"等等。

《史记》中亦多次提到"人伦"问题。如《史记·燕世家》云："定国禽兽行，乱人伦。"《史记·卫将军骠骑列传》曰："天子曰：匈奴逆天理，乱人伦。"等等。

关于"今天下车同轨，书同文，行同伦"这一问题，李启谦说："《管子·君臣上》有记载曰衡石一称，斗斛一量，丈尺一綧制，戈兵一度，书同名，车同轨，此至正也。而《管子》是战国时代的作品，既然《管子》能说出'书同名，车同轨'的话，那么《中庸》有此话，就不奇怪了。"（李启谦：《子思学派的中庸思想》，《儒学国际学术讨论会论文集》，齐鲁书社 1989 年版）接着又在《子思及中庸研究》一文中说："谁能保证《管子》书中没有掺上一句秦汉人的文字呢：据郭沫若考证，《管子》中的《侈靡》整篇就是汉代人的作品。可见，不能以《管子》一书中的'书同名，车同轨'的话，就认为《中庸》中有这样的话就没问题。另外，这里还有一个口气的问题，即《中庸》说的是今天下已经‘书同名，车同轨’，而《管子》则有向往将来‘书同名，车同轨’之意。战国时代的人们能说出希望书同名、车同轨的话来，而说不出天下已经车同轨书同文的话来。”

李学勤则对“今天下车同轨，书同文，行同伦”这一问题，提出了自己的看法：“孔子生当春秋晚年，周室衰微，在政治上、文化上趋于分裂，已经没有‘车同轨，书同文，行同伦’的实际。按《中庸》此句‘今’应训为‘若’，《经传释词》曾列举许多古书中的例子”（李学勤：《对古书的反思·简帛佚籍与学术史》，江西教育出版社 2001 年版，第 32 页）。

由此可以推论，“行同伦”一语，可能就是秦代以后的学者对秦代伦理情况的概括。

此句意思是：现在天下车辆统一了轨道，书写用同一种文字，行为遵照同样的伦理规范。

⑥虽有其位，苟无其德，不敢作礼乐焉：郑注：“言作礼乐者必圣人在天子之位。”

按：“位”，天子之位。“苟”，如果，若。“德”，（圣王的）德行。“作”，制作。

此句意思是：圣人有天子之位，但如果没有圣王的德行，也不敢制礼作乐。

据记载：历史上的秦二世曾作礼乐（见《史记·乐书》载，赵高曰：“五帝、三王乐各殊名，示不相袭。朝廷下至人民，得以接欢喜，合殷勤，非此和说不通，解泽不流，亦各一世之化，度时之乐，何必华山之騄耳而后行远乎？”二世然之）。汉高祖在统一全国前后都曾作礼乐，特别是统一全国后，曾命叔孙通制礼作乐（如《史记·乐书》载：高祖过沛诗《三侯之章》，令小儿歌之。高祖崩，令沛得以四时歌舞宗庙。孝惠、孝文、孝景无所增更，于乐府习常隶旧而已。相同的记载亦见于《汉书·礼乐志》：“汉兴，拨乱反正，日不暇给，犹命叔孙通制礼仪，以正君臣之位。高祖说而叹曰：‘吾乃今日知为天子之贵也！’”以通为奉常，遂定仪法，未尽备而通终）；汉武帝大兴礼乐（《汉书·礼乐志》载：至文帝时，贾谊以为“汉承秦之败俗，废礼义，捐廉耻，今其甚者杀父兄，盗者取庙器，而大臣特以簿书不报期会为故，至于风俗流溢，恬而不怪，以为是适然耳。夫移风易俗，使天下回心而乡道，类非俗吏之所能为也。夫立君臣，等上下，使纲纪有序，六亲和睦，此非天之所为，人之所设也。人之所设，不为不立，不修则坏。汉兴至今二十余年，宜定制度，兴礼乐，然后诸侯轨道，百姓素朴，狱讼衰息”。乃草具其义，天子说焉。而大臣绛、灌之属害之，故其议遂寝。至武帝即位，进用英俊，议立明堂，制礼服，以兴太平）；而汉惠帝、汉文帝、汉景帝虽在帝位，却未曾作礼乐。

⑦虽有其德，苟无其位，亦不敢作礼乐焉：

按：“德”，道德，德行。“苟”，如果。

此句意思是：虽有圣人之德，如果没有帝王之位，也不敢制礼作乐。这种情况，孔子本人就是一个典型。《论语·季氏》载，孔子曰：“天下有道，则礼乐征伐自天子出；天下无道，则礼乐征伐自诸侯出。”这是说，圣人有天子之位，方能制礼作乐。孔子虽是圣人，但为素王，所以不能制礼作乐。因为制礼作乐实际上就是一项制度改革。不是身居最高职位的为政者，没有权力进行这项工作，这是不难理解的。

⑧子曰：吾说夏礼，杞不足徵也。吾学殷礼，有宋存焉。吾学周礼，今用之，吾从周：

按：“说”，讲说。

“夏”，指夏朝（约公元前21世纪—前16世纪）。传说夏朝的第一个帝王是禹，禹传位于子启，标志着“禅让制”的结束，从启开始实行王位世袭制。

“杞”，夏禹后裔的封国，周初所封，姒姓，初在雍丘（今河南杞县），后迁绵陵（今山东昌乐东南），又迁淳于（今山东安丘东北），公元前445年为楚所灭。“徵”，借为“证”证明。“学”，学习。“有”，发语词。“宋”，纣王之兄微子的封国，子姓，建都商丘（今河南商丘南）。“用”，应用。“从”，遵从。孔子此段话，在《论语》中有相似记载，如子曰：“夏礼，吾能言之，杞不足徵也；殷礼，吾能言之，宋不足徵也。文献不足故也，足则吾能徵之矣。”（《论语》原编本《八佾》3.9，《论语新编新释》5.3.2.3）

“礼”，先秦儒学的两个最基本的概念是“礼”和“仁”。仁是内在的美德，礼是外在的规范。《说文解字》云：“礼，履也。”《礼记·仲尼燕居》亦云：“言而履之，礼也。”这里的“履”是践行之义。《荀子·大略》曰：“夫行也者，行礼之谓也。”在这里，荀子说的“行”就是“礼”的践行。

《家语·问礼》载，孔子曰：“丘闻之，民之所以生者，礼为大。”

“吾说夏礼，杞不足徵也。吾学殷礼，有宋存焉”亦见于《家语·问礼》。其文如下：

孔子言：“我欲观夏道，是故之杞，而不足徵也，吾得《夏时》焉。我欲观殷道，是故之宋，而不足徵也，吾得《乾坤》焉。《乾坤》之义，《夏时》之等，吾以此观之。”

据此可知，孔子从《乾坤》中看到阴阳变化的道理，从《夏时》中看到时令周转的顺序，进而推测夏殷两朝礼制的区分等次，并从中推出了礼制的起源。

此句意思是：我讲说夏礼，杞国不足为证。我学习殷礼，现在宋国还有存留。我学习周礼，现在正在应用，我遵从周礼。

【译文】

孔子说：“愚蠢而自以为是，低贱而喜欢专断一切，生在当今之世，却要恢复到古代那一套。这样的人，灾祸就会降临到他身上。”不是天子，就不讨论礼仪，不定制度，不考订文字。现在天下车辆统一了轨道，书写用同一种文字，行为遵照同样的伦理规范。虽有帝王之位，如果没有明王圣主应有的德行，那也不敢制礼作乐；虽然具备明王圣主的德行，但没有帝王之位，也不敢制礼作乐。孔子说：“我能讲述夏朝的礼仪，杞国的制度不足以验证；我学习殷朝的礼仪，因为殷王室的后裔宋国还存在；我学习周礼，现在正用它，我遵循周代的礼仪。”

【评论】

第二十八章，朱熹称之为：“第二十八章。承上章为下不倍而言，亦人道也。”作者回到他所处的现实世界，讨论礼仪制度问题。认为“虽有其位，苟无其德，不敢作礼乐焉；虽有其德，苟无其位，亦不敢作礼乐焉。”另外，本章中有“今天下车同轨，书同文，行同伦”一句，一般认为这是指秦统一天下以后的状况，所以，该篇作者在此透露了《中庸》的写作时代。

本章开初所引用孔子的话：“生乎今之世，反古之道。如此者，烖及其身者也。”这与孟子所说的：“孔子，圣之时者也。”（《孟子·万章下》）及本书第二章“君子而时中”的论述是一致的。由此亦可知，过去往往把“复古”“保守”的帽子轻易地扣到孔子的头上，也是缺乏分析的。此语是何人所言（是孔子，还是《中庸》的作者）应该不是重要问题，而其思想内涵却是应该引起重视的。生乎今之世，是不可再推行古代的一套的。

第二十九章

【原文】

王天下有三重焉[①]，其寡过矣乎[②]！上焉者虽善无徵[③]，无徵不信，不信民弗从；下焉者虽善不尊[④]，不尊不信，不信民弗从。故君子之道：本诸身[⑤]，徵诸庶民[⑥]，考诸三王而不缪[⑦]，建诸天地而不悖[⑧]，质诸鬼神而无疑[⑨]，百世以俟圣人而不惑[⑩]。质诸鬼神而无疑，知天也；百世以俟圣人而不惑，知人也。是故君子动而世为天下道，行而世为天下法，言而世为天下则。远之则有望，近之则不厌[⑪]。《诗》曰："在彼无恶，在此无射；庶几夙夜，以永终誉[⑫]！"君子未有不如此而蚤[⑬]有誉于天下者也。

【注释】

①王天下有三重焉：郑注："三重，三王之礼。"朱注："王，去声。吕氏曰：'三重，谓议礼、制度、考文。惟天子得以行之，则国不异政，家不殊俗，而人得寡过矣。'"

按："王"，读去声，统治、统一、治理之意。"三重"，有二解。一是指三件重要的事，即上文所说议礼、制度、考文。二是指夏、商、周三王之礼。相比之下，以一解为优。

此句意思是：统治管理天下有三件重要的事，即议礼、制度、考文。

②其寡过矣乎：

按："寡"，《尔雅·释诂》云："鲜，寡也"。《说文·宀部》云："寡，少也。从宀，从颁。颁，分赋也，故为少。""寡"，即少。

此句意思是：做好这三件事，大概就会少犯错误了。

③上焉者虽善无徵：郑注：“上，谓君也。君虽善，善无明徵，则其善不信也。”朱注：“上焉者，谓时王以前，如夏、商之礼虽善，而皆不可考。”

按：“上焉者”，指上一代帝王。其中“焉”，语气助词。“虽善无徵”，虽然有善良之名，但无充足的证据。“徵”，当作“证”，证明。

此句意思是：上一代帝王，如夏朝，虽有善政，但无证据。

④下焉者虽善不尊：郑注：“下，谓臣也。臣虽善，善而不尊君，则其善亦不信也。”朱注：“下焉者，谓圣人在下，如孔子虽善于礼，而不在尊位也。”

按：“下焉者”，指后代的圣人或其他臣子。其中“焉”，语气助词。“善”，善迹，善名。“尊”，尊重。“虽善不尊”，虽有善迹善名，但其地位不够尊重。如孔子一类人物虽善礼仪而不在尊位，故亦无法进行仪礼、制度、考文三事。

此句意思是：后来的圣人，如孔子，虽善于礼，但没有尊贵的地位。

⑤本诸身：朱注：“本诸身，有其德也。”

按：“诸”，“之”“于”二字的合音。“本诸身”，立足于本身。

此句意思是：从本身的实际情况出发。

⑥徵诸庶民：郑注：“征，或为‘证’。”朱注：“此君子，指王天下者而言。其道，即议礼、制度、考文之事也。……徵诸庶民，验其所信从也。”

按：“徵”，检验。“庶民”，平民百姓。

此句意思是：到庶民那里去检验。

⑦考诸三王而不缪：

按：“诸”，“之”“于”二字的合音。“三王”，指夏、商、周三代圣王。“缪”，借为“谬”。

此句意思是：到夏、商、周三代圣王那里检验对比也无错误。

⑧建诸天地而不悖：朱注：“建，立也，立于此而参于彼也。天地者，道也。”

按：“建”，建立。“悖”，背离、相冲突。

此句意思是：建立于天地之间（人间）而不相背离。

⑨质诸鬼神而无疑：郑注：“知天知人，谓知其道也。鬼神，从天地者也。《易》曰：‘故知鬼神之情状，与天地相似。’”朱注：“鬼神者，造化之迹也。”“知天知人，知其理也。”

按：“质”，问，质对。

“鬼神”，宇宙三界，神、人、鬼共存的观念在人类社会进入文明时代时已经形成。《论语·八佾》曰：“祭如在，祭神如神在。”《先进》载，季路问事鬼神。子曰：“未能事人，焉能事鬼?”这就是说，孔子对鬼神持怀疑态度。《雍也》载，樊迟问知。子曰：“务民之义，敬鬼神而远之，可谓知矣。”这表明了孔子对鬼神的态度。《述而》曰：“子不语怪，力，乱，神。”这样，既避免了与鬼神的矛盾，也使那些借鬼神闹事者失去了借口，进而达到人与天地、鬼神的和谐。

“质诸鬼神”，指占卜。“无疑”，没有疑问，指吉兆。

此句意思是：（通过占卜）与鬼神质对，也没有疑问，这是知天。

⑩百世以俟圣人而不惑：郑注：“圣人则之，百世同道。”朱注：“百世以俟圣人而不惑，所谓‘圣人复起，不易吾言’者也。”

按：“俟”，《说文》：“俟，大也。”段玉裁注：“此俟之本义也，字经传假为竢字，而俟之本义废也。”“俟”即等待。“惑”，疑惑，困惑。

此句意思是：百世之后等圣人出现再检验也无疑惑。意如今之所谓：“经得起历史的考验。”

⑪是故君子动而世为天下道，行而世为天下法，言而世为天下则。远之则有望，近之则不厌：郑注：“用其法度，想思若其将来也。”朱注：“动，兼言行而言。道，兼法则而言。法，法度也。则，准则也。”

按：“世”，世代。“道”，所遵循。“行”，行为。“法”，效法，法式。“则”，准则。

此句意思是：所以，君子的举措会世代被天下人遵循，行为会世代成为天下的法式，言论会世代成为天下的准则。

⑫在彼无恶，在此无射；庶几夙夜，以永终誉：郑注：“射，厌也。永，长也。”朱注：“《诗》，《周颂·振鹭》之篇。恶，去声。射，音妒，《诗》作‘斁’厌也。所谓此者，指本诸身以下六事而言。”

按：“在彼无恶，在此无射；庶几夙夜，以永终誉”，语出《诗·周颂·振鹭》。“恶”，怨恨。“射”，读（yè）或（yì）。此处读（yì），厌弃之意。“庶几”，差不多。“夙夜”，朝夕，早晚。“永”，永久。“誉”，美誉。

此句意思是：在那里无人怨恨，在这里无人厌弃。朝夕都在努力，永葆盛名美誉。

⑬蚤：通“早”。

【译文】

统治天下，有三件重要的事（议礼、制度、考文），大概做到之后就会很少犯错误了吧！前一代帝王，如夏朝，虽有善政，但无证据。无证据就难以使人信服，不信服，民众就不会跟从。后来的圣人，如孔子，虽善于礼，但没有尊贵的地位，没有尊位，就难以令人信服，难以信服，民众就不会服从。所以，君子之道，应从自身出发，从民众那里得到检验。经过与夏、商、周三代的制度对比而证明没有错谬，建立于世间而不悖乱，经与鬼神的质询而无疑问，百世之后等圣人出现也无疑惑。质询于鬼神而没有疑问，这是知天；百世之后等圣人出现也无疑惑，这是知人。所以，君子的举措会世代被天下人遵循，行为会世代成为天下的法式，言论会世代成为天下的准则。民众远离（他）则有仰慕之情，接近他就不会厌弃。《诗·周颂·振鹭》曰：“在彼无恶，在此无射；庶几夙夜，以永终誉！”（《诗·周颂·振鹭》说：“在那里无人怨恨，在这里无人嫌弃。朝夕都在努力，永保美誉盛名。”）君子没有不这样而早就在天下获得美誉的。

【评论】

第二十九章，朱熹称之为：“右第二十九章。承上章居上不骄而言，亦人道也。”本章继续讨论礼仪问题。认为治理国家有三项重要事务：议礼，制度，考文；但不得其人，不得其时皆不可为。作者提出完成这三项任务的条件是：本诸身，徵诸庶民，考诸三王，建诸天地，质诸鬼神，百世以俟圣人，从这六个方面努力。在当时历史条件下，这是有道理的。今天看来，仪礼、制度、考文都是国家管理和建设方面的大事，这三项都属于上层建筑。为搞好这三件事，《中庸》提出要从六个方面努力，今天来看，大部分也是合理的。总之，本章论述的内容，对当今仍具有一定的启发意义。

第三十章

【原文】

仲尼祖述尧舜[①]，宪章文武[②]；上律天时，下袭水土[③]。辟如天地之无不持载，无不覆帱[④]。辟如四时之错行[⑤]，如日月之代明[⑥]。万物并育而不相害，道并行而不相悖[⑥]，小德川流[⑦]，大德敦化[⑧]，此天地之所以为大也。

【注释】

①仲尼祖述尧舜：郑注："此以《春秋》之义说孔子之德。孔子曰：'吾志在《春秋》，行在《孝经》。'二经固足以明之，孔子所述尧、舜之道而制《春秋》，而断以文王、武王之法度。《春秋传》曰：'君子曷为为《春秋》？拨乱世反诸正，莫近诸《春秋》。其诸君子乐道尧舜之道与？末不亦乐乎尧舜之知君子也。'又曰：'是子也，继文王之体，守文王之法度。文王之法无求而求，故讥之也。'又曰：'王者孰谓，谓文王也。'此孔子兼包尧、舜、文、武之盛德而著之《春秋》，以俟后圣者也。"朱注："祖述者，远宗其道。"

按："孔子"（公元前551年—前479年），名丘，字仲尼，春秋时期鲁国陬邑（今山东省曲阜）人，是伟大的思想家、教育家和政治家。

首先，孔子开创了私人办学。《论语·述而》子曰："自行束脩以上，吾未尝无诲焉。"（《论语新编新释》3.2.0.2）孔子说："凡是能够自己进行束发修洁等事的孩子，我从来没有不对他们施行教育的。"

其次，孔子是儒家学派的创始人。孔子受业于老子，还向郯子问礼。

第三，孔子有弟子三千，贤人七十二。《论语·先进》载，德行：颜渊，闵子骞，冉伯牛，仲弓。言语：宰我，子贡。政事：冉有，季路。文学：子游，子夏。（《论语新编新释》2.1.2.7）这里说的是孔门有四科十哲。"四科"二字最早见于赵岐《孟子注》，但“四科”指的是孟子所说的“事君人”“安社稷臣”“天民”“大人”，而最早将《论语》中的四类称为“四科”的是东汉郑玄。《后汉书·郑玄传》载，玄笑曰：“仲尼之门考以四科，回、赐之徒不称官阀。”“十哲”二字最早见于刘知几《史通·暗惑篇》。其文如下：“孔门弟子七十二人，柴愚参鲁，宰言游学，师商可方，回赐非类，此并圣人品藻，优劣已详，门徒商榷，臧否又定，如有若者，名不隶于四科，誉无偕于十哲。”

孔子去世后，被后世尊为“圣人”“至圣”“至圣先师”“大成至圣文宣王先师”。孔子及其弟子的言行、见载于《论语》《家语》等。孔子的思想影响深远。

“祖述”，以为先祖而传述。“仲尼祖述尧舜”，孔子除“述尧舜”外，还述中有作，也就是述礼作仁，继承中有创新。由此中国传统文化顺利地实现了由上古向中古的转折。孔子“仁礼合一”学说的建立，奠定了儒学的根基。

“仲尼祖述尧舜，宪章文武”这里是说，舜的思想是儒家思想的来源之一。韩愈在谈到儒家道统时，也将尧、舜、禹、商汤、文王、武王、周公等列在孔子之前。后世儒家亦遵从韩愈的这一说法。

《礼记·乐记》云：“作者之谓圣，述者之谓明。明圣者，述作之谓也。”那些在历史发展过程中有开创性作为的人是“作者”。继承与弘扬的人则是“述者”。孔子也是一位“作者”，特别是在为文方面有开创之功。但孔子主要是一位“述者”，孔子曾删定《诗经》《尚书》《礼》《乐》《易》“六经”。

美国人文主义大师白壁德认为，孔子之教能够提供民主领袖所需要的品质。

此句意思是：孔子以尧、舜为先祖对其修德和治国理论加以传述。

②宪章文武：朱注：“宪章者，近守其法。”

按：“宪章”，近守其法，以为法式。“文武”，文王，武王。

此句意思是：孔子以文王、武王的治国方略为法式而仿行。

③上律天时，下袭水土：郑注：“律，述也。述天时，谓编年四时具也。袭，因也。因水土，谓记诸夏之事，山川之异。”朱注：“律天时者，法其自然之运。袭水土者，因其一定之理。皆兼内外该本末而言也。”

按：“律”，以为律令遵循。“袭”，承袭、凭借。

此句意思是：上遵循天时的运转，下承借水土的变化。言其注重自然环境的变化。

④帱：郑注："帱，亦覆也。……帱，或作'焘'。"朱注："帱，徒报反。"

按：帱（dào），覆盖。又，读（chóu），帐、帷。"帱"，借为"焘"。

⑤错行：朱注："错，犹迭也。此言圣人之德。"

按：交错运行。

⑥代明：

按："代明"，轮换照亮人间。

"辟如天地之无不持载，无不覆帱。辟如四时之错行，如日月之代明，"郑注："圣人制作，其德配天地，如此唯五始可以当焉。"朱注："辟，音譬。"

"辟如天地之无不持载，无不覆帱。辟如四时之错行，如日月之代明"，这就是所谓的"配天"。

"辟"，譬如，比如。"持载"，承载。"明"，照亮。

此句意思是：就像天一样无不覆盖，就像地一样无不承载。就像春、夏、秋、冬四时的交替运行，像日月交替照亮人间。

⑦悖：朱注："悖，犹背也。天覆地载，万物并育于其间而不相害；四时日月，错行代明而不相悖。"

按：违背、背离。

⑧川流：朱注："川流者，如川之流，脉络分明而往不息也。"

按：如江河川流不息。

⑨敦化：朱注："敦化者，敦厚其化，根本盛大而出无穷也。"

按："敦化"，敦厚、生化无息。

"小德川流，大德敦化，此天地之所以为大也"，郑注："小德川流，浸润萌芽，喻诸侯也。大德敦化，厚生万物，喻天子也。"朱注："所以不害不悖者，小德之川流；所以并育并行者，大德之敦化。小德者，全体之分；大德者，万殊之本。此言天地之道，以见上文取辟之意也。"

"德"，功用，功能。

此句意思是：小德如江河川流不息，大德敦厚生化无穷，这就是天地之所以作为"大"的原因。

【译文】

仲尼以尧舜（学说）为先祖而加以传述，以周文王、武王的政教为法式而效仿，上遵循天时的运转，下承袭水土的变化。就像天一样无不覆盖，就像地一样无不承载。就像春、夏、秋、冬四时的交替运行，像日月交替照亮人间。万物共同发育而不相危害，道路并行发展而不相冲突，小德如江河川流不息，大德敦厚生化无穷，这就是天地之所以作为“大”的原因啊！

【评论】

朱熹称之为：“第三十章。言天道也。”本章主要论述两方面的内容。一是，孔子学说的来源，即认识论根源和环境因素，这就是“祖述尧舜，宪章文武；上律天时，下袭水土”。尧、舜是儒学道统的开创者，文、武、周公是这一道统的重要发展者。孔子的学说是对尧、舜以来中华文明的继承与发展。同时，孔子学说又是产生在先是形成东夷文化，继之又形成齐鲁文化的中国东部的黄河下游地区，除受到这种人文和地理环境的影响外，与当时的天时运行也有关系（这需要专文说明）。二是，对孔子作了衷心的歌颂。这些歌颂自然有些夸大。本章对孔子学说的来源的论述，是有重要意义的。

第三十一章

【原文】

唯天下至圣①，为能聪明睿知，足以有临也②；宽裕温柔，足以有容也③；发强刚毅，足以有执也④；齐庄中正，足以有敬也⑤；文理密察，足以有别也⑥。溥博渊泉，而时出之⑦。溥博如天，渊泉如渊⑧。见而民莫不敬⑨，言而民莫不信，行而民莫不说⑩。是以声名洋溢乎中国，施及蛮貊⑪，舟车所至，人力所通；天之所覆，地之所载，日月所照，霜露所队⑫；凡有血气者，莫不尊亲，故曰配天⑬。

【注释】

①唯天下至圣：

按：“唯”，只有。

“至圣”，最圣明的。一说“至圣”指孔子。在大成殿中，尊称孔子为“至圣先师孔子”。自鲁哀公十六年（公元前476年）孔子死，鲁哀公诔为“尼父”（见《左传·哀公十六年》）之后，历代帝王对孔子追封不一。汉平帝刘衎西汉元始元年（公元元年）追封孔子为“褒成宣尼公”，故后世尊之为“宣尼”或“宣圣”。北魏太和十六年（492年），孝文帝改谥孔子为“文圣尼父”。北周大象二年（580年）三月，静帝追封孔子为“邹国公”。隋开皇元年（581年），文帝赠封孔子为“先师尼父”。唐高祖尊孔子为“先师”。唐贞观二年（628年），太宗尊孔子为“先圣”。贞观十一年（637年），改称孔子为“宣父”。高宗永徽年仅间以周公为先圣、孔子为先师，至显庆年间又尊孔子为先圣。武周天绶元年（690年），武则天封孔子为“隆道公”。开元二十七年（739年），玄宗李隆基封孔子为“文宣王”。宋大中祥符（1008—1016年）宋真宗尊孔子为“玄圣文宣王”，又改称“至圣文宣王”。元大德十一年（1307年）七月，元武宗封孔子为“大成至圣文宣王”。明嘉靖九年（1530 年），始在祀典时，立木主牌位，题为“至圣先师孔子神位”。清顺治二年（1645 年）定谥号为“大成至圣文宣先师孔子”。顺治十四年（1657 年）又改称“至圣先师孔子”。康熙二十三年（1684 年），又规定祭孔时要行三拜九叩之礼。明嘉靖九年之前，祭孔时本设有塑像，嘉靖九年，根据张孚敬、邱浚之等人的建议，撤像设主（木主牌位），从此之后不再设像。

此句意思是：只有天下最圣明的人。

②为能聪明睿知，足以有临也：朱注：“知，去声。聪明睿知，生知之质。临，谓居上而临下也。”

按：“聪明”，耳聪目明。“睿”，深明。“知”，同“智”，智慧，明智。“临”，君临。

此句意思是：才具有聪明睿智的才能，完全能够居高临下，俯视万象。

③宽裕温柔，足以有容也：郑注：“言德不如此，不可以君天下也。盖伤孔子有其德而无其命。”

按：“宽”，宽宏大量。“裕”，（心）宽。“温”，温和。“柔”，柔顺。“容”，容纳。

“唯天下至圣，为能聪明睿知，足以有临也；宽裕温柔，足以有容也；发强刚毅，足以有执也；齐庄中正，足以有敬也；文理密察，足以有别也”，王夫之说：“‘聪明睿知’，生知之质。‘临’谓居高而临下也。其下四者，乃仁义礼知之德。”“天下之人望恩于我，我必有以容之。……容天下之德，仁也。而唯至圣为能宽焉，大纲举而细目不苟；裕焉，恩有尽而意尚有余；温焉，和缓而物见其可亲；柔焉，慈蔼而物依之以为命。如是者，与天下以顺而得心，受天下之逆而消其意，而容保斯民之至爱足于己矣。”（王夫之：《船山全书·四书训义上》，岳麓书社 1990 年版，第 224—226 页）“宽裕温柔，足以有容也”这里彰显了仁。

此句意思是：温柔心胸宽广，温和柔顺，足以容纳天下之事。

④发强刚毅，足以有执也：

按：“发强”，“激越强劲”。“刚毅”，刚强果敢。“执”，遇事心中有主意。

此句意思是：坚强刚毅，足以主持一切。

⑤齐庄中正，足以有敬也：朱注：“齐，侧皆反。”

按：“齐”，陆德明《释文》：“齐，庄也。”“庄”，庄重，严肃，端庄。

“中”就是“中正”“正”，或说是“度”“适度”“合度”。

“中正”，处事公允。“敬”，尊敬。

此句意思是：严肃端庄，处事公允，足以受到世人的尊敬。

⑥文理密察，足以有别也：朱注：“其下四者，乃仁义礼知之德。”“文，文章也。理，条理也。密，详细也。察，明辨也。别，彼列反。”

按：“文”，文章。“理”，条理。“密”，详细。“察”，明辨。“文理密察”，文理缜密而明察。“别”，辨别是非。“足以有别也”，完全有辨别是非的能力。

“唯天下至圣，为能聪明睿知，足以有临也；宽裕温柔，足以有容也；发强刚毅，足以有执也；齐庄中正，足以有敬也；文理密察，足以有别也。”这就是说，天下最圣明的人具有五种美德：一是“聪明睿知”，二是“宽裕温柔”，三是“发强刚毅”，四是“齐庄中正”，五是“文理密察”。

此句意思是：他文理缜密而明察，完全能够鉴别一切事物。

⑦溥博渊泉，而时出之：郑注：“言其临下普遍，思虑深重，非得其时不出政教。”朱注：“溥博，周遍而广阔也。渊泉，静深而有本也。出，发见也。言五者之德，充积于中，而以时发见于外也。”

按：“溥博”，广大，周遍。“渊泉”，静而且深，深奥。“时”，不时，经常。“出”，涌出，涌现。

此句意思是：他如广大周遍，静而且深的渊泉，其智慧、美德不时涌出。

⑧溥博如天，渊泉如渊：

按：“溥博”，广大，广阔。

此句意思是：广大周遍如同天一样，深厚如渊。

⑨见而民莫不敬：朱注：“见，音现。”

按：“见”，读“现”，显现，出现。即“以出现……”。

此句意思是：民众见了没有不敬重的。

⑩言而民莫不信，行而民莫不说：朱注：“说，音悦。言其充积极其盛，而发见当其可也。”

按：“莫”，没有。“信”，相信。“说”，读“悦”。“行”，行动。“莫不说”，没有不高兴的。

《论语·子路》载，子贡问曰：“何如斯可谓之士矣？”子曰：“行己有耻，使于四方，不辱君命，可谓士矣。”……曰：“言必信，行必果，硁硁然小人哉！——抑亦可以为次矣。”这里说，“言必信，行必果”是成为“士”的条件。

此句意思是：他所说的话民众没有不信的，他的行动民众没有不悦服的。

⑪是以声名洋溢乎中国，施及蛮貊：朱注：“施，去声。”

按：“中国”，中原地区。“施”，读（yì），借为“延”。“蛮貊”，边远地区少数民族。南方曰蛮，北方曰貊（mò）。

此句意思是：所以，他的声名洋溢充满了中原地区，并传播到蛮貊（边远的少数民族）地区。

⑫舟车所至，人力所通；天之所覆，地之所载，日月所照，霜露所队：郑注：“如天，取其运照不已也。如渊，取其清深不测也。”朱注：“队，音坠。‘舟车所至’以下，盖极言之。”

按：“至”，《说文·至部》：“到，至也。”“舟车所至”，舟车到达的地方。“人力所通”，人力能够到达之处。“天之所覆”，天所覆盖的。“地之所载”，地所能承载的。“日月所照”，日月所能照临的。“霜露所队”，霜露所能降落之处。“队”，同“坠”，落。

此句意思是：舟车所到之处，人力能够到达的地方，天所覆盖的，地所承载的，日月所能照临的，霜露所能降落之处。

⑬凡有血气者，莫不尊亲，配天：郑注：“尊亲，尊而亲之。”朱注：“配天，言其德之所及，广大如天也。”

按：“莫”，没有。“尊”，尊重，尊敬。“亲”，亲近。“配天”，指其德行，可与天相匹配。

本章说明圣人具有知、仁、勇、敬等诸德。

此句意思是：凡有血有气的，没有不尊重亲近他的，所以说，他的德行可以与天相匹配。

【译文】

只有天下最圣明的人，才能具有聪明睿智的能力，他完全有能力居高临下，俯视万象。他心胸宽广，温和柔顺，足以容纳天下之事；他坚强刚毅，有能力执持一切；他严肃端庄，处事公允，足以受到别人的尊敬；他文理缜密而明察，足以能鉴别一切。他的智慧广博深厚，随时涌出，就像广阔的天，深厚的渊。（道德之水）不时冲溢而出，民众见了没有不敬重的，他所说的话民众没有不信的，他的行动民众没有不悦服的。所以，他的声名洋溢充满了中原地区，并传播到蛮貊（边远的少数民族）地区。凡舟车所到之处，人力能够到达的地方，天所覆盖的，地所承载的，日月所能照临的，霜露所能降落之处；凡有血有气的，没有不尊重亲近他的，所以说，他的德行可以与天相匹配。

【评论】

朱熹称之为："第三十一章。承上章而言小德之川流，亦天道也。"本章主要是对以孔子为代表的至圣之人的进一步歌颂。这些颂词颇多溢美之处。故不可尽信。总之是孔子等人有至圣之德，唯天可配。

第三十二章

【原文】

唯天下至诚，为能经纶天下之大经①，立天下之大本②，知天地之化育③。夫焉有所倚？肫肫其仁④！渊渊其渊⑤！浩浩其天⑥！苟不固聪明圣知达天德者⑦，其孰能知之？

【注释】

①唯天下至诚，经纶天下之大经：郑注："至诚，性至诚，谓孔子也。大经，谓六艺，而指《春秋》也。"朱注："经、纶，皆治丝之事。经者，理其绪而分之；纶者，比其类而合之也。经，常也。大经者，五品之人伦。大本者，所性之全体也。""惟圣人之德极诚无妄，故于人伦各尽其当然之实，而皆可以为天下后世法，所谓经纶之也。其于所性之全体，无一毫人欲之伪以杂之，而天下之道千变万化皆由此出，所谓立之也。其于天地之化育，则亦其极诚无妄者有默契焉，非但闻见之知而已。"

按："经纶"，本义为治丝过程中的两种不同工艺，"经者，理其绪而分之；纶者，比其类而合之也"（朱熹），后演化为经略管理之义。"大经"，治国过程中的大事，大的纲要。

此句意思是：只有天下至诚的人，才能够经管天下的人伦大事。

②立天下之大本：郑注："大本，《孝经》也。"

按："本"，根本。儒家认为"孝弟（悌）"是为人（或为仁）的根本，因此，此处的"大本"应是指在全天下推广孝道。

此句意思是：树立天下的根本。

③知天地之化育：

按："唯天下至诚，为能经纶天下之大经，立天下之大本，知天地之化育"，这是“诚”的功用。只有“至诚”的人，才能真正承受“天命”。

在这里，天道“至诚”，“无息”是“至诚”的特点。“诚”是天下之大本，能化育天地万物。

“知”，通晓、把握。“化育”，化生繁育。既指自然界无生命的变化，也指人和生物的繁衍生育。此亦为儒家治国平天下中的重要事务。

此句意思是：知晓把握天地间的变化繁育。

④夫焉有所倚，肫肫其仁：郑注：“安无所倚，言无所偏倚也。故人人自以被德尤厚，似偏颇者。肫肫，读如‘诲尔忳忳’之忳。忳忳，恳诚貌也。肫肫，或为‘纯纯’。”朱注：“夫，音扶。焉，於虔反。……此皆至诚无妄，自然之功用，夫岂有所倚著于物而后能哉？肫，之纯反。肫肫，恳至貌，以经纶而言也。渊渊，静深貌，以立本而言也。浩浩，广大貌，以知化而言也。其渊、其天，则非特如之而已。”

按：“肫”，《说文解字》为面颧字。“肫肫（zhūn）”，应为“纯纯”，纯洁诚恳之貌。

“仁”字最早见于《尚书·金縢》。其文曰：武王有疾，周公作《金縢》。“予仁若考，能多才多艺，能事鬼神。”

《论语》中多次谈到“仁”。如《学而篇》：“孝弟也者，其为仁之本与?”“泛爱众而亲仁。”《卫灵公篇》：“博施于民而能济众。”

而《国语·晋语一》则云：“爱亲之谓仁。”

“仁”，仁德。

此句意思是：至诚之士有纯洁诚恳的仁德。

⑤渊渊其渊：

按：“渊渊”，静深貌。“渊”，言其智慧如渊，思虑深邃。

此句意思是：至诚之士智慧和思虑的深邃如同静穆的深渊。

⑥浩浩其天：

按：“浩浩”，广阔深广之貌。

此句意思是：至诚之士的心胸如同浩浩蓝天一样广阔深远。

⑦苟不固聪明圣知达天德者：郑注：“言唯圣人乃能知圣人也。《春秋传》曰：‘末不亦乐乎，尧舜之知君子。’明凡人不知。”朱注：“固，犹实也。圣知之

知，去声。郑氏曰：‘惟圣人能知圣人也。’”

按：“苟”，如果。“固聪明”，本来就聪明、有圣人的智慧。“圣”，圣人。“知”，同“智”。“达天德”，上达天之德行。

本章说明圣人至诚，与天匹配，共同赞助天地的生长繁育。

此句意思是：如果不是本来就聪明、有圣人的智慧，并且上达天德的人。

【译文】

只有天下至诚的人，才能够经管天下的人伦大事，树立天下的根本，通晓天地的变化繁育。这样他哪里会依赖什么呢？他的仁德诚恳纯厚，他思虑的深邃如同静穆的深渊，他的心胸如同浩浩蓝天一样广阔。如果不是本来就具备天生之聪、圣人之智，而达到上天德行的人，哪一个人能做到呢？

【评论】

朱熹称之为：“第三十二章。承上章而言大德之敦化，亦天道也。前章言至圣之德，此章言至诚之道。然至诚之道，非至圣不能知；至圣之德，非至诚不能为，则亦非二物矣。此篇言圣人天道之极致，至此而无以加矣。”《中庸》的作者衷心歌颂孔子是祖述尧舜，宪章文武的天下至圣，只有孔子这样的人才能经纶天下，立天下之本，知天地之化育，希望人们崇奉孔子，坚守中庸之道。

本章还有另一层作用，就是为“能经纶天下”者，规定了一个道德和才能的标准，这就是天下之至诚，能立天下之本，知天地之化育，有如上天之德行一样的美德。否则，将没有经纶天下的资格。这也可以成为民众评价现实中当政者的尺度。

第三十三章

【原文】

诗曰“衣锦尚絅①”，恶其文之著也②。故君子之道，闇然而日章③；小人之道，的然而日亡④。君子之道：淡而不厌，简而文，温而理⑤，知远之近，知风之自，知微之显，可与入德矣⑥。

《诗》云：“潜虽伏矣，亦孔之昭⑦！”故君子内省不疚，无恶于志⑧。君子所不可及者，其唯人之所不见乎⑧？《诗》曰：“相在尔室，尚不愧于屋漏⑩。”故君子不动而敬，不言而信⑪。《诗》曰：“奏假无言，时靡有争。”是故君子不赏而民劝，不怒而民威于铁钺。⑫《诗》曰：“不显惟德，百辟其刑之。”是故君子笃恭而天下平⑬。《诗》曰：“予怀明德，不大声以色⑭。”子曰：“声色之于以化民，末也⑮。《诗》曰‘德輶如毛⑯’，毛犹有伦⑰。‘上天之载，无声无臭⑱’，至矣！”

【注释】

①衣锦尚絅：朱注：“衣，去声。絅，口迥反。”

按：“衣”，穿。“锦”，锦衣。“尚”，加。“絅”，《诗》作“褧”（jiǒng），罩在表面的单衣，以麻织成。俗称斗篷。褧、同。

此句意思是：（美人）内穿锦绣，外披斗篷（或译为内罩单衣）。

②恶其文之著也：朱注：“恶，去声。”

按：“恶”，厌恶。文，文采。“主”，显著，显明。

此句意思是：厌恶文采过于鲜明。

③君子之道，闇然而日章：郑注：“言君子深远难知，小人浅近易知。人所以不知孔子，以其深远。为。锦衣之美而君子以表之，为其文章露见，似小人也。”

朱注："闇，於感反。""古之学者为己，故其立心如此。尚故闇然，衣锦故有日章之实。"

按："闇然"，昏暗不明之状。"章"，彰明较著。

此句意思是：君子处世的原则是外表闇然无光，不加显露，而内部日益彰著。

④小人之道，的然而日亡：朱注："淡、简、温，之袭于外也；不厌而文且理焉，锦之美在中也。小人反是，则暴于外而无实以继之，是以的然而日亡也。"

按："的（dì）"，鲜明的样子。"日亡"，日益消亡。

此句意思是：小人的处世原则是外表故加显露，内部却日益消亡。

⑤淡而不厌，简而文，温而理：郑注："淡，其味似薄也。简而文，温而理，犹简而辨，直而温也。"

按："淡"。淡雅。"厌"，厌烦。一说借为"艳"。"温"，温和，温柔。"理"，伦理。

此句意思是：淡雅而不令人厌烦，简朴而有文采，温柔而合乎伦理。

⑥知远之近，知风之自，知微之显，可与入德矣：郑注："自，谓所从来也。三知者，皆言其睹末察本，探端知绪也。入德，入圣人之德。"朱注："远之近，见于彼者由于此也。风之自，著乎外者本乎内也。微之显，有诸内者形诸外也。有为己之心，而又知此三者，则知所谨而可入德矣。故下文引《诗》言谨独之事。"

按："知"，明白，知道。"自"，来源。"微"，幽微。"显"，显示。"可与"，可以。"入德"，进入高尚者行列。

此句意思是：知道远是从近开始的，知道风的来源在何处，知道幽微显示的方法，这样就可以进入高尚者行列了。

⑦潜虽伏矣，亦孔之昭：郑注："孔，甚也。昭，明也。言圣人虽隐遁，其德亦甚明矣。"

按："潜虽伏矣，亦孔之昭"，语出《诗·小雅·正月》。"潜"，潜入。"伏"，潜伏。"孔"，甚。"昭"，明。

此句意思是：即或沉潜深渊，也可昭然可见。

⑧故君子内省不疚，无恶于志：郑注："疚，病也。君子自省，身无愆病，虽不遇世，亦无损害于己志。"

按：“内省”，自我反省。《论语》中多次提到“内省”二字。如：

《学而》载，曾子曰：“吾日三省吾身——为人谋而不忠乎？与朋友交而不信乎？传不习乎？”这里的“吾日三省吾身”，就是指的省己的功夫。

《里仁载》，子曰：“见贤思齐焉，见不贤而内自省也。”（《论语新编新释》1.6.1.2）可见“内省”是修身过程中的一项重要举措。人只有经常省己，才能发现自己的成功、失误与不足。改正错误，弥补不足之后，就会取得新的进步。而“三省”则对于士人修身具有重要意义，这“三省”涉及“忠”“信”和儒学经典的传习，是修身中的根本问题。曾子在儒学传播中有特殊的作用：孔子曾谓曾子曰：“吾道一以贯之。”这可以看作是曾子得孔子“心传”的证明，当时孔子有寄薪传之任于曾子的深意。曾子亦未辜负孔子的热望，曾精心教诲孔子之孙子思，晚年又率领子思等弟子整理孔子的嘉言，后《论语》初稿终成于子思等人之手。因此，曾子的“三省”不仅应受到孔门后学的重视，也应该受到一切有志于修身成才，振兴民族大业的有志之士的重视。

《颜渊》载，司马牛问君子。子曰：“君子不忧不惧。”曰：“不忧不惧，斯谓之君子已乎？”子曰：“内省不疚，夫何忧何惧？”（《论语新编新释》1.6.1.6）其中，“内省不疚”即自我省察而不愧疚。因为自己没有做什么值得愧疚的坏事，所以问心无愧，能心胸坦荡，无忧无惧，处事泰然。

《孟子·离娄上》云：“行有不得者，皆反求诸己。”可见，孟子也主张“内省”。

《荀子·修身》云：“志意修则骄富贵，道义重则轻王公，内省而外物轻矣。”其中“内省而外物轻”一句，说明荀子亦重“内省”。

“无”，同“毋”。“志”，志向。

此句意思是：所以君子自我反省，但无可愧疚之处，也就无损于自己的志向。

⑨君子所不可及者，其唯人之所不见乎：

按：“不可及”，做不到，不能企及。

此句意思是：君子被人们所不能企及的，难道不是只有人们看不到时仍能坚守其情操这一点吗？

⑩《诗》曰：“相在尔室，尚不愧于屋漏”：郑注：“君子虽隐居，不失其君子之容德也。相，视也。室西北隅谓之屋漏。视女在室独居者，犹不愧于屋漏。

屋漏非有人也，况有人乎？”朱注：“《诗》，《大雅·抑》之篇。相，去声，视也。屋漏，室西北隅也。”

按：“曰”，朱注作“云”。“相”，视，看。“尚”，上“愧”，本又作“媿”。“屋漏”，历代注家有两解：一、屋漏，指漏水，室之西北隅。二、屋漏，指屋漏光之处。

此句意思是：独在一室之内，面对屋顶的雨水（或漏光）进行反思，无愧疚之处。

⑪故君子不动而敬，不言而信：朱注：“承上文又言君子之戒谨恐惧，无时不然，不待言动而后敬信，则其为己之功益加密矣。故下文引《诗》并言其效。”

按：“敬”，尊敬。“信”，相信、信任。

“君子不动而敬，不言而信”，《家语·六本》载，孔子曰：“无体之礼，敬也；无服之丧，哀也；无声之乐，欢也。不言而信，不动而威，不施而仁，志。”这说明，“礼仪即使没有依照程式，也有真正的恭敬之心。不用言语表白就取得信用，不行动就有威严，不施予就有仁爱，这是心志使然”。

此句意思是：所以，君子不用行动而受到尊敬，不用说话而受到信任。

⑫奏假无言，时靡有争。是故君子不赏而民劝，不怒而民威于𫓧钺：郑注：“假，大也。此颂也，言奏大乐于宗庙之中，人皆肃敬，金声玉色，无有言者，以时太平和合，无所争也。”朱注：“《诗》，《商颂·烈祖》之篇。奏，进也。假，格同。承上文而遂及其效，言进而感格于神明之际，极其诚敬，无有言说而人自化之也。威，畏也。𫓧，音夫，斫莝刀也。钺，斧也。”

按：“奏假无言，时靡有争”，语出《诗·商颂·烈祖》。“假”，同“格”，读（gé），大。“奏格”，奏乐迎神。

此句意思是：奏大乐于宗庙，人皆肃敬无言，当时没有争论。所以，君子不用赏赐，民众皆能劝勉；不用发怒，民众皆害怕斧钺。

⑬不显惟德，百辟其刑之，是故君子笃恭而天下平：郑注：“不显，言显也。辟，君也。此《颂》也。言不显乎文王之德，百君尽刑之，诸侯法之也。”朱注：“《诗》，《周颂·烈文》之篇。不显，说见二十六章，此借引以为幽深玄远之意。……承上文言天子有不显之德，而诸侯法之，则其德愈深而效愈远矣。笃，厚也。笃恭，言不显其敬也。笃恭而天下平，乃圣人至德渊微，自然之应，中庸

之极功也。”

按：“不显惟德，百辟其刑之”，语出《诗·周颂·烈文》。“不”，借为“丕”，大，宏大。“显”，显赫。“不显”，即大显。“惟”，为。“辟”，此处指诸侯。“刑”，同“型”，效法。

此句意思是：大显美德，各国诸侯皆奉为典型。所以，君子笃厚恭敬而天下太平。

⑭予怀明德，不大声以色：郑注：“予，我也。怀，归也。言我归有明德者，以其不大声为严厉之色以威我也。”朱注：“《诗》，《大雅·皇矣》之篇。引之以明上文所谓不显之德者，正以其不大声与色也。”

按：“予怀明德，不大声以色”，语出《诗·大雅·皇矣》。“予”，我。“怀”，归。“大”，重。

“声”，声音。“色”，脸色。“大声以色”，严声厉色。

“声”，据《论语·卫灵公》载，颜渊问为邦。子曰：“行夏之时，乘殷之辂，服周之冕，乐则韶舞。放郑声，远佞人。郑声淫，佞人殆。”这里的“郑声”指郑国之音。由于各地域经济文化发展的不平衡性及历史传统的影响不同等因素的作用，各地域文化（包括音乐、文学、行为方式、风俗等）都具有自己的特点。郑卫、齐鲁、燕赵等及边塞在文化上表现出了明显的差异。这一点，需要人们客观地历史地予以评价说明。孔子的所谓“郑声淫”“放郑声”未必为至论，这需要进行深入全面的考察，然后再得出结论。

“色”，《论语·宪问》载，子曰：“贤者辟（同“避”）世，其次辟地，其次辟色，其次辟言。”子曰：“作者七人矣。”这说明贤者对于乱世采取规避的四种情况，分别为避世、避地、避色（规避在上位者难看的脸色）、避言。

此句意思是：上帝告诫周文王的话：“我正顾念你的明德，不能总是严声厉色。”

⑮子曰声色之于以化民，末也：朱注：“又引孔子之言，以为声色乃化民之末务，今但言不大之而已，则犹有声色者存，是未足以形容不显之妙。”

按：“末”，末梢。

此句意思是：孔子说：“严声厉色对于教化民众，是下等的策略。”

⑯德輶如毛：郑注：“輶，轻也。言化民常以德，德之易举而用，其轻如毛

耳。”朱注：“輶，由、酉二音。……不若《烝民》之诗所言‘德輶如毛’，则庶乎可以形容矣。”

按：“德如毛”，语出《诗·大雅·烝民》。“輶”，轻。

《论语·为政》载，子曰：“道之以政，齐之以刑，民免而无耻；道之以德，齐之以礼，有耻且格。”这就是说，如果治国若以德以礼，人民就会变得知耻而自觉改正错误。所以德礼治国最好。

此句意思是：道德轻如毫毛（但却不易举起）。

⑰毛犹有伦：郑注：“伦，犹比也。言毛虽轻，尚有所比；有所比，则有重。”朱注：“而又自以为谓之毛，则犹有可比者，是亦未尽其妙。”

按：“伦”，同“轮”，比。

此句意思是：毛虽然轻，还有比重，而德是无形的东西。

⑱上天之载，无声无臭：郑注：“载，读曰‘栽’，谓生物也。……上天之造生万物，人无闻其声音，亦无知其臭气者。化民之德，清明如神，渊渊浩浩然后善。”朱注：“不若《文王》之诗所言‘上天之载，无声无臭’，然后乃为不显之至耳。盖声臭有气无形，在物最为微妙，而犹曰无之，故惟此可以形容不显、笃恭之妙。非此德之外，又别有是三等然后为至也。”

按：“上天之载，无声无臭”，语出《诗·大雅·文王》。“载”，生，化育。“臭”，气味。

对于“天”的认识，见仁见智。

罗振玉认为：“大象人形，人所戴为天，天在人上也。”（罗振玉：《增订殷墟书契考释》，引自《古文字诂林》第一册，上海教育出版社1999年版，第19页）

王国维认为：“古文天字，本象人形。”“是天本谓人颠顶，故象人形。”（王国维：《观堂集林·释天》，引自《古文字诂林》第一册，上海教育出版社1999年版，第19页）

冯友兰认为：“所谓天有五义：曰物质之天，即与地相对之天；曰主宰之天，即所谓皇天上帝，有人格的天、帝；曰命运之天，乃指人生中吾人所无可奈何者，如孟子所谓‘若夫成功则天也’之天是也；曰自然之天，乃指自然之运行，如《荀子·天论篇》所说之天也；曰义理之天，乃宇宙之最高法则，如《中庸》所说‘天命之谓性之天是也，《诗》《书》《左传》《国语》中所谓之天，除物质之天外，似皆指主宰之天。《论语》中孔子所说之天，亦即主宰之天也。”（冯友兰：《中国哲学史（上册）》，华东师范大学出版社 2000 年版，第 35 页）

庞朴认为：（天有三义）“物质之天，精神之天和本然之天。”（庞朴：《天人之学述论》，见陈明主编：《原道》第二辑，团结出版社 1995 年版，第 289—290 页）而殷商时的“天”与“帝”是密切相关的。

刘文英说：“殷人的‘帝’实际上是一种主宰之天，其特点是喜怒无常，完全以其好恶决定一切，没有固定的原则”（刘文英：《中国哲学史（上）》，南开大学出版社 2004 年版，第 75 页）。

此句意思是：上天化育万物，无声无味。

【译文】

《诗·卫风·硕人》说：“衣锦尚絅（内穿锦衣，外罩麻衫）。”意思是厌恶文采的外露。所以君子之道是不加显露而日益彰明；小人之道是（刻意）显露而日益消亡。君子之道是淡雅而不艳丽，简朴而有文采，温和而合乎伦理，明白远是从近开始的，知道风是从何处来的，懂得细微将会显露，这样，就可以列入德行高尚者的行列了。

《诗·小雅·正月》曰：“潜虽伏矣，亦孔之昭!”（《诗·小雅·正月》说：“即使沉潜深渊，［在上边］也还昭然可见。”）所以，君子内自反省，并不愧疚，亦无损于自己的志向。君子所做不到的，只能是人看不见的了吧！《诗·大雅·抑》曰：“相在尔室，尚不愧于屋漏。”［《诗·大雅·抑》说：“（即使一个人）在屋子里凝望着屋漏去反思，也无愧心。”］所以，君子不用行动而受到尊敬，不用说话而受到信任。《诗·商颂·烈祖》曰：“奏假无言，时靡有争。”［《诗·商颂·烈祖》说：“（宗庙奏乐时），人皆肃静，和合无争。”］所以，君子不用赏赐，民众皆能劝勉；不用发怒，民众皆害怕斧钺。《诗·周颂·烈文》曰：“不显惟德，百辟其刑之。”（《诗·周颂·烈文》说：“显示美德，诸侯效法。”）所以，君子笃厚恭敬而天下太平。《诗·大雅·皇矣》曰：“予怀明德，不大声以色。”（《诗·大雅·皇矣》说：“我心怀德美，不能总是严声厉色。”）孔子说：“严声厉色对于感化民众，是下等的策略。”《诗·大雅·烝民》曰：“德輶如毛。”（《诗·大雅·烝民》说：“道德轻如羽毛。”）毛虽然轻，还有比重，而德是无形的东西。

"上天之载，无声无臭（上天化育万物，无声无味）。"（《诗·大雅·文王》）才是最高境界！

【评论】

第三十三章，朱熹称之为："第三十三章。子思因前章极致之言，反求其本，复自下学为己谨独之事，推而言之，以驯致乎笃恭而天下平之盛。又赞其妙，至于无声无臭而后已焉。盖举一篇之要而约言。"本章引用《诗》的有关诗句，并引用孔子之言，要求君子注重内涵修养，从小处、近处做起，于独处，加强道德自律，发扬爱民美德，学习"上天之载，无声无臭"的处世方法，这些也都是坚守中庸之道所必需的。

《中庸》在前代儒学的基础上又重申或提出了"天命""性""尽性""道""教""诚""至诚""慎独""中和""中庸""时中""赞天地之化育"等概念，并在力所能及的范围内，对上述概念作了理论性的诠解。这些诠释对儒学理论体系的建立和发展，乃至整个中国思想史的发展，都是有重要意义的。应该承认，由于时代的限制，《中庸》作者对上述概念的解释，掺杂着若干唯心论的成分，而且诠释也不够完整准确。阅读时应当给予充分注意。

参考文献

一、著作

［1］（汉）司马迁撰，张守节正义：《史记》，中华书局2006年版。

［2］（汉）陆贾：《新语》，《诸子集成》第七册，中华书局1954年版。

［3］（唐）陆德明：《经典释文》卷一，《四部丛刊初编》本，上海书店印行1989年版。

［4］（宋）黎靖德编，王星贤点校：《朱子语类》卷十四《大学一》，中华书局1994年版。

［5］（宋）王柏：《鲁斋集》卷十，《中庸论上》，《四库全书》影印本，上海古籍出版社1987年版。

［6］（宋）黎立武：《中庸指归》，中华书局1998年版。

［7］《二程遗书·伊川先生语录一》，上海古籍出版社1992年版。

［8］（宋）朱熹：《四书章句集注》，中华书局1983年版。

［9］（宋）周敦颐撰，徐洪兴导读：《周子通书》，上海古籍出版社2008年版。

［10］（宋）张载：《张子语录》卷中，北京图书馆出版社2002年版。

［11］《十三经注疏》（标点横排本），北京大学出版社1999年版。

［12］（明）陈淳：《北溪字义》，中华书局1983年版。

［13］（明）王夫之：《思问录》，中华书局1983年版。

［14］（明）王夫之：《船山全书·四书训义上》，岳麓书社1980年版。

［15］（明）王夫之：《尚书引义》，中华书局1976年版。

［16］（清）王鸣盛：《蛾术编·蛾篇说录》，《续修四库》本，上海古籍出版社2002年版。

［17］（清）崔述：《洙泗考信录》，中华书局1985年版。

［18］（清）崔述撰，顾颉刚编订：《崔东壁遗书》，上海古籍出版社1983年版。

［19］劳思光：《新编中国哲学史》第二卷，广西师范大学出版社2005年版。

［20］罗振玉：《增订殷墟书契考释》，见《古文字诂林》第一册，上海教育出版社1999年版。

［21］王国维：《观堂集林·释天》，见《古文字诂林》第一册，上海教育出版社1999年版。

［22］郭沫若：《十批判书》，科学出版社1956年版。

［23］梁漱溟：《东西文化及其哲学》，《梁漱溟全集》第一卷，山东人民出版社1990年版。

［24］陈寅恪：《邓广铭〈宋史职官志考证〉序》，见《金明馆丛稿二编》，上海古籍出版社1980年版。

［25］钱穆：《中国学术思想史论丛（卷二）》，安徽教育出版社2004年版。

［26］钱穆：《论语新解》，生活·读书·新知三联书店2012年版。

［27］钱穆：《中国思想通史讲话》，九州出版社2012年版。

［28］王云五主编，注者郑玄，补注者王闿运：《尚书大传》，《万有文库》本，商务印书馆1937年版。

［29］冯友兰：《三松堂全集》第八卷，河南人民出版社2001年版。

［30］冯友兰：《中国哲学史新编》第三册，中华书局1988年版。

［31］冯友兰：《新原道》，生活·读书·新知三联书店2007年版。

［32］徐复观：《中国人性论史·先秦篇》，九州出版社2014年版。

［33］徐复观：《学术与政治之间》，台湾学生书局1985年版。

［34］牟宗三：《心体与性体》第一部，台湾中正书局1968年版。

［35］牟宗三著，罗义俊编：《中国哲学的特质》，上海古籍出版社2007年版。

［36］陈奇猷：《吕氏春秋校释》，学林出版社1984年版。

［37］庞朴：《天人之学述论》，见陈明主编《原道》第二辑，团结出版社1995年版。

［38］于建福：《孔子的中庸教育哲学》，中央编译出版社2004年版。

［39］定县汉墓竹简整理小组：《儒家者言》，文物出版社1983年版。

［40］丁四新：《郭店楚墓竹简思想研究》，东方出版社2000年版。

［41］刘文英：《中国哲学史》（上），南开大学出版社2004年版。

［42］朱贻庭主编：《伦理学大辞典》，上海辞书出版社2002年版。

［43］李学勤：《先秦儒家著作的重大发现》，辽宁教育出版社1999年版。

［44］李学勤：《对古书的反思·简帛佚籍与学术史》，江西教育出版社2001年版。

［45］张祥龙：《先秦儒家哲学九讲：从春秋到荀子》，广西师范大学出版社

2010 年版。

［46］吴怡：《中庸诚字的研究》，华冈出版部 1974 年印行。

［47］中国社会科学院近代史研究所中华民国史研究室：《孙中山全集》第九卷，中华书局 1985 年版。

［48］傅永聚、韩钟文、曾震宇：《中华伦理范畴》，中国社会科学出版社 2006 年版。

［49］郭齐勇：《中国哲学史》，高等教育出版社 2006 年版。

［50］杨柱才：《道学宗主：周敦颐思想研究》，人民出版社 2004 年版。

［51］郭沂：《道的下贯、呈现与修行——〈中庸〉的思想体系与历史定位》（上），载陈明主编《原道》第三辑，中国广播电视出版社 1996 年版。

［52］陈满铭：《中庸思想研究》，文津出版社 1980 年版。

［53］［美］杜维明著，段智德译：《论儒学的宗教性——对中庸的现代诠释》，武汉大学出版社 1999 年版。

［54］［美］杜维明著，胡军、于民雄译：《人性与自我修养》，中国和平出版社 1988 年版。

［55］［日］武内义雄：《中庸考》，见江侠庵编译：《先秦经籍考》（中），商务印书馆 1931 年版。

二、论文

［1］李启谦：《子思学派的中庸思想》，见《儒学国际学术讨论会论文集》，齐鲁书社 1989 年版。

［2］许抗生：《〈性自命出〉〈中庸〉〈孟子〉思想的比较研究》，《孔子研究》2002 年第 1 期。

［3］邓文涛：《论〈中庸〉“诚”的形上意义及道德价值》，《柳州师专学报》2006 年第 9 期。

［4］叶秀山：《试读〈中庸〉》，《中国哲学史》2000 年第 3 期。

［5］王玫莉：《“和”字源考》，《思想战线》2008 年第 3 期。